Alexander Leonhard

Wer zum Teufel ist Alice?

Roman

Impressum

1. Auflage 2015
Herstellung und Verlag: BoD - Books on Demand, Norderstedt
© 2015 by Fred Freiberg – Alexander Leonhard, Autor
Buchcover: Fred Freiberg
Lektorat und Satz: Stefan Stern, www.wortdienstleister.de

ISBN: 978-3-7386-4318-3

Hast du was, bist du was.

In the United States it's important who you are,
but it's more important how much money you have.

1. Kapitel

Es war bereits dunkel, schwül und fast unerträglich. Hochsommer in Kalifornien eben. Alice fuhr mit einem alten Chevy auf dem Highway No. 1 in Richtung LA. Das Radio krächzte „Hotel California". Dieser Song war etwa genauso alt wie die klapprige Karre, mit der sie im Moment in der Weltgeschichte herumkutschierte. Sie war guter Laune und trällerte mit quakender Stimme, die nicht gerade Musikalität verriet, nach den Klängen des Radios und kaute währenddessen genüsslich an einem mittlerweile kalt gewordenen Hamburger, den sie vom Beifahrersitz neben sich gefischt hatte. Kurz vor Santa Barbara sah sie im Seitenspiegel, wie ein Streifenwagen hinter ihr plötzlich ausscherte und mit eingeschalteter Sirene vor ihr stoppte.

Alice hielt an, drehte das Seitenfenster herunter und öffnete die Tür, als die Cops auch schon neben ihrem Wagen standen.

„An Ihrem Fahrzeug sind die Bremsleuchten defekt, haben Sie das nicht bemerkt? Ich möchte Ihren Führerschein sehen."

Alice rutschte fast das Herz in die Hose. Sie kramte in ihrer Sporttasche herum und hielt nach längerem Suchen ihre Fahrzeugpapiere in der Hand, die auf den Namen Alice Simpson lauteten.

„Jetzt haben sie mich", dachte Alice und spürte wie ihre Knie weich wurden. Sie hatte sich die Papiere bei einem Fälscher in Kentucky machen lassen und dieser Typ war anscheinend so gut, dass dem Cop nicht auffiel, dass es sich um eine Fälschung handelte. Das konnte sie ja wohl auch verlangen, denn sie hatte immerhin schlappe tausend Dollar dafür hingeblättert. Den Wagen hatte sie natürlich auf denselben Namen angemeldet. Immer noch misstrauisch betrachtete der Cop im Schein seiner Taschenlampe das Dokument, drehte und wendete es, konnte aber immer noch nichts Verräterisches daran entdecken. Plötzlich forderte er sie in einem recht barschen Ton auf auszusteigen. „Hände aufs Dach."

„Oh verdammt", schoss es ihr durch den Kopf, „jetzt bloß keinen Fehler machen."

Sie stieg langsam aus, drehte sich um und legte ihre Hände auf das Dach ihres altersschwachen Chevy. Der Polizist hatte wohl ein Auge auf Alice geworfen, denn sie sah, dass er mehrfach den Schein seiner Taschenlampe über ihren Körper gleiten ließ. Der andere Cop, eine hoch aufgeschossene, ziemlich dünne Blondine, trat hinter sie und begrabschte ganz ungeniert ihre Brüste, ließ ihre Hände über ihren ganzen Körper gleiten, um sie nach Waffen zu untersuchen. Alice ließ alles mit sich geschehen, obwohl sie ihr am liebsten auf die Pfoten gehauen hätte. Natürlich fand die Polizistin nichts, was ihr wohl sichtlich missfiel, denn sie forderte Alice auf, sich ganz langsam umzudrehen. Der andere Cop stand mit entsicherter Smith & Wesson in unmittelbarer Nähe des Wagens und beobachtete jede ihrer Bewegungen. Dann kam er näher und das Licht seiner Taschenlampe fiel auf ihr Gesicht, ging hinunter zu dem Ausschnitt ihres Shirts, aus dem die üppigen Rundungen ihrer Brüste hervorlugten, verweilte dort einen Augenblick und schaltete dann mit einem befriedigten Lächeln die Lampe aus.

„Steigen Sie ein und folgen Sie uns", befahl der Officer und ließ keinen Zweifel daran, dass er es ernst meinte.

Alice wusste zwar nicht, was das jetzt sollte, aber sie hütete sich, mit den beiden eine Diskussion zu beginnen, stieg brav wie ein Lämmchen in ihren Wagen, startete den Motor und fuhr hinter den beiden Cops in Richtung Santa Barbara.

Als sie das Police Departement in der East Figueroa Street erreicht hatten, stieg sie aus, wurde von den beiden Officers in die Mitte genommen und durch die gläserne Eingangstür in einen der Vernehmungsräume geführt. Es war ein schmuckloser kahler Raum, in dessen Mitte ein großer hölzerner Tisch stand. Um ihn herum waren sechs Stühle angeordnet, die aber keineswegs dazu aufforderten sich bequem und entspannt hinzusetzen. Schließlich war das ja hier kein Wohnzimmer, in dem man die Füße hochlegen konnte. Alice schaute sich um, warf zwischendurch einen prüfenden Blick auf ihre rot lackierten Fingernägel. Die Tür öffnete sich und herein kam diese große, dünne Beamtin, die sie bei der Kontrolle so schamlos begrabscht hatte. Alice musste unwillkürlich lächeln, denn das blasse, hagere Gesicht der Dame erinnerte sie in diesem Moment ein bisschen an eine Bergziege aus Montana. Diese zog einen Stuhl zu sich herüber und pflanzte sich breitbeinig in die Nähe der Eingangstür hin.

Dann ging die Tür erneut auf und herein kam ein glatzköpfiger Detective, der sich mit dem Namen Alfred Hitchcock vorstellte, den Stuhl zurechtrückte, um sich dann mit einem lauten Rülpser auf den Stuhl fallen zu lassen.

Alice dachte nur: „In welchem Film bin ich hier eigentlich? Ist der Typ bekloppt oder heißt der wirklich so?" Aber er machte seinem Namen alle Ehre. Er war ein Giftzwerg in Uniform, klein und fettleibig. Seine Hemdsärmel hatte er hochgekrempelt und seine Achseln zierten zwei riesige, nicht sehr angenehm riechende Schweißflecken. Sein Kopf bestand aus einem nackten Schädel, der die Form eines Kürbisses hatte und von einem dunklen, ganz offensichtlich gefärbten Haarkranz eingerahmt wurde, aus dem dicke Schweißperlen auf seinen Hemdkragen tropften und den Kragen seines Hemdes dunkel färbten. Er schürzte die Lippen und holte tief Luft, was aber eher wie das Pfeifen einer altersschwachen Dampflokomotive klang.

Er muss wohl ihr amüsiertes Gesicht gesehen haben, denn er warf ihr einen missbilligenden Blick zu und ließ keinen Zweifel daran, dass er nicht zu Späßen aufgelegt war.

„Wie heißen Sie?", krächzte er. „Wie ist Ihr Name?"

Nach einer kurzen Pause antwortete sie völlig gelassen: „Ich heiße Alice Simpson, aber das hat Ihr Kollege ja bereits überprüft." „Ist irgendetwas nicht in Ordnung, Detective?", fragte sie scheinheilig und lächelte ihn an. Mit einem Seitenblick bemerkte sie, dass er ihr mit gierigen Blicken in den Ausschnitt starrte.

Sollte sie ihnen auf die Nase binden, dass sie nur ihren Vornamen kannte, wo sie doch eine so fantastische Fälschung in den Händen hielt? Was interessierte sie, ob sie einen Familiennamen hatte oder nicht? Vielleicht hatte sie ja einen und wusste es nicht oder nicht mehr. Zum Teufel, sie lebte auch ohne ganz gut. Sie war jung und hübsch und hieß Alice, und das genügte ihr. Was interessierte sie da ihr Alter? Sie war keineswegs beunruhigt, als er sie nach ihrem Alter fragte. „Steht alles in meinem Ausweis!", flötete sie und setzte ihr zauberhaftes Lächeln auf, das sie schon hundertmal in brenzligen Situationen eingesetzt und mit dem sie bisher immer Erfolg hatte. Alles andere hatte für sie keine Bedeutung und regte sie nur auf, und Aufregung konnte sie nun gar nicht vertragen.

Sie sah, wie ihm langsam die Röte ins Gesicht stieg und er große Mühe hatte, sich zu beherrschen. „Wollen Sie mich jetzt etwa einbuchten, Detective?" Sie klimperte mit den Augenlidern, dass er noch eine Spur verlegener wurde. Sie sah, wie sein Adamsapfel aufgeregt auf und ab hüpfte und er innerlich nach Fassung rang. „Mein Gott", dachte sie, „ist das ein verklemmter Typ, der war in seinem Leben bestimmt noch nie mit einer Frau im Bett."

„Wir haben den Verdacht, dass Sie mit einem gestohlenen Wagen durch die Gegend fahren und solange das nicht geklärt ist, bleiben Sie hier." Sein Ton wurde so wichtig, als wäre er der Präsident der Vereinigten Staaten.

Er musste entweder Kohl oder Bohnen gegessen haben, denn als er sich ächzend von seinem Stuhl erhob, entfuhr seinem Hinterteil ein Geräusch, das man wohl als Furz bezeichnen musste. Es war ihm anscheinend sichtlich peinlich, denn er ging mit kurzen eiligen Schritten auf die Tür zu und ließ sie hinter sich ins Schloss fallen. „Dieses alte Ferkel", dachte Alice mit einem Grinsen im Gesicht. Als sie sich zur Tür umdrehte, sah sie die Bergziege aus Montana auf sich zukommen. „Hier geht's lang", knurrte sie ungehalten, als sie im Zellentrakt ankamen. Sie schob einen Türriegel beiseite, öffnete die schwere Zellentür und bugsierte Alice mit einem Siegerlächeln hinein.

Alice schaute sich um und empfand in diesem Moment eine gewisse Abenteuerlust. „So sieht also ein Knast von innen aus", resümierte sie, zog ihre Schuhe aus, warf sich mit einem lauten Lachen auf die Pritsche. Diese schaukelte und ächzte, als würde sie jeden Moment zusammenbrechen.

Der Morgen graute. Alice hatte ausgezeichnet geschlafen, als sie durch das quietschende Geräusch der schweren Zellentür geweckt wurde. Wieder stand die lange Dünne vor ihr und schlug mit einem Schlüsselbund gegen das metallene Bett in ihrer Zelle. „Los, aufstehen", rief sie unwirsch. Man konnte ihr anmerken, dass sie schlecht gelaunt war. Schließlich hatte sie sich die ganze Nacht um die Ohren geschlagen und es passte ihr nicht, dass Alice friedlich schlafend in der Zelle verbracht hatte. Lächelnd öffnete die Gefangene die Augen und begrüßte die übel gelaunte Bergziege mit einem fröhlichen „Guten Morgen". Alice rieb sich die Augen und richtete sich auf.

„Mitkommen", raunzte die Ziege nun noch eine Spur unfreundlicher. Alice fuhr sich mit der Hand durch ihre dunklen Haare, stieg in ihre schon ein wenig ausgelatschten Mokassins und schlurfte mit einem lauten Gähnen hinter ihr her.

Wieder saß sie in diesem unfreundlichen Vernehmungsraum und dann verstand sie plötzlich warum die Alte so sauer war. Sie hatte anscheinend die ganze Nacht vor dem Computer gehockt. Aber sie hatte ganz offensichtlich nicht das gefunden, was sie gesucht hatte. Weit und breit kein Hinweis auf ein geklautes Auto. Und mal ganz im Ernst, wer klaut denn eine solch alte Kiste, die beim kleinsten Räuspern in ihre Bestandteile zerfällt? Dann betrat ein Kerl wie ein Baum den Raum. Alice drehte sich neugierig zu ihm um und starrte ihn ungläubig an. Für einen Moment hatte sie das Gefühl, sie hätte den leibhaftigen John Wayne vor Augen. Er war bestimmt sieben Fuß groß und hatte Hände wie Klodeckel. In seinem kantigen, vernarbten Gesicht befand sich eine Knollennase, die seinen Riesenschädel noch markanter erscheinen ließ.

Seine Augen blitzten unternehmungslustig und sein Gesicht spiegelte eine Entschlusskraft wider, so als wolle er alle Gangster Amerikas mit einem Schlag in die ewigen Jagdgründe schicken. Er ging zu der dürren Ziege, die sich wieder, wie am Abend zuvor, auf einen Stuhl genau vor der Tür gehockt hatte und blieb vor ihr stehen. Er musste sich allerdings nicht allzu tief zu ihr herunter bücken, denn sie hatte ja auch eine beachtliche Größe. Alice hörte sie flüstern, verstand aber nicht worüber sie redeten. Als ihm die dürre Ziege zunickte, drehte er sich um, schaute zu Alice herüber, grinste wie Cops nun mal grinsen, wenn sie nicht mehr weiter wissen und kam mit schlurfenden Schritten direkt auf sie zu. Im ersten Moment bekam Alice einen Schreck, als sie seine krächzende Fistelstimme hörte, die so gar nicht zu seiner Körpergröße passen wollte.

„Sie können gehen und lassen Sie sich hier nie wieder blicken."

„Den Gefallen werde ich Dir bestimmt nicht tun", dachte Alice und musste sich beherrschen, um nicht laut loszulachen.

Zwei Monate später. Fifth Avenue, New York. Eine schwarze Buick Limousine rollte langsam die Straße entlang und hielt vor dem Gebäude Nr. 725, in dem sich das Gucci-Domizil befand. Die Fahrertür öffnete sich und ein hoch aufgeschossener Schwarzer in einem dunklen Anzug und mit einer typischen Chauffeursmütze auf dem Kopf stieg aus. Mit schlaksigen Schritten ging er auf den Bürgersteig und öffnete dort mit einer gekonnten Handbewegung die hintere Wagentür des Buick. Jetzt lief alles ab wie eine Slowmotion aus einem der vielen amerikanischen Filme. Zuerst sah man die schwarzen Wildlederpumps, dann die schwarz bestrumpften schlanken Beine einer Lady. Der Rest folgte, nachdem ihr der Chauffeur den Arm gereicht hatte und sie sich mit nahezu perfekter Grazie auf die Füße stellte. Sie hatte sich ein edles rotes Cape über die Schultern geworfen und ihr Gesicht verdeckte eine riesige Sonnenbrille, die eigentlich nur von Gucci sein konnte. Es wäre ja auch ein großer Fauxpas gewesen, wenn man sich vorstellt, dass die Lady da mit einer Brille von Yves Saint Laurent herein stolziert wäre. So etwas tat eine Dame nicht. Was sollten denn die Angestellten in diesem feinen Laden denken. Der Chauffeur stürmte nach vorn, öffnete mit einer tiefen Verbeugung die Tür und die Lady betrat mit kleinen Trippelschritten den Empfangsbereich. Ihren breitkrempigen Hut warf sie mit einer graziösen Handbewegung in einen der herumstehenden Sessel.

Wie auf Kommando stürmten zwei Verkäuferinnen auf sie zu, der Geschäftsführer lauerte im Hintergrund und wartete auf das, was in den nächsten Minuten passieren würde. Dann kam er mit einer unterwürfigen Verbeugung direkt auf sie zu.

„Guten Tag, meine Gnädigste, ich begrüße Sie im Hause Gucci, darf ich Ihnen ein Glas Champagner anbieten?" Seine Stimme klang derart gekünstelt, dass man das Gefühl hatte, er habe seine Rolle nicht so richtig einstudiert. Seine Gestik verriet allerdings, dass er ganz offensichtlich an Frauen kein großes Interesse hatte. Immer wieder umschwärmten die Angestellten die Lady wie Motten das Licht, überschütteten sie mit Komplimenten und je mehr sie in diesen geradezu lächerlichen Wettbewerb traten, umso mehr spürte man die Unaufrichtigkeit in ihren Worten. Die Lady nahm alles mit einer Gelassenheit und

Souveränität hin, die nur eine Lady von Format haben konnte. Nach zwei Stunden war ihr Einkaufsmarathon endlich beendet und die Dinge, die sie erworben hatte, konnten sich sehen lassen. Sie hatte ein traumhaftes Designerabendkleid aus champagnerfarbener Naturseide, drei Kostüme der neuesten Kollektion und einen schwarzen Businessanzug erworben. Darüber hinaus gehörten auch noch Accessoires wie Schals, Spitzenunterwäsche und natürlich fünf Paar Schuhe der Nobelmarke Crystal Heels zu ihrem Sortiment.

Sie wurde von dem Geschäftsführer mit nicht enden wollenden Verbeugungen zur Kasse begleitet. Sie zückte mit einem Lächeln und mit einer nicht zu überbietenden Selbstverständlichkeit ihre schwarze American Express. Ihr Chauffeur trottete wie ein Packesel hinter ihr her.

„Meine Gnädigste", säuselte der dienstbeflissene Chef dieses Nobelladens, „beehren Sie uns bald wieder, wir würden uns sehr freuen."

Sie warf ihm einen vielsagenden Blick zu und verließ die Nobelboutique mit einem jovialen Lächeln. In der Zwischenzeit hatte der Chauffeur die Einkaufstaschen im Kofferraum verstaut, öffnete wieder die hintere Wagentür, und die Lady stieg genauso elegant ein, wie sie ausgestiegen war. Als sie nach kurzer Fahrt nach rechts in die 34th Street eingebogen waren, nahm sie ihre Sonnenbrille ab und äffte den schwulen Gucci-Chef mit seinen letzten Worten nach. „Beehren Sie uns bald wieder, wir würden uns sehr freuen", und sie brachen beide in schallendes Gelächter aus. Kleider machen eben Leute. Die feine Lady, der diese Kreditkarte gehörte, würde sich zwar wundern, wenn von ihrem Bankkonto 15.000 Dollar abgebucht werden, aber sie würde es verschmerzen, denn wer eine schwarze Kreditkarte hat, muss genug Kohle haben und sie würde sicherlich nicht am Hungertuch nagen müssen. Noch während der Fahrt zog Alice diese unbequemen Designerfummel aus und legte sie achtlos auf den Rücksitz neben die Gucci-Tüten, dann schlüpfte sie wieder in ihre verwaschenen Jeans, zog sich ihr T-Shirt über und griff nach ihren Mokassins, die sie schon bei ihrem Zwangsaufenthalt in Santa Barbara getragen hatte.

„Endlich sind diese Klamotten runter von meinem Körper", dachte sie, „ich verstehe nicht, wie man sich in dieser Verkleidung wohlfühlen kann."

Sie hatte sich dieses Outfit für ihren Besuch bei Gucci in einem Kostümverleih geliehen. Sie musste ja nach außen etwas darstellen, um mit ihrer Masche Erfolg zu haben. Es war ihr gelungen und darüber freute sie sich diebisch. Die Kreditkarte war natürlich geklaut und der dienstbeflissene Chauffeur war ein mehr oder weniger guter Bekannter namens Jonny aus der Bronx, der den Buick bei einem Autoverleih für einen Tag geleast hatte. Wenn alles erledigt war, würde sie verschwinden, ohne Spuren zu hinterlassen. Es war also alles easy.

Sie fuhren in Richtung Autoverleih und hielten unterwegs kurz an. Jonny hasste Anzüge, hatte aber bei diesem Schauspiel einen perfekten Part gespielt, der alle überzeugte. Er schlüpfte in seine auf dem Beifahrersitz liegende Jeans und ein zerknittertes T-Shirt und fühlte sich genauso wie Alice augenblicklich wohler.

Dann fuhren sie auf den Hof des Autoverleihs, der von einem hohen Maschendrahtzaun umgeben war, um so zu verhindern, dass hier ständig Autos geklaut werden, denn das war hier in der Bronx an der Tagesordnung. Zwei Securitys kamen auf sie zu und wiesen ihnen einen freien

Parkplatz zu, direkt neben Alice' altersschwachem Chevy, nicht ohne sie eingehend unter die Lupe zu nehmen. Nachdem diese Typen nichts Verdächtiges an ihnen entdeckt hatten, zogen sie munter plaudernd und lachend davon, um ihren Kontrollgang fortzusetzen.

Alice überlegte, ob sie Jonny eine ihrer Kreditkarten in die Finger geben sollte, um die Miete für den Wagen zu bezahlen, entschied sich aber dafür, kein Risiko einzugehen. Sie kramte in ihrer Geldbörse herum und drückte ihm vorsichtshalber Bargeld in die Hand. Alice nahm die Tüten mit den Designerklamotten aus dem Kofferraum des Buick und verstaute sie in ihrem Auto. Dann ging Jonny in das spärlich ausgestattete Büro des Autovermieters und legte die Wagenschlüssel auf die Theke.

Ein vollgefressener Typ mittleren Alters lümmelte hinter seinem Schreibtisch herum. Seinen mit Schweißrändern durchtränkten Stetson hatte er lässig in den Nacken geschoben, unter dem sein fettiges ungepflegtes Haar hervor lugte. Alice, die bereits im Auto saß und auf Jonnys Rückkehr wartete, beobachtete amüsiert die Szenerie und sah diesen total heruntergekommenen Kerl, der wahrscheinlich aus allen Knopflöchern stank und sich mit Sicherheit schon seit Wochen nicht mehr gewaschen hatte. Er musste ein unerschütterliches Selbstbewusstsein haben, denn er thronte selbstherrlich hinter seinem vergammelten Schreibtisch und ließ keinen Zweifel daran, dass er der Größte war: „Wahrlich kein Typ zum Verlieben", dachte Alice und musste grinsen.

Alice hatte Jonny vor einer Woche in einer Bar in der Bronx kennengelernt. Er war ihr gleich aufgefallen, als sie das Lokal betrat. Groß und schlaksig war er und kaum zu überhören. Er lümmelte an der Theke herum und riskierte eine ziemlich dicke Lippe. Sie setzte sich neben ihn und hörte, wie er vor seinen Kumpeln mit den krummen Dingern prahlte, die er schon gedreht hatte. „Genau der Richtige für mich", dachte sie und lächelte ihn an.

„Willst du dir hundert Dollar verdienen?", flüsterte sie ihm zu. Erstaunt sah er sie an und sie spürte, dass sie sein Interesse geweckt hatte.

„Kommt drauf an, was ich dafür tun muss", erwiderte er und wandte sich zu ihr.

„Können wir woanders darüber reden, muss ja nicht jeder hören?", grinste Alice, stand auf und verzog sich in eine ruhige Ecke der Bar. Augenblicke später folgte er ihr und setzte sich zu ihr an den Tisch.

„Raus damit Baby, worum geht es?" Sie erklärte ihm, wie die ganze Sache ablaufen sollte und als sie geendet hatte, nickte er zustimmend.

„Hör zu", sagte sie, „du gehst morgen früh in einen Kostümverleih und besorgst dir einen dunkelblauen Anzug mit einem weißen Hemd und ‚ne schwarze Krawatte, ein paar vernünftige Schuhe und vergiss nicht, nach einer Chauffeursmütze zu fragen, das macht einen besonders wichtigen Eindruck. Ist das angekommen?"

„Okay Lady", grinste er, „alles roger."

„Hast du einen gültigen Ausweis?"

‚Ja klar Mann, ohne geht in dieser Gegend gar nichts, wenn du keinen hast, biste schneller im Knast, als du gucken kannst."

„Warum fragst du?"

„Weil du morgen eine schwarze Limousine mieten wirst und dafür braucht man ja wohl so einen Lappen."

„Soll ich einen echten oder einen gefälschten nehmen?", fragte er und ein breites Grinsen überzog sein Gesicht.

„Wenn du einen guten gefälschten hast, nimm den, das andere ist zu gefährlich", erwiderte Alice und sah ihn prüfend an.

Er war ein netter Kerl mit einem offenen Gesicht und einem sympathischen Lächeln und sie konnte sich vorstellen, dass er in einem Anzug eine ganz passable Figur abgab.

„Okay, sonst noch was?"

„Ja, du benimmst dich anständig und hältst während der ganzen Zeit deine Klappe, Okay?"

„Yes my Lady, wird gemacht."

„Ich bin in der 43rd Street und warte dort auf dich, aber sieh zu, dass du pünktlich bist. Um 2.00 Uhr bist du da."

„Und wie erkenne ich dich in diesem Gewühl?", fragte er mit einem skeptischen Gesichtsausdruck.

„Ich trage ein rotes Cape, einen schwarzen Hut und eine Sonnenbrille."

„Na, das ist doch schon was, du bist dann ja wohl kaum zu übersehen", er grinste und nippte an seinem Budweiser, das neben ihm auf dem Tisch stand.

„Und pass auf, das du morgen keine Fahne hast, verstanden? Denk immer dran, ich bin eine feine Lady und du bist mein Chauffeur."

Es war alles super gelaufen und die Guccis hatten nicht gemerkt, dass das alles ein Fake war. So gesehen hatte auch Jonny seine Rolle gut gespielt und sich die hundert Dollar redlich verdient. Alice drückte ihm das Geld in die Finger und Jonny steckte es lässig, ohne nachzuzählen, in seine Hosentasche. Sie verabschiedeten sich und er verschwand mit schnellen Schritten in der Dunkelheit. Alice schaute ihm nach, dann stieg sie in ihren Chevy, startete den Motor und fuhr in Richtung U.S. Route 1, die nach

Philadelphia führte. Sie war zwar schon recht müde und brauchte dringend ein paar Stunden Schlaf, entschloss sich aber trotzdem, New York so schnell wie möglich zu verlassen. Es war ungefähr drei Uhr morgens, als sie an einer Tankstelle vorbeifuhr. Da entdeckte sie etwas, das sofort ihr Interesse weckte. Ein Blick genügte und sie wusste genau, was sie jetzt tun würde.

Langsam fuhr sie zu einem Parkplatz, der im Dunkeln lag, stieg aus und schlich vorsichtig in geduckter Haltung auf einen abgestellten BMW X5 zu, der mutterseelenallein mit laufendem Motor in der Nähe der Tankstelle stand. Die Tür auf der Fahrerseite stand weit offen. Sie warf einen prüfenden Blick ins Innere des Wagens. Vom Fahrer war weit und breit nichts zu sehen. Wahrscheinlich hatte er ein menschliches Bedürfnis und das musste sehr dringend gewesen sein, denn er hatte wohl blitzschnell das Fahrzeug verlassen.

„Das ist genau das Richtige für mich", dachte sie und ihre Nerven waren zum Zerreißen gespannt. Jetzt bloß keinen Fehler machen und immer in Deckung bleiben, sodass sie niemand sehen konnte. Auf leisen Sohlen schlich sie zu ihrem Chevy, schnappte ihre paar Habseligkeiten und hoffte, dass nicht gerade jetzt der kleine Scheißer wieder aufkreuzte. Aber der Fahrer blieb verschollen, anscheinend dauerte seine Sitzung länger als geplant.

„Oh Boy, das wird ein teurer Schiss", dachte sie, mit einem triumphierenden Lächeln, warf schnell ihre Klamotten auf den Rücksitz und mit einer katzenhaften Bewegung sprang sie in den Wagen und brauste mit Vollgas davon.

Sie hinterließ eine riesige Staubwolke und war Augenblicke später in der Dunkelheit der Nacht verschwunden. „Sollen sie doch die alte Karre verschrotten. Ich brauche sie jetzt nicht mehr", dachte sie. Aber sie war doch ein wenig traurig, von ihrer geliebten Rostlaube Abschied zu nehmen. Ihr alter Chevy war für sie immer ein guter Wegbegleiter gewesen und hatte sie nie im Stich gelassen. Sie war immer darauf bedacht, keinerlei Spuren zu hinterlassen. Sie hatte den Chevy bei einem Autohändler gekauft und natürlich bar bezahlt. Der Typ hatte das Geld, ohne es zu verbuchen, in die eigene Tasche gesteckt, sodass keiner nachprüfen konnte, wer den Wagen gekauft hatte. Das kam ihr gerade recht. Das Auto hatte sie mit gefälschten Papieren angemeldet, es war also unmöglich, den wahren Besitzer des Fahrzeugs zu ermitteln, und die Bullen konnten so lange suchen, bis sie schwarz wurden. Sie würden nichts finden. Sie hatte also an alles gedacht.

An der nächsten Kreuzung verließ sie die U.S. Route 1, machte einen größeren Umweg, um eventuelle Verfolger abzuschütteln, aber nichts geschah. So fuhr sie weiter durch die Nacht, ohne dass sie jemand störte. Als sie an einem Rastplatz anhielt, klappte sie die Sonnenblende herunter, hinter der sich in den meisten Fällen die Fahrzeugpapiere befanden. Bingo, ein Volltreffer! Ein Auto und die dazugehörenden Papiere, was wollte sie noch mehr. Beruhigt fuhr sie weiter, aber ihr war klar, dass sie sich jetzt in keinem Motel einchecken konnte. Die Gefahr entdeckt zu werden, war viel zu groß. Dann erspähte sie rechts vor sich ein halb verfallenes Gebäude, das anscheinend in besseren Zeiten mal ein Getreidesilo war. Sie nahm die Abkürzung über einen Feldweg und stellte sich gut versteckt hinter das Gebäude, sodass sie von der Straße aus nicht gesehen werden konnte. Sie verriegelte die Türen, lehnte sich erschöpft und müde von der langen Fahrt zurück und war augenblicklich eingeschlafen.

2. Kapitel

Es war gegen sieben Uhr morgens, als sie aufwachte. Das Genick tat ihr weh und sie hatte einen Bärenhunger. Verschlafen reckte sie sich, stieg aus und versuchte ihre lahmen Knochen wieder so einigermaßen dahin zu bekommen, wo sie hingehörten. Die Sonne hatte sie geweckt, es war ruhig und ein kühler Wind umwehte ihre Nase. Plötzlich hörte sie die Sirene eines Polizeifahrzeugs, das ihr mit hoher Geschwindigkeit entgegenkam. Sie bekam einen Riesenschreck, sprang in den Wagen und schloss die Tür. Die Cops suchten wohl doch nicht nach ihr, denn sie fuhren mit hoher Geschwindigkeit an ihr vorbei. Sie waren anscheinend hinter einem Verkehrsrowdy her, der es mit der Geschwindigkeit nicht so genau nahm. Bei solchen Dingen verstanden amerikanische Cops überhaupt keinen Spaß. Aber in diesem Moment war ihr doch das Herz in die Hose gerutscht und sie holte erst ein paar Mal tief Luft, um sich wieder zu beruhigen.

„So eine Scheiße", dachte sie, „überall lungern diese Bullen rum und man kann noch nicht mal in Ruhe ein Auto klauen." Bei diesem Gedanken musste sie lachen. Sie hatte noch nie Angst gehabt und jetzt bekam sie schon Schiss, wenn sie nur eine von diesen verdammten Polizeisirenen hörte.

„Alice, was ist los mit dir?", fragte sie sich und das war eine durchaus berechtigte Frage. Sie war es endgültig leid, sich ständig mit diesen Peanuts abzugeben, sie wollte endlich an das große Geld kommen und sich nicht ständig für nichts den Arsch aufreißen.

Sie musste sich unbedingt an einen reichen Knacker heranmachen und das so schnell wie möglich. Und wenn sie ihn hatte, wollte sie ihn nach allen Regeln der Kunst ausnehmen. Wie er aussah, war ihr egal, ob jung oder alt, spielte für sie keine Rolle. Hauptsache, er hatte Geld. Dieser Plan reifte in ihr, als sie gemütlich auf der U.S. Route One in Richtung Philadelphia fuhr. Aber sie musste noch intensiv darüber nachdenken, wie sie das anstellen wollte, denn die Geschichte musste hieb- und stichfest sein. Sicher, sie war jung, knackig, hübsch und hatte alle weiblichen Attribute, auf die verheiratete reiche Männer so verdammt scharf waren, aber, und darüber war sie sich im Klaren, sie durfte sich trotzdem keinen Fehler erlauben. Sonst würde sie schneller im Knast landen, als ihr lieb war. Das entsprechende Outfit hatte sie hinter sich auf dem Rücksitz liegen. Drei elegante Kostüme, einen Business-Hosenanzug, der keine Wünsche offen ließ, und ein bezauberndes Abendkleid, das alle Männer in einen Rausch der Gier nach jungem Fleisch versetzen würde. Sie hielt an einem Drive-in und genehmigte sich eine üppige Portion Ham and Eggs und eine kühle erfrischende Coke, die ihre Lebensgeister augenblicklich zu neuem Leben erweckte.

Einen Tisch weiter saß ein junger, nicht unattraktiver Mann, der wohl als Handlungsreisender unterwegs war. Er war gepflegt, trug einen anthrazitfarbenen Businessanzug und hatte seine Krawatte, die ein blütenweißes Hemd schmückte, gelöst, um wenigstens für ein paar Minuten das Gefühl zu haben, nicht sofort einen Würgereiz zu bekommen. Er schielte zu ihr herüber und wollte wohl Kontakt zu ihr aufnehmen. Er grinste sie an und sie hatte das Gefühl, dass er sie mit den Augen auszog, was ihr noch nicht einmal unangenehm war, denn diese provokanten

Blicke der Kerle musste sie schon oft ertragen, und hatte nie körperlichen Schaden genommen. Sie flirtete ein wenig zurück, um ihm das Gefühl zu geben, dass auch sie ihn ausgesprochen attraktiv fand.

Dann stand sie auf, ging auf ihn zu und beugte sich zu ihm herunter. Dabei gewährte sie ihm einen tiefen Einblick in ihr üppiges Dekolleté. Dieser Anblick schien ihn doch leicht aus der Fassung zu bringen, denn ihm entwich ein verlegenes Hüsteln. Alice berührte ihn und strich mit ihrer Hand über das Revers seiner Jacke, so, als wollte sie ihn streicheln. Dann verschwand sie mit einem gekonnten Augenaufschlag in die Richtung, in der die Toiletten waren. In der Hand hielt sie die Brieftasche des Mannes, der ihr eben noch in den Ausschnitt geglotzt hatte. Sie verschwand hinter einer der Toilettentüren, verriegelte sie und setzte sich auf den Klodeckel, der mit einem quietschenden Geräusch signalisierte, dass er wohl bald seinen Geist aufgeben würde.

Sie öffnete die Brieftasche und kramte neugierig darin herum. Was da zum Vorschein kam, versetzte sie in helles Entzücken. Fünf Kreditkarten von der feinsten Sorte und schätzungsweise eintausend Dollar Bargeld.

„Wow", dachte sie, „das ist ja eine fette Beute." Sie klopfte sich bei diesem Gedanken anerkennend auf die eigene Schulter. Dies war natürlich ein Grund, sich umgehend aus dem Staub zu machen. Glücklicherweise hatte sie neben dem Drive In geparkt und der Wagen konnte vom Fenster des Restaurants aus nicht gesehen werden. Sie fischte die Kreditkarten aus der Brieftasche, steckte das Bargeld in die Hosentasche ihrer Jeans und wischte die Brieftasche sorgfältig mit einem Taschentuch ab, um keine Fingerabdrücke zu hinterlassen. Sie schlich zu der

Männertoilette, die unmittelbar daneben war, öffnete vorsichtig die Tür, um sich zu vergewissern, dass sie allein war und legte dann die Brieftasche, mit ihrem restlichen Inhalt, auf einen der Waschtische.

„Der muss bestimmt noch mal pinkeln", dachte sie, „und dann wird er sie schon finden."

Eilig ging sie zum Ausgang und warf einen vorsichtigen Blick in das Restaurant. Der Typ saß noch immer an seinem Tisch und unterhielt sich sehr angeregt mit einer Kellnerin. Er hatte wohl noch nichts bemerkt und das gab ihr die Gelegenheit, unbemerkt zu verschwinden. Als sie die Treppe hinunter ging, entdeckte sie zwei Typen, die um den BMW herum schlichen.

„He Jungs, was soll das werden?", fragte sie in einem ausgesprochen unfreundlichen Ton.

„Ihr wollt doch nicht etwa mein Auto klauen?" Bei diesen Worten musste sie unwillkürlich lächeln.

„Nee Baby, wollen nur mal gucken, geile Kiste ehrlich!"

„Verpisst Euch, aber ganz schnell", rief sie ihnen wenig ladylike zu. Augenblicke später hatten sich die beiden aus dem Staub gemacht. Sie stieg in den Wagen und setzte ihre Fahrt in Richtung Philadelphia fort.

Auf ihrer Tour hielt sie an jeder Bank, die auf ihrem Weg lag, und hob mit den geklauten Kreditkarten den Höchstbetrag ab, versäumte es aber nie, sich ihre Baseballkappe aufzusetzen, um nicht erkannt zu werden. Sie musste sich beeilen, denn wenn der Typ merkte, dass die Kreditkarten in seiner Brieftasche fehlten, würde er sie sperren lassen und vorbei war es mit dem unerwarteten Geldsegen. Allerdings muss der Kerl sehr vergesslich gewesen sein, denn er hatte sorgfältig alle Bankinstitute mitsamt den PINs auf die Rückseite einer Visitenkarte geschrieben, die sie, nachdem sie ihm die Brieftasche geklaut hatte, in einem der Seitenfächer fand. In diesem Moment musste sie ungläubig lächeln.

„Recht so", dachte sie, „Dummheit muss bestraft werden." So gesehen war es ein erfolgreicher Morgen, und als sie die letzte Kreditkarte in den Schlitz eines Bankautomaten geschoben hatte, hatten die ihren Zweck erfüllt und sie war um sechstausend Dollar reicher, inklusive der tausend Dollar Bargeld, die sich in der Brieftasche befanden. Sie warf die Karten in einen Papierkorb neben der Bank, setzte sich, ohne Zeit zu verlieren, in den Wagen und fuhr weiter. Es war für sie ein schönes Gefühl, auf einmal wieder so viel Geld zu haben, und das beflügelte automatisch ihre gute Laune. Im Radio spielten sie gerade den Titel „Philadelphia Freedom" von Elton John und das passte so recht zu dem, was sie vorhatte. Auf nach Philadelphia. Die Sonne strahlte und weiße Wolken zogen eilig über den strahlend blauen Horizont. Es war ein besonderer Tag für sie. Alles was sie sich gewünscht hatte, war in Erfüllung gegangen. „Oh what a wonderful day", sang sie leise vor sich hin. In diesem Moment fühlte sie sich wie ein richtiges Glückskind.

Die Dunkelheit brach herein, als Alice auf dem Highway Richtung Philadelphia fuhr. Hell leuchtete die farbenprächtige Skyline der Stadt und malte bizarre Lichtreflexe an den nachtblauen Horizont. Sie war erschöpft von der langen Fahrt und froh, dass die Klimaanlage ihr die Kühle brachte, die sie brauchte, um noch einigermaßen wach zu bleiben. Die einsame Fahrt über endlose Strecken, auf denen ihr kaum ein Fahrzeug begegnet war, hatte sie ermüdet, hatte alle Euphorie und ihren Tatendrang aus ihrem

Inneren verdrängt. Die Müdigkeit drohte sie zu übermannen und sie war froh, ihr Ziel erreicht zu haben. Sie würde zu Abend essen und sich dann ein Hotel suchen, um mal wieder richtig auszuschlafen. Je näher sie der Stadt kam, umso mehr spürte sie das pulsierende Nachtleben in dieser riesigen Metropole. Wie von Zauberhand waren die Highways erfüllt von hektischem Verkehr, ungeduldiges Hupen und eine Kette von aneinandergereihten Fahrzeugen fuhren, wie auf eine rot leuchtende Schnur gezogen, unaufhaltsam und stetig in alle Richtungen, um sich dann wieder in der Dunkelheit der Nacht zu verlieren.

Dann hatte sie die Innenstadt erreicht und fuhr mit dem Strom von Fahrzeugen auf die Walnut-Street, die exklusive Shoppingmeile der Stadt. An der nächsten Kreuzung bog sie rechts in die 62nd-Street ab und hatte das große Glück, einen Parkplatz zu finden. Überall flanierten Menschen durch die angenehme Kühle des Abends, betrachteten die hell erleuchteten Schaufenster, saßen vor den Cafés und plauderten angeregt über Gott und die Welt. Es war eine bezaubernde und gemütliche Atmosphäre, die Alice entgegenschlug, als auch sie sich unter die Menge der Flanierenden mischte und sich mit dem Strom einfach treiben ließ. Sie war auf dem Weg in einen Shop der Taschen und Koffer verkaufte. Sie entschied sich für ein elegantes Modell von Samsonite, denn mit ihrer reichlich ramponierten Sporttasche konnte sie sich in keinem Hotel sehen lassen. Alles musste zusammenpassen, denn sonst lief sie Gefahr, entdeckt zu werden. Mit einem Trolley und einer geräumigen Handbag bewaffnet, trat sie den Rückweg in die 62nd-Street an, öffnete den Kofferraum und verstaute ihre Designerklamotten, beseitigte dann sorgfältig alle Fingerabdrücke, verschloss den X5, warf den Autoschlüssel in einen Papierkorb, der an dem Pfahl einer Laterne hing, und ging zurück auf die Walnut-Street, um dort in ein Hotel einzuchecken.

Sie ging eilig auf ein am Straßenrand wartendes Taxi zu. Der Driver, ein sympathischer Schwarzer mittleren Alters, stieg aus und verstaute ihr Gepäck im Kofferraum eines riesigen Cadillac, öffnete ihr höflich die hintere Wagentür und fragte sie nach ihrem Fahrtziel.

„Welches Hotel können Sie mir empfehlen?", fragte Alice neugierig.

„Ich empfehle Ihnen das Radisson Plaza", antwortete er, wie aus der Pistole geschossen, sodass man den Eindruck haben konnte, er hätte einen Vertrag mit dem Hotel und das, so glaubte Alice, war nicht ganz von der Hand zu weisen.

„Okay", antwortete sie, aber der Fahrer war schon unterwegs, bevor sie überhaupt etwas sagen konnte.

„Na ja, sei's drum", dachte sie, „ich will nur noch ins Bett und schlafen, schlafen, schlafen." Nach kurzer Fahrt kamen sie in der 1701 Locust Street an. Vor ihnen stand der gewaltige Bau des Radisson Plaza, über dessen Eingang die amerikanische Flagge im Wind wehte. Alice stieg aus und ging mit ihrem Gepäck auf den Hoteleingang zu, wo sie schon von dem Portier empfangen wurde, der ihr das Gepäck abnahm und mit ihr in die Empfangshalle zum Einchecken ging. Natürlich hatte sie an alles gedacht. Ihre gefälschte ID Card hatte sie griffbereit in der Hand. Der Kumpel in Kentucky hatte ihr nicht nur den Führerschein, sondern auch dieses Dokument besorgt und es war so gut gemacht, dass sie auch hier keinerlei Verdacht erregte. Nachdem alle Formalitäten erledigt waren, atmete sie beruhigt auf und verschwand mit ihrem Gepäck im

Fahrstuhl, drückte die Nummer für das Stockwerk und langsam setzte er sich in Bewegung und stoppte erst wieder, als sie im 6. Stockwerk angekommen war. Als sie vor der Zimmernummer 625 stand, führte sie die Chipkarte ein und die Tür öffnete sich mit einem leisen Klicken.

Sie stellte ihr Gepäck ab, hängte ihre noblen Designerklamotten sorgfältig in den Schrank, zog sich aus, ging in das elegant eingerichtete Badezimmer und nahm ein ausgiebiges Duschbad. Es war ein herrliches Gefühl, das lauwarme erfrischende Wasser auf ihrer Haut zu spüren. Sie wusch sich die Haare, prustete vergnügt das Wasser aus ihrem Gesicht und fühlte sich augenblicklich wie neu geboren. Sie zog sich den Bademantel über, trocknete ihre Haare und ging dann in das Zimmer, um es in Augenschein zu nehmen. Sie trat ans Fenster und genoss den atemberaubenden Blick über die leuchtende Skyline dieser herrlichen Stadt. Dann warf sie sich auf das riesige Doppelbett, streckte sich aus und spürte, wie gut ihr das tat. Sie hatte, bevor sie sich darauf ausgestreckt hatte, im Empfang angerufen und dort die Nachricht hinterlassen, dass sie gerne in einer Stunde etwas essen möchte. Sie lag noch in tiefem Schlaf, als sie durch ein Klopfen an der Tür aus ihren Träumen gerissen wurde.

„Zimmerservice", ertönte eine angenehme Männerstimme von draußen.

„Einen Moment bitte", erwiderte Alice verschlafen, stand auf und ging zur Tür, um zu öffnen. Ein junger Mann in Hoteluniform stand vor ihr und lächelte sie freundlich an.

„Haben sie einen Wunsch Madame?", seine Stimme klang wirklich sehr angenehm. Er war ein hübscher Junge und seine Augen strahlten, als er das Zimmer betrat.

„Ich wurde informiert, dass Sie es vorziehen, in ihrem Zimmer zu dinieren. Ich habe Ihnen die Speisenkarte mitgebracht."

„Ja gerne", erwiderte Alice, denn sie war einfach zu müde, um noch irgendein Restaurant aufzusuchen. Sie gab ihre Bestellung auf und er verschwand mit einem diskreten Lächeln.

Eine halbe Stunde war vergangen, als es erneut an ihrer Tür klopfte.

„Zimmerservice Madame." Er schob einen eleganten Servierwagen mit den gewünschten Speisen zur Tür herein.

„Ich wünsche Ihnen einen guten Appetit", sagte er wiederum mit einem freundlichen Lächeln. Alice gab ihm ein angemessenes Trinkgeld, für das er sich mit einer Verbeugung bedankte.

„Ich wünsche Ihnen noch einen angenehmen Abend und wenn Sie noch etwas benötigen, schellen Sie bitte, ich bin immer für Sie da."

„Vielen Dank, das werde ich tun", erwiderte sie generös. Er warf ihr einen letzten bewundernden Blick zu, drehte sich um und verließ das Zimmer.

Sie hatte in den letzten Monaten noch nie so viel Zeit vor dem Spiegel verbracht, wie in diesem Moment, um sich für die Männerwelt als Kunstfigur neu zu erschaffen. Sie war ein Traum von einer Frau und wer sich das Titelbild dieses Romans betrachtet, wird sicher verstehen, was der Autor meint. Es war eine kosmetische Meisterleistung, die sie nach einer Stunde vollbracht hatte. Sie hätte einer vorzüglichen Maskenbildnerin alle Ehre gemacht. Zufrieden und mit einem anerkennenden Schmunzeln betrachtete sie sich im Spiegel des Badezimmers.

„Ich möchte gerne den Mann sehen, der sich nicht nach mir umdreht", dachte sie voller Stolz. Ihr Gesicht, das schon vorher von einer Feinheit und Individualität geprägt war, ließ keinen Zweifel an ihrer elitären Herkunft. In ihren großen strahlend smaragdgrünen Augen loderte ein Feuer, an dem sich jedes Männerherz entzünden würde. Ihre Lippen waren von einer unwiderstehlichen Sinnlichkeit, dass man das Verlangen hatte, sie unablässig zu küssen, um ihre Wärme und Leidenschaft zu spüren.

Und wenn sie lächelte, war dies nicht nur ein Lächeln, sondern der Ausdruck unbändiger Lebensfreude, die alle Menschen in ihrer Nähe augenblicklich gefangen nahm und in ihren Bann zog. Ein Strahlen, das Sternen gleich eine Brücke baute zu denen, die eigentlich gar nicht zum Lachen aufgelegt waren. Die ernst sein wollten, es aber nicht konnten, weil dieses engelhafte Wesen es verstand, sie augenblicklich zu verzaubern und sie mussten lächeln, ob sie wollten oder nicht. All dies schien ihr in die Wiege gelegt worden zu sein und sie hatte es sich bis zum heutigen Tag bewahrt, auch wenn sie sich nicht mehr daran erinnerte.

Alice war nicht wiederzuerkennen, als sie in ihre Spitzenunterwäsche schlüpfte und sich prüfend im Spiegel betrachtete. Dann zog sie den engen Rock ihres anthrazitfarbenen Kostüms an. Er endete eine Handbreit über ihren Knien und ihre wohlgeformten, schlanken Beine unterstrichen diesen Anblick auf besondere Weise. Sie streifte die Kostümjacke über, aus deren Dekolleté die Ansätze ihrer Brüste hervorlugten, umgeben von der feinen zarten Spitze ihres schwarzen BHs. Alles war perfekt für den Angriff auf die Reichtümer der Männerwelt. Sie streifte ein Paar schwarze High Heels über ihre Füße, ergriff die auf ihrem Bett liegende Tasche aus schwarzem Leder, warf einen letzten Blick in den Spiegel, öffnete die Tür ihres Hotelappartements, verstaute die Codecard in einem Seitenfach ihrer Tasche und ging dann mit einem Gang, der einer Lady alle Ehre machte, auf den Fahrstuhl zu.

Es war eine perfekte Inszenierung, die Alice da aufführte. Als sich der Fahrstuhl öffnete, sah sie, wie der Liftboy sie mit offenem Mund anstarrte. Er war wohl sehr fasziniert von ihrer Erscheinung, denn er vergaß fast den Sinn seines Hierseins.

„In die Lounge bitte", sagte Alice mit lasziver Stimme und schaute ihn wohlwollend an.

„Sehr gerne", antwortete er leicht verlegen. Während der ganzen Fahrt nach unten warf er ihr immer wieder bewundernde Blicke zu. Auch wenn es nur ein Liftboy war, der sie anstarrte, taten ihr die bewundernden Blicke gut, denn schließlich war auch er ein Mann und die waren in ihren Reaktionen wohl alle gleich. Ob Hotelangestellter oder milliardenschwerer Geschäftsmann, beim Anblick einer schönen Frau reagierten sie alle auf die gleiche Weise. Als sie die Hotelhalle betrat, schauten ihr gefühlte zwanzig Augenpaare hinterher. Hotelgäste, die bis zu diesem Augenblick noch in ein Gespräch vertieft waren, hielten augenblicklich inne und starrten neugierig in ihre Richtung. Männer, die in Begleitung waren, riskierten nur einen unauffälligen Blick, um anschließend mit ihren weiblichen Begleiterinnen keinen Ärger zu bekommen. Die anwesenden Frauen hingegen schauten mit unverhohlener Neugier zu ihr herüber und taxierten sie vom Gesicht bis zu den Schuhen. Ja, man hatte förmlich das Gefühl, als würden sie Alice mit Laseraugen scannen, um nach dieser eingehenden Betrachtung ihr Gesicht zu einem geringschätzigen Grinsen zu verziehen, so als würde sie ihnen nicht das Wasser reichen können.

Alice schaute sie triumphierend an, legte ihren Kopf mit einem Hauch von gespielter Arroganz in den Nacken und steuerte auf eine Sitzgruppe in der Lounge zu, setzte sich dort mit übereinandergeschlagenen Beinen in einen der Sessel und winkte mit einer freundlichen Handbewegung den Barkeeper herbei.

„Sie wünschen Madame", fragte er mit einer ausgesprochen sympathischen, sehr männlichen Stimme. „Bitte einen Cosmopolitan, aber bitte mit ein wenig Eis", sagte sie und schaute ihn dabei verführerisch an.

„Sehr gerne Madame, kommt sofort", dann drehte er sich um und verschwand wieder hinter seinem Bartresen. Interessiert beobachtete sie ihn. Man konnte sehen, dass dies ein Profi war, denn er zelebrierte den Cocktail mit einer derartigen Virtuosität, dass sie anerkennend nicken musste. Es war kein einfaches Hantieren, sondern eine Performance der Extraklasse. Müsste sie jetzt nicht die feine Lady spielen, hätte sie ihm sicherlich für diese Darbietung Applaus gezollt.

Sie nippte genießerisch an ihrem Cocktail und schaute unauffällig zu einer Gruppe Herren in den feinsten Businessanzügen hinüber, die in einiger Entfernung saßen und sie schon die ganze Zeit interessiert anstarrten. Sie schenkte ihnen ein bezauberndes Lächeln, wandte sich dann aber wieder ab, um nicht zu viel Aufmerksamkeit zu erwecken. „Das ist genau meine Zielgruppe", dachte sie und sie war davon überzeugt, dass es nicht mehr lange dauern würde, bis einer von ihnen an ihrem Tisch auftauchen würde. Sie hatte den Gedanken noch nicht zu Ende gedacht, als sich ein großer dunkelhaariger Typ erhob und langsam auf sie zukam, sie schätzte ihn auf Mitte vierzig. Er blieb vor ihr stehen, musterte sie interessiert und ließ dann einen dieser üblichen Sprüche los, mit dem er glaubte, sich einer Dame, die ohne männliche Begleitung war, nähern zu können.

„Entschuldigen Sie bitte", eröffnete er das Gespräch, „ich hoffe ich störe Sie nicht."

„Aber keineswegs", erwiderte Alice lächelnd. Sie schaute zu ihm auf und war gespannt, was als Nächstes kommen würde.

„Wie ist das möglich", fuhr er fort, „dass eine so schöne Frau abends allein in einer Hotelbar sitzt? Wenn Sie nichts dagegen haben, würde ich mich gerne zu Ihnen gesellen und wir könnten ein wenig miteinander plaudern."

„Ich habe nichts dagegen", entgegnete Alice und bat ihn Platz zu nehmen. Er setzte sich neben sie, sah sie an und stellte sich artig vor, so wie es sich für einen Gentleman gehörte.

„Mein Name ist Jason Kennedy, ich habe geschäftlich hier in Philadelphia zu tun und möchte Sie gerne zu einem Cocktail einladen."

„Alice", erwiderte sie kurz und bündig und schaute ihn dabei gönnerhaft an.

„Glauben Sie wirklich", fuhr sie fort, „ich lasse mich von jedem einladen?" Innerlich jedoch musste sie bei diesen Worten schmunzeln, war er doch genau der Typ Mann, der Eindruck auf sie machte und ihr auch sonst sehr gut gefiel.

Sie wollte mehr von ihm wissen, vor allem interessierte sie sein gesellschaftlicher Status. Arme gut aussehende Schlucker waren ihr haufenweise über den Weg gelaufen, aber jetzt suchte sie einen, der einen Haufen Geld hatte.

Wenn er auch noch gut aussah, war das ein Sahnehäubchen, aber erforderlich war es nicht, denn für sie war die Kohle ausschlaggebend. Sie war durch und durch ein raffiniertes Luder und schreckte auch nicht davor zurück, mit Körpereinsatz ihr Ziel zu erreichen. Aber vielleicht war sie ja bei ihm an der richtigen Adresse und sie war davon überzeugt, dass sie dies sehr schnell herausfinden würde. Sie führten ein sehr angeregtes Gespräch und Jason erzählte ihr, dass er aus Houston in Texas kam. In diesem Moment sah sie schon Millionen Dollarnoten vor ihrem geistigen Auge herumflattern. Houston ist die Stadt der Reichen und die Typen verdienten dort mit dem Scheißöl Milliarden. War sie schon so früh fündig geworden? War er ein Typ, der mit dem Geld nur so um sich schmeißen konnte? Sie würde das im Internet recherchieren, um ganz sicher zu gehen, dass bei ihm etwas zu holen ist. Sie umschmeichelte ihn, um noch mehr zu erfahren. Aber er schwieg beharrlich und gab außer seinem Namen nichts von sich preis. Als er sich von ihr verabschiedete, lud er sie für den nächsten Abend zum Essen ein. Spontan sagte sie zu. Bis dahin hatte sie genug Zeit, seine wahre Identität zu erfahren.

Am nächsten Morgen ging sie in ein nahe gelegenes Internetcafé, loggte sich dort ein und unter der Suchadresse „Phonebook of Houston" fand sie tatsächlich den Namen Jason Kennedy. Und als sie genauer hinschaute, traute sie ihren Augen nicht, unter seinem Namen stand „President of Emmerson Mobile Oil Company", Firmensitz in Houston, Texas. Als sie weiter scrollte, sah sie unter der Rubrik Jahresumsatz eine Zahl, die sie fast schwindelig machte. Dort stand eine Summe, deren Größe sie sich beim besten Willen nicht vorstellen konnte. 15 Milliarden stand dort schwarz auf weiß und sie wusste wirklich nicht, was diese Leute mit so viel Geld wollten. Was machten da schon ein paar Millionen, die sie ihm abknöpfen würde, um selbst ein angenehmes Leben zu führen. Sie musste einen Freudenschrei unterdrücken und ihre Überraschung war groß, so schnell den Richtigen gefunden zu haben. Sie ging an die Kasse, nestelte mit vor Aufregung zitternden Fingern in ihrer Hosentasche herum und drückte dem Besitzer des Cafés eine Zehn-Dollar-Note in die Hand.

„Ihr Wechselgeld, Lady", rief er hinter ihr her. Sie drehte sich noch einmal kurz um.

„Stimmt so und vielen Dank", rief sie fröhlich und ging mit beschwingten Schritten die Straße hinunter.

Sie betrat ein gemütliches italienisches Ristorante und bestellte sich eine Portion Gnocchi mit Rucola und Pilzen. Danach trank sie noch einen würzigen, heißen Espresso und war rundum zufrieden, zufrieden mit sich und ihrem Leben.

Sie liebte die Atmosphäre in den italienischen Restaurants, die Freundlichkeit und den Charme der Kellner. Fast Food hatte sie die ganze Zeit genug gegessen und nun gönnte sie sich diese kleine Abwechslung, die ihrer Seele guttat. Dann ging sie zurück ins Hotel, duschte und legte sich aufs Bett, um noch ein wenig auszuruhen. Sie wollte schön sein für diesen Abend, wollte ihm gefallen und ihn für sich gewinnen. Sie hatte sich bereits einen Plan zurechtgelegt. Sie musste sehr sorgfältig vorgehen, wollte alle Details seines bisherigen Lebens sammeln.

Hatte er eine Familie, gab es irgendwelche dunklen Flecken auf seiner vermeintlich weißen Weste? Hatte er Schwarzgelder auf die Seite geschafft, die eventuell die amerikanischen Steuerbehörden interessieren könnten, hatte er Affären, von denen seine Familie nichts wusste?

Im Moment wusste sie noch nicht, wie sie hinter all diese Geheimnisse kommen könnte. Aber sie würde ihre ganze weibliche Raffinesse einsetzen, um diese Dinge in Erfahrung zu bringen. Hätte sie ihn erst mal im Bett, wäre es, so glaubte sie zumindest, ein leichtes Spiel, denn bekanntermaßen werden Männer beim Sex immer sehr gesprächig und sie erzählen oft Dinge, von denen nicht einmal die eigene Frau etwas weiß.

Genauso sorgfältig wie am vergangenen Abend, bereitete sie sich auf den Abend mit Jason vor, legte ein verführerisches Make-up auf, zog sich wieder eines dieser eleganten Designerkostüme an, hüllte ihren begehrenswerten Körper in den Duft eines betörenden Parfüms und wartete in ihrer Suite auf sein Kommen. Es klopfte an der Tür, sie öffnete. Da stand er vor ihr, groß und schlank, ein Lächeln umspielte seinen Mund und in seinen Augen blitzte jenes Feuer, das sie nur zu gut kannte, wenn ein Mann verrückt nach ihr war. Sie ging lächelnd auf ihn zu und hauchte ihm einen Kuss auf die Wange.

„Ich hoffe, ich bin nicht zu früh", sagte er fast schon entschuldigend und schaute auf seine Uhr. Es war zehn Minuten vor acht. „Nein", erwiderte Alice, „Sie kommen gerade recht, ich bin bereit und wir können uns auf den Weg machen."

Sie schloss die Tür hinter sich, hakte sich bei ihm unter und sie gingen den Gang hinunter Richtung Fahrstuhl. Als sich der Fahrstuhl langsam nach unten bewegte, stand sie ganz dicht vor ihm, sog den Duft seines edlen Parfüms ein und schaute ihm direkt ins Gesicht. Um seine dunkelbraunen Augen waren schon kleine Fältchen sichtbar, die ein Stück gelebtes Leben verrieten. Sein Mund hatte eine wunderschöne Form, die sehr viel Sensibilität und Einfühlungsvermögen verriet. Hinter seinen Lippen verbargen sich zwei Reihen makelloser weißer Zähne, die sein erfrischendes Lachen noch mehr unterstrichen. Seine dunklen, fast schwarzen Haare umrahmten ein braun gebranntes gut proportioniertes Gesicht. Er war zweifellos ein Beau, aber einer von der anderen, interessanten Sorte. Seine Gesichtszüge waren trotz allem immer noch markant und männlich und das imponierte ihr.

In der Empfangshalle des Hotels angekommen, ging er auf den Empfangschef zu und wechselte mit ihm einige wenige Worte, aber er sprach so leise, dass Alice nicht verstehen konnte, was er sagte. Dieser nickte ergeben, ging auf das hinter der Rezeption stehende Telefon zu, hob den Hörer ab und bestellte ganz offensichtlich ein Taxi, das sie in ein ihr nicht bekanntes Restaurant bringen sollte. Es vergingen keine fünf Minuten, als sich die Tür des Portals öffnete und der Portier direkt auf sie zukam.

„Meine Herrschaften", sagte er, „ihr Taxi ist da."

Jason bedankte sich und der Portier führte die beiden zu dem vor dem Hoteleingang wartenden Taxi und öffnete dienstbeflissen die hintere Tür. Jason ergriff Alice' Arm und war ihr beim Einsteigen behilflich. Er drehte sich noch einmal um und drückte dem Portier, wie es in diesen noblen Luxushotels nun mal üblich ist, ein üppiges Trinkgeld in die Hand, für das sich dieser mit einer tiefen Verbeugung bedankte. Dann stieg er ebenfalls ein und setzte sich neben Alice. Augenblicke später reihte sich das Fahrzeug in den fließenden Verkehr ein, um nach kurzer Zeit in die 17th Street einzubiegen. Sie hielten vor dem hell erleuchteten Sofitel Hotel Philadelphia, das schon von Weitem einen unglaublich luxuriösen Eindruck machte.

Sie stiegen aus, Jason reichte Alice seinen Arm und wie ein verliebtes Pärchen gingen sie auf den Eingang der „Liberté Urban Chic Lounge" zu. Vor der Tür wurden sie schon von dem Chef des Restaurants erwartet, der sie mit einem herzlichen „Guten Abend Jason, guten Abend Madame" begrüßte. Jason und er schienen sich schon von früheren Besuchen zu kennen, denn er klopfte ihm freundschaftlich auf die Schulter.

„Schön, dass du uns mal wieder besuchst", säuselte er mit einem leichten französischen Akzent „und dann noch in einer so charmanten Begleitung."

„Die Freude ist ganz auf meiner Seite", erwiderte Jason wohlwollend. Dann führte der Chef des Hauses seine Gäste in eine ruhige Ecke des Restaurants und bat sie, an dem für sie reservierten Tisch Platz zunehmen.

Er blieb vor ihrem Tisch stehen und schaute Alice immer wieder mit bewundernden Blicken an. Jason hatte dies natürlich sofort bemerkt und sah lächelnd zu ihm auf.

„Alexandre, darf ich dir Alice Simpson vorstellen, sie ist eine sehr gute Freundin, die ich zufällig hier in Philadelphia wiedergetroffen habe und stell dir vor, sie wohnt im selben Hotel wie ich. Ist das nicht ein Zufall?"

„Dieser verdammte Schwindler", dachte Alice und musste innerlich grinsen, „der kann ja lügen, dass sich die Balken biegen."

Sie sah Jason an und zog die Augenbrauen hoch, so als wollte sie sagen: „Junge, Junge, du bist ja einer von der ganz ausgebufften Sorte."

Alexandre wandte sich Alice erneut zu, ergriff ihre Hand und hauchte ihr einen Kuss auf den Handrücken.

„Sehr erfreut, ich darf doch Alice zu Ihnen sagen?"

„Aber gerne", sagte sie lachend, „Jasons Freunde sind auch meine Freunde."

In diesem Moment war das Eis geschmolzen und der allen Franzosen eigene Charme und die Herzlichkeit dieses Mannes taten ihr unglaublich gut. Sie wurden von Alexandre nach allen Regeln französischer Kochkunst verwöhnt. Die Zeit verging wie im Flug und sie musste zugeben, dass dieser Abend, nach allen Erlebnissen der letzten Monate, für sie einen ganz besonderen Reiz hatte. Immer wieder beschwor sie ihre innere Stimme: „Verliere dich nicht, denke daran, du hast ein Ziel und dieses Ziel sollst du immer im Auge behalten."

Es war das erste Mal, dass sie Skrupel hatte, wenn es darum ging, andere aufs Kreuz zu legen und ihnen das Geld aus der Tasche zu ziehen. Und das hing zweifelsfrei mit Jason zusammen. Wenn sie nicht in der Lage wäre ihre Gefühle zu beherrschen, wäre sie schneller in ihn verliebt, als es ihr recht war.

Skrupel, die ihr kriminelles Handeln betrafen, hatte sie schon lange nicht mehr. Zumindest glaubte sie das. Aber dieser Kerl verstand es geradezu perfekt, sie mit seinem unnachahmlichen Charme, um den Finger zu wickeln. Sie sah sich zwar immer noch als Robin Hood ihrer eigenen Person, aber je länger sie darüber nachdachte, umso größer wurden ihre Zweifel, ob sie das durchhalten würde. Sie nahm es den Reichen und schenkte es sich selbst, das war ihre persönliche Philosophie. Aber dies war eine neue Situation, die sie noch nicht kannte. Der Konflikt zwischen ihrem Herzen und ihrem Verstand war etwas, das sie in dieser Form noch nicht erlebt hatte. Bis zu dem Tag, an dem sie Jason begegnete, hatte sie alle Entscheidungen mit ihrem Verstand getroffen und deswegen hatte sie auch nie ein Problem, geschweige denn ein schlechtes Gewissen.

Sie musste ihre Gefühle ausblenden, durfte sich nicht von ihnen leiten lassen, denn wenn sie dies tat, würde sie scheitern. Sie würde plötzlich mit leeren Händen dastehen und alles, was sie sich vorgenommen hatte, würde mit einem Schlag im Nichts enden und das musste sie um jeden Preis verhindern. Mit diesen Gedanken verabschiedete sie sich von Jason, ging in ihr Hotelzimmer, entkleidete sich, zog ihren Pyjama an und trat vor das Fenster, um die erleuchtete Skyline von Philadelphia zu betrachten.

Ruhig und friedlich lag die Stadt unter ihren Füßen. Sie sah die belebten Straßen, durch die immer noch pulsierendes Leben strömte. Auf der anderen Straßenseite sah sie Menschen in den Restaurants sitzen. Fußgänger hasteten mit großen Tragetaschen über die Straße, in denen sich ihre Schätze verbargen, die sie kurz zuvor in einem Nobelladen erstanden hatten. Leuchtreklamen tauchten alles in ein farbenfrohes Licht. Riesige Werbetafeln schickten ihre elektronischen Lichtsignale in die Dunkelheit, malten fast unwirkliche und verwirrende Reflexe, die wie riesige abstrakte Bilder wirkten, auf die glänzenden Fassaden der umliegenden Häuser. Die Welt des Commerce war allgegenwärtig. Sie vermischte sich zu einem Intermezzo nie enden wollender Gier nach Macht und unvorstellbarem Reichtum. So gesehen, war all das, was Alice sah, nur eine überdimensionale Visitenkarte derer, die in diesem Land die Herrschaft übernommen hatten und seit Generationen die Geschicke dieses Landes bestimmten.

Noch nie gab es hier einen Präsidenten, der ein armer Schlucker aus dem einfachen Volke war. Multimillionäre und Milliardäre kämpften, unter Einsatz eines riesigen Vermögens, um noch mehr Macht. „Money for President" war hier schon immer die Devise. Politik wurde seit jeher von den Reichen in diesem Lande gemacht und keiner von ihnen war jemals bereit, auch nur einen kleinen Teil seiner Macht preiszugeben. Amerika war und ist das Land, in dem Milch und Honig fließen, aber wohlgemerkt nur für die, die reich sind und Geld im Überfluss haben. All diese Gedanken gingen Alice durch den Kopf und sie war von diesem Moment an fest entschlossen, ihren Weg unbeirrt fortzusetzen. Sie wollte all denen das nehmen, was sie sich erschwindelt und durch illegale Geschäfte ergaunert hatten. Sie wollte ein Stück von dem großen Kuchen haben, der bereitstand und auf sie wartete. Er musste nur noch angeschnitten und verspeist werden.

3. Kapitel

Am nächsten Morgen ließ sie sich durch den Service des Hotels wecken. Um 8.00 Uhr riss sie das Schellen des Telefons aus dem Schlaf. Sie rieb sich die Augen und blinzelte in das Licht der hereinscheinenden Sonne. Sie schlüpfte in ihren Bademantel, ging ins Bad, um sich für den kommenden Tag vorzubereiten, und bestellte sich ein üppiges Frühstück aufs Zimmer. Nachdem sie ausgiebig gefrühstückt hatte, richtete sie sich mit der gleichen Sorgfalt her, wie sie es auch schon seit ihrer Ankunft in diesem Hotel getan hatte. Diesmal zog sie einen eleganten Hosenanzug an, der wie eine zweite Haut ihren Körper umhüllte. Es war mittlerweile 11.30 Uhr als sie ihr Zimmer verließ und mit dem Fahrstuhl nach unten in die Empfangshalle fuhr. Der Empfangschef kam auf sie zu und überreichte ihr mit einem freundlichen „Guten Morgen" eine Nachricht, die eigentlich nur von Jason stammen konnte.

Sie bedankte sich, ging auf einen der im Empfangsbereich stehenden Sessel zu, setzte sich und las die Zeilen, die ihr Jason geschrieben hatte. „Liebe Alice", so begann er, „ich würde mich sehr freuen, wenn Sie Zeit hätten und mich heute Abend in die Oper begleiten würden. Ich habe tagsüber noch einige wichtige Geschäftstermine zu erledigen, werde aber sicherlich bis spätestens 5.00 Uhr nachmittags wieder im Hotel sein. Vielleicht können wir uns ja, bevor wir ins Opernhaus gehen, in der Hotelbar noch zu einem Cocktail treffen. Sie würden mir eine große Freude bereiten, bitte sagen Sie ja. Liebe Grüße, Jason."

Sie schmunzelte, es lief alles nach Plan. Er hatte angebissen und suchte ihre Nähe zu jeder sich bietenden Gelegenheit. Sie schien ihn sehr beeindruckt zu haben und das passte genau in ihren Plan. Sie wollte einen Mann finden, der um ihre Gunst buhlte und nicht einen, dem sie hinterherlaufen musste. Diese Konstellation wäre fatal gewesen, denn woher sollte sie wissen, ob er nicht einer Laune nachgab und sie spätestens dann, wenn er das Interesse an ihr verloren hätte, kommentarlos zu den Akten legte. Nach einem ausgedehnten Schaufensterbummel kam sie zufällig an einem Computershop vorbei, der ihr Interesse weckte. Ursprünglich hatte sie ja vor, noch einmal in das Internetcafé zu gehen, in dem sie schon, nachdem sie Jason kennengelernt hatte, nach Einträgen zu seiner Person suchte, verwarf es aber wieder und betrat den Shop, um sich ein eigenes Notebook zu kaufen. Ihr fielen wieder die Videokameras in dem Internetcafé ein, die zur Überwachung der Besucher recht auffällig von der Decke baumelten und die Erkenntnis, sich unter Umständen selbst auf dem Tablett zu servieren, löste bei ihr Unbehagen aus. Nach einer intensiven Beratung über die Möglichkeiten, die ihr das Notebook bot, entschied sie sich für ein 11-Zoll-Mac-Book das, soweit sie das beurteilen konnte, voll und ganz ihren Ansprüchen genügte. Alle benötigten Programme waren vorinstalliert und sie könnte sofort ohne große Umstände mit ihrer Recherche beginnen, und zwar da, wo sie niemand beobachten konnte.

Ungeduldig schaltete sie das Notebook ein, wartete darauf, dass sie endlich ihren Wissensdurst stillen konnte. Sie zog hastig die Jacke ihres Hosenanzugs aus und warf sie aufs Bett. Endlich war der Computer hochgefahren und sie gab über die Suchleiste den Namen Kennedy ein. Sie hätte nie geglaubt, dass es so viele Prominente mit dem Namen Kennedy gab. An erster Stelle stand natürlich der Name

John F. Kennedy. Aber diesen Namen suchte sie nicht. Sie scrollte weiter, denn sie wollte mehr über die Familie Jason Kennedy aus Houston erfahren. Nachdem sie die ersten Links ohne Erfolg durchsucht hatte, klickte sie auf einen Link, der ihr als der richtige erschien und fand endlich das, wonach sie suchte. „Geschichte der Familie David Kennedy" las sie und klickte neugierig auf diesen Titel, um ihn ganz lesen zu können. „David Kennedy, ehemaliger Präsident der Emmerson Mobile Oil, hatte im Jahr 1956 die Firma gegründet und zu dem gemacht, was sie heute war. Nämlich zu einem Unternehmen, das schon nach drei Jahren einen Umsatz von 10 Milliarden Dollar erreichte und das mit steigender Tendenz. Der Firmengründer wurde im Jahr 1925 als Sohn eines Farmers geboren und war in recht bescheidenen Verhältnissen aufgewachsen. Sein Vater arbeitete hart und trotzdem reichte es gerade mal, um den täglichen Lebensunterhalt zu bestreiten, bis zu dem Tag, als sie auf ihrer Ranch eine gigantische Ölquelle entdeckten.

Von nun an veränderte sich das Leben der Familie Kennedy so grundlegend, dass er schon nach zehn Jahren zu den reichsten Männern der Vereinigten Staaten zählte. Beeindruckend war auch seine geniale Fähigkeit, an der New Yorker Börse immer auf das richtige Pferd zu setzen. Mit diesen manchmal sehr spekulativen Transaktionen verdiente er noch einmal ein gigantisches Vermögen. Michael Bloomberg und Barry Goldwater zählten fortan genauso zu seinen Freunden, wie einflussreiche Banker von der Wall Street, die seine ständigen Berater waren und dabei, dank seiner Hilfe, selbst unermesslich reich wurden."

Alice war so fasziniert von dieser beeindruckenden Erfolgsstory, dass sie begierig alle Informationen in sich aufnahm. Sie musste eine kleine Pause machen, um dies alles zu verarbeiten. Das, was sie da las, war so überwältigend, dass es ihr fast schwindelig wurde. Sollte ihr ein so großer Fisch an die Angel gegangen sein? Sie erhob sich, ging zum Haustelefon und bestellte sich einen Snack und eine Flasche Coke, um ihren Appetit zu stillen. Der Zimmerservice klopfte wenige Minuten später an ihre Tür. Es war derselbe junge Mann, der schon bei ihrer Ankunft für ihr leibliches Wohl gesorgt hatte. „Ich wünsche Ihnen einen guten Appetit", sagte er freundlich und verschwand wieder.

Nachdem sie eine Kleinigkeit zu sich genommen hatte, setzte sie sich wieder vor das Notebook und schaute weiter, bis sie zu der Stelle kam, die ihr besonderes Interesse weckte. „Im Jahr 1965", so las sie, „wurde Jason Kennedy geboren. Seine fünf Jahre ältere Schwester war auf tragische Weise bei einem Reitunfall ums Leben gekommen. Diesen Schicksalsschlag hatten seine Eltern nie ganz verkraftet. Fortan war Jason der Sonnenschein der Familie, wurde verwöhnt und verhätschelt, besuchte die Harvard University und studierte dort Wirtschaftswissenschaften und Ökologie. Für seinen Vater stand schon immer fest, dass er sein legitimer Nachfolger werden würde. Im Jahr 2001, Jason war damals gerade 36 Jahre alt, übertrug er ihm die Verantwortung für das gesamte Unternehmen. Seit diesem Zeitpunkt leitete Jason mit viel Geschick und großem Engagement den Konzern und konnte so das Vermögen der Familie nicht unerheblich vermehren. Er hatte sich in eine hübsche Millionärstochter verliebt und heiratete sie kurze Zeit später. Die Ehe blieb kinderlos und scheiterte allerdings zwei Jahre später. Danach hatte er zwar einige Affären, konnte sich aber nie mehr für eine neue Ehe entscheiden."

„Und jetzt ist mir dieser Mann über den Weg gelaufen", dachte Alice und ihr Herz begann, auch wenn sie sich innerlich dagegen wehrte, wie wild zu schlagen. Sie konnte nicht weiterlesen, musste erst einmal all diese Erkenntnisse über Jason verarbeiten, musste sich neu finden und das Für und Wider ihres Tuns gründlich überdenken.

Es war fünf Uhr nachmittags, als es an ihrer Tür klopfte. Sie schloss vorsichtshalber das Notebook, denn es war genau der Zeitpunkt, an dem Jason von seinen geschäftlichen Besprechungen zurückkehren wollte. Schließlich musste er ja nicht unbedingt wissen, womit sie sich die ganze Zeit beschäftigt hatte. Sie erhob sich und ging zur Tür und als wenn sie es geahnt hätte, stand Jason mit einem riesigen Blumenstrauß vor der Tür.

„Hallo Alice, da bin ich, darf ich reinkommen?", fragte er lachend und betrat ihr Hotelzimmer, überreichte ihr mit einer leicht übertriebenen Verbeugung die Blumen, setzte sich in einen Sessel und streckte seine Beine von sich. Alice stand völlig sprachlos vor ihm und starrte ihn nur an. Dann fasste sie sich und sagte mit einem vorwurfsvollen Unterton: „Sie hätten aber auch in der Lounge auf mich warten können."

„Wenn ich ungelegen komme, gehe ich wieder. Das ist kein Problem, ich wollte Sie nicht stören."

Er stand auf und war im Begriff ihr Hotelzimmer zu verlassen, als sie ihn sanft am Arm festhielt.

„Nun bleiben Sie schon hier", erwiderte sie und es war ihr doch ein bisschen unangenehm, wie sie ihn abgefertigt hatte.

„Übrigens, danke für die wunderschönen Blumen." Sie ging auf ihn zu und gab ihm einen Kuss auf die Wange.

„Jason, bitte gehen Sie schon mal vor, ich habe noch eine Kleinigkeit zu erledigen", sagte sie ohne weitere Erklärungen abzugeben.

Als er ihr Zimmer verlassen hatte, ging sie zum Fenster und starrte geistesabwesend in den Himmel, an dem graue Regenwolken aufzogen und ihn in eine dunkle, bedrohliche Wand verwandelten. Dieses Bild vom nahenden Unwetter passte genau zu der Stimmung, in der sie sich befand und das Gefühl einer imaginären Bedrohung machte sich zum ersten Mal in ihrem Kopf breit. Was war geschehen? Nie zuvor hatten sie solche Gedanken in Panik versetzt. Nie hatte sie daran gezweifelt, dass ihre Strategie, die Reichen für ihren Reichtum zu bestrafen, ungerecht war und plötzlich drohte alles in sich zusammenzufallen wie ein Kartenhaus, das von einer Windbö erfasst wurde. Ansatzlos und ohne Vorankündigung hatten diese Selbstzweifel von ihr Besitz ergriffen, hatten sie völlig aus der Bahn geworfen und alles infrage gestellt, was sie immer gradlinig und unverrückbar vor ihrem geistigen Auge gesehen hatte.

Sie hatte sich unter falschem Namen in diesem luxuriösen Hotel eingenistet, hatte andere Menschen bestohlen und betrogen. Sie war, und das wurde ihr in diesem Moment unwiderruflich klar, eine kleine namenlose Betrügerin, die nur genug zum Leben hatte, weil sie andere Menschen beklaute. Sie war ein Nichts im wahrsten Sinne des Wortes. Sie wusste nicht mal ihren richtigen Namen und sie wusste auch nicht, woher sie kam.

„Alles ein bisschen dürftig für einen erfolgreichen Einstieg in die Welt der Reichen und Privilegierten", dachte sie und in diesem Moment wurde ihr klar, dass es ein aussichtsloser Kampf war. Sie machte in ihren Gedanken eine Pause, um sich zu sammeln. Eins hatte Alice in ihrem Leben noch nie getan, sie hatte nie aufgegeben, sondern hatte immer wieder nach neuen Wegen gesucht und sie auch gefunden.

Es sei denn ... und dieser Gedanke reifte sekundenschnell in ihrem klugen Köpfchen ... es sei denn, sie verschwände für einige Zeit aus den Vereinigten Staaten, suchte sich in Europa einen alten verarmten Knacker mit einem attraktiven Adelstitel und machte mit ihm einen Deal. Danach würde sie mit einem neuen Namen in die Staaten zurückkehren und ihre Identität wäre legalisiert. So oder ähnlich könnte sie sich das vorstellen. Aber der Plan war noch nicht ausgereift und bedurfte noch vieler Überlegungen, die eminent wichtig waren, wenn ihr Vorhaben nicht scheitern sollte. Mit diesen unfertigen Gedanken in ihrem Kopf ging sie zu Jason in die Lounge.

Als sie dort eintraf, wartete er schon voller Ungeduld auf sie. „Sorry, Jason", entschuldigte sie sich mit gekonnter Unschuldsmiene, „ich hatte noch ein wichtiges Gespräch nach Übersee zu führen."

„Verraten Sie mir, wer der Glückliche ist?", fragte er neugierig. Sie überhörte diese Frage, ging auf ihn zu und setzte sich zu ihm. Irgendwann würde sie ihm reinen Wein einschenken, würde ihm sagen, dass sie sich zurzeit inkognito in den Staaten aufhielt und ihren wirklichen Namen nicht preisgeben könne. Ein plausibler Grund hierfür würde ihr ganz sicherlich auch noch einfallen. Aber im Moment war es noch nicht so weit. Sie wollte ihn erst einmal richtig einschätzen können, wollte seinen wirklichen Charakter kennenlernen, nicht den des erfolgreichen Geschäftsmanns, sondern den des ganz privaten Jason Kennedy. Sie spürte irgendwo in ihrem Inneren, dass dieser Mann einmal in ihrem Leben eine große Rolle spielen könnte, denn es war eine schicksalhafte Begegnung, die ihr ganzes Leben verändern würde, da war sie sich ziemlich sicher.

Aber wenn jetzt jemand dachte, Alice würde sich so einfach ihrem Schicksal ergeben, der hatte sich gründlich getäuscht. Sie war wie eine Katze, die immer wieder auf die Füße fiel. Sie hatte eine Niederlage und davon gab es recht viele, noch nicht ganz hinter sich gebracht, da kam ihr schon wieder eine neue Idee, die sie augenblicklich und ohne zu zögern, in Angriff nahm. So war es auch in diesem Fall. Als sie von Neugier getrieben wissen wollte, wie es mit dem Leben von Jason weiterging, stieß sie zufällig im Internet auf eine für sie sehr interessante Offerte.

„Kaufen Sie sich einen Adelstitel. Einfach und problemlos zur Upperclass in England gehören", hieß es dort. Fasziniert las sie, was dieser verrückte Betreiber einer königlich aufgemachten Homepage anzubieten hatte. Nun haben ja diese Engländer, wie sie schon mehrfach gehört und gelesen hatte, einen Spleen und einen ziemlich skurrilen Humor, der die verrücktesten Ideen ans Tageslicht förderte, vor allem wenn es um diese alten versnobten Adeligen ging. Neugierig las sie weiter. Jason konnte warten, denn der lief ihr nicht weg. Sie wusste auch um das Interesse eines jeden reichen Amerikaners, wenigstens eine adelige Person in seiner Familie zu haben. Neureiche Nobodys liefen genug herum. Die hatten jedoch nur Geld, aber keine imponierenden Vorfahren. Sie waren geschichtslose Individuen, die nach Amerika gekommen waren und dort einen Haufen Geld gemacht hatten. Aber ein richtiger Earl oder Lord aus *Good old England*, das war doch etwas, wonach man sich die Finger lecken würde.

Man wollte glänzen und was war da imponierender, als jemanden in der Familie zu haben, der einen adeligen Stammbaum mit Wurzeln in Europa vorzuweisen hatte. Das allein war etwas, womit man angeben konnte.

Aufgeregt las sie weiter, bis sie zu einem Angebot kam, das ihr wie maßgeschneidert schien. Der Fairness halber musste man allerdings sagen, dass alle Adelstitel von bereits ausgestorbenen Adelsgeschlechtern stammten. Aber wen interessierte das in den Staaten schon. Der Verkauf eines Titels „Lady of Rochester" weckte schließlich ihre Begehrlichkeit. Der Preis war zwar nicht gerade günstig, aber sie war der Überzeugung, dass es die Sache wert war. Umgerechnet 10.000 Dollar wollte der Anbieter dafür haben, aber das bitte schön inklusive einer historisch authentischen Ernennungsurkunde, einer wunderschön gestalteten Familiengeschichte, einem Stammbaum, sowie einer Karte aus dem 17. Jahrhundert, auf der die Ländereien und der feudale Landsitz dieser Adelsdynastie abgebildet waren. Und all das auf alt getrimmt und von einem Laien nicht als Fälschung zu erkennen, wie der Anbieter versicherte. Obwohl eine richtige Fälschung war es ja nicht, denn dieses Adelsgeschlecht existierte ja tatsächlich, war aber leider schon vor hundert Jahren ausgestorben, was Alice aber keineswegs als Nachteil empfand. Denn tote Adelige konnten ihr ja nun wirklich nicht mehr gefährlich werden.

Was sie dann zwei Absätze später las, dämpfte doch ihre erste Euphorie gewaltig. Hier wurde zu äußerster Vorsicht gemahnt, denn es war strikt verboten, den gekauften Adelstitel eines bereits ausgestorbenen Adelsgeschlechtes offiziell zu tragen. „Scheiße", dachte Alice, „was soll ich mit einem beknackten Adelstitel, wenn ich ihn nur als Künstlernamen tragen darf. Das Ding muss wasserdicht sein und wenn nicht, kann ich es gleich vergessen." Also dann doch lieber einen armen Hund mit Adelstitel. Sie suchte weiter und fand unter dem Link „Adelige verkaufen Adelstitel" eine Anzeige, die ihr seriös erschien. Zumal es sich bei dem Anbieter um einen englischen Lord handelte und die waren immer ihrem guten Ruf verpflichtet und würden niemals illegale oder dubiose Geschäfte machen. So weit so gut. Sie las weiter und stieß auf die Telefonnummer der Agentur, die diese Dienstleistung anbot und in London ihren Firmensitz hatte. Nachdem sie die Nummer gewählt hatte, meldete sich eine Stimme in einem unverfälschten Oxfordenglisch und das war fast so schlimm, als würde sie sich mit einem Texaner unterhalten.

Die Frage, die Alice auf der Seele brannte, beantwortete Lord Archibald Warrington, so hieß der Knabe, ohne dass sie danach fragen musste. Der Titel „Lord" verriet, wie schon eingangs erwähnt, im Königreich ein hohes Maß an Seriosität und Vertrauen. „Selbstverständlich sind Ihre neuen Ausweispapiere im Preis enthalten", fuhr der Lord fort. „Aber", warf Alice mit Zweifel in der Stimme ein, „sind die Papiere auch echt?" Empörtes Schweigen, dann ein etwas ungehaltenes Hüsteln, mit dem er seiner Missbilligung den nötigen Nachdruck verleihen wollte.

„Lady, wir sind ehrliche Leute und alles ist legitim. In diesem Preis ist sogar eine Adoption nicht ausgeschlossen, aber das hängt davon ab, ob Sie der Person genehm sind", sagte er und ließ keinen Zweifel daran, dass sie ihm gefälligst zu glauben hatte. „Und wenn Sie sich beeilen, kann ich Ihnen sogar in kürzester Zeit ein lukratives Angebot machen."

„Okay", erwiderte Alice, „ich werde am Mittwoch nächster Woche bei Ihnen sein und dann können wir alle Formalitäten erledigen."

Ihre letzten Zweifel schmolzen dahin wie Eis in der Sonne, seine Überzeugungskraft und der ihm verliehene Adelstitel hatten ihr Übriges getan.

„Also dann bis nächste Woche, rufen Sie mich bitte vorher an. Dann hole ich Sie vom Flughafen ab. Aber Sie müssen sich schon auf ein paar Wochen Aufenthalt vorbereiten, denn es sind noch einige Dinge von erheblicher Bedeutung vor Vertragsabschluss zu klären", sagte er am Ende des Gesprächs, wünschte ihr noch einen schönen Tag und bekundete seine Freude über ihren bevorstehenden Besuch. Dann legte sie mit einem zufriedenen Grinsen den Hörer auf. Der Preis für so einen Adelstitel war, als sie darüber nachdachte, ganz schön happig und im ersten Moment wollte sie schon wieder alles rückgängig machen, aber dann fiel ihr plötzlich Jason ein. Sie musste 100.000 englische Pfund berappen, das waren umgerechnet rund 165.000 Dollar. Insgeheim hoffte sie, dass ihr Jason unter die Arme greifen würde, denn Geld genug hatte er ja. Sie musste ihm nur eine rührselige Story unterjubeln, und wenn sie es geschickt genug anstellte, würde sie ihn sicherlich, durch den Einsatz ihrer Reize, von der Notwendigkeit überzeugen, ihr diese Gefälligkeit zu erweisen. Ein großes Problem sah sie allerdings darin, Jason zu erklären, warum sie so dringend zurück nach Europa musste. Als Erstes erinnerte sie sich an Jonny, ihren alten Kumpanen, mit dem sie das Ding in New York gedreht hatte.

„Hi Jonny", sagte sie, nachdem sie seine Nummer gewählt hatte und er ziemlich verschlafen das Gespräch entgegen nahm. „Ich bin's, Alice, bist du allein?"

„Ja sicher oder denkst du, ich habe hier eine ganze Horde verrückter Weiber in meinem Bett? Ich hätte nie gedacht", antwortete er mit einem Staunen in seiner Stimme, „dass ich noch jemals etwas von dir höre."

„Du bist ein Profi auf deinem Gebiet", schmeichelte sie ihm, „und ich brauche deine Hilfe."

„Sag mal, wo bist du überhaupt?", fragte er.

„Ich bin in Philadelphia", erwiderte sie lachend.

„In Philadelphia, was willst du denn in der Provinz?" Und dann erzählte sie ihm, was sie vorhatte.

„Kannst du mir helfen?"

„Klar Baby, einer Freundin helfe ich immer gerne", meinte er, nachdem er ihr interessiert zugehört hatte. Ihr fiel ein Stein vom Herzen, dass er so spontan dazu bereit war.

„Kannst du Erkundigungen über einen gewissen Lord Archibald Warrington einholen, er soll ein Büro in London haben, das Interessenten an Adelige vermittelt?"

„Moment, stopp Baby, da komm' ich nicht ganz mit, er tut was?"

„Mein Gott Jonny, du bist doch sonst nicht so begriffsstutzig", erwiderte sie leicht genervt, „er vermittelt Interessenten an Adelige und verkauft ihnen ihren Titel."

„Und wie soll das vonstattengehen?", fragte Jonny und seine Zweifel waren noch immer nicht ausgeräumt.

„Der Adelige adoptiert dich, du bekommst nach der urkundlichen Beglaubigung Ausweispapiere und darfst dann ganz offiziell den Namen deines Adoptivvaters tragen und wie ich gehört habe, sollen diese alten Knacker besonders scharf auf junge Frauen sein", sie lachte. „Dies geschieht allerdings nur dann", fügte sie hinzu, „wenn die Person seinen Vorstellungen entspricht."

Er lachte laut auf. „Na, das dürfte dir ja wohl keine großen Schwierigkeiten bereiten, aber ich hoffe ja nicht, dass das so ein alter Sack ist, dem schon der Kalk aus der Hose rieselt."

„Ist mir scheißegal wie alt er ist, Hauptsache es klappt mit dem Deal."

„Aber du musst dir darüber im Klaren sein, dass das nicht ganz billig wird", gab Jonny zu bedenken. Alice spürte, dass er immer noch nicht von dem Erfolg dieser Geschichte überzeugt war.

„Ich will das durchziehen Jonny, verstehst du?"

„Ja Baby, ich verstehe, aber das musst du selbst entscheiden."

„Mir ist schon klar, dass es kein billiges Vergnügen ist", erwiderte sie, „er will 100.000 Pfund für diese Aktion haben."

Jonny schnappte hörbar nach Luft. „Bist du übergeschnappt Baby, wo willst du denn so viel Geld hernehmen?"

„Darüber mach dir mal keine Sorgen, das kriege ich schon hin, habe ja schließlich auch ein paar Quellen."

„Okay, dann gebe ich dir jetzt die Telefonnummer eines Kumpels aus London, der hat dort ein Detektivbüro und ich denke, er wird das schnellstens erledigen. Ich kenne ihn noch aus unserer gemeinsamen Zeit in Florida. Wenn er dir sagt, dass es okay ist, kannst du es ohne Bedenken tun." Er gab ihr die Telefonnummer, machte sie aber gleichzeitig darauf aufmerksam, dass sie zu keinem auch nur ein Wort sagen dürfe.

„Das ist doch klar", erwiderte sie. Sie dankte ihm und versprach ihm, sich erkenntlich zu zeigen, wenn alles geklappt hätte.

„Mach's gut Baby, ich wünsche dir viel Erfolg, melde dich mal, wenn du alles in trockenen Tüchern hast."

„Okay mach ich und danke."

„Kein Problem Baby, hab ich gerne getan." Beruhigt beendete sie das Gespräch. Sie wählte die Nummer von Jonnys Freund und als sie ihm ihr Vorhaben verklickert hatte, versprach er ihr, sich darum zu kümmern.

„Ich rufe dich morgen Abend an, bis dahin weiß ich mehr." Sie gab ihm ihre Telefonnummer und wartete gespannt auf seine Antwort.

Sie war so mit dieser Geschichte beschäftigt, dass sie darüber die Zeit vergaß. Erschrocken schaute sie auf die Uhr. Es war 6.30 Uhr am frühen Abend und eine halbe Stunde später war sie mit Jason verabredet. In Windeseile holte sie ihr Abendkleid aus dem Schrank, zog es über, steckte ihre Haare zu einer festlichen Frisur und nach einem prüfenden Blick in den Spiegel stellte sie fest, dass ihr Make-up immer noch perfekt war. Sie zog lediglich ihren Lippenstift nach, ergriff ihr elegantes Abendtäschchen, zog die zu ihrem Abendkleid passenden Schuhe an, und verließ ihr Hotelzimmer.

Als sie die Freitreppe herunter schritt, wartete Jason bereits in der Empfangshalle auf sie. Sie sah aus wie eine Lady, wie die, die sie in Zukunft sein würde. Jason begrüßte sie mit einem galanten Handkuss. Er trug einen schwarzen Smoking, sah aus wie ein Gentleman der alten Schule, galant und zuvorkommend und er beherrschte perfekt die Regeln guten Benehmens. So etwas hatte sie noch nie erlebt und dies machte einen ungeheuren Eindruck auf sie. Er beugte sich zu ihr herunter und flüsterte ihr etwas ins Ohr, das ihr Schauer des Entzückens über den Rücken jagte. „Sie sehen bezaubernd aus, ich bin glücklich, Sie an meiner Seite zu haben."

Jason reichte ihr galant seinen Arm und sie hakte sich bei ihm mit einer Selbstverständlichkeit ein, die den Eindruck erweckte, dass sie schon seit Jahren ein Paar waren. Der Portier begleitete sie zu einem Taxi, das bereits vor dem Hauptportal auf sie wartete. Jason öffnete ihr galant die Tür. Alice erfasste den Saum ihres Abendkleides und nahm auf dem Rücksitz Platz. Nach einer kurzen und eher schweigsamen Fahrt hielten sie vor der „Academy of Music". Als sie das Foyer des Opernhauses betraten, waren schon hunderte von festlich gekleideten Gästen anwesend. Der Direktor kam auf Jason und Alice zu und begrüßte sie persönlich, denn sie waren als Ehrengäste zu dieser Premierenfeier eingeladen. Das „Philadelphia Orchestra" unter der Leitung des italienischen Chefdirigenten Giovanni Bertani feierte an diesem Abend die Uraufführung von Rachmaninoffs „Sinfonischen Tänzen" und „Barbers Violinkonzert". Alice war fasziniert von der Virtuosität und Perfektion dieses Orchesters, denn sie hatte noch nie in ihrem Leben ein solch beeindruckendes Konzert erlebt. Aber letztendlich war sie froh, dass diese, für sie doch sehr ermüdende Vorstellung, endlich zu Ende war. Ihr tat der Hintern weh von der langen Sitzerei und als sie das Konzert verließen, hätte sie am liebsten ihre sündhaft teuren Pumps auf den Müll geworfen. Ihre Füße schmerzten und die Lust, ständig die feine Dame zu spielen, hielt sich an diesem Abend in Grenzen. Sie musste noch viel lernen, das war ihr an diesem Abend klar geworden. Sie war froh, wenn sie wieder in ihre Mokassins und ihre verwaschenen Jeans schlüpfen und das ganze weibliche Brimborium im Schrank lassen konnte. Ein weißer Baumwollslip, eine gammelige Jeans und ein T-Shirt hätten ihr im Moment gereicht, um das Gefühl zu haben, sie selbst zu sein.

4. Kapitel

Sie waren beide in einer besonders ausgelassenen Stimmung, als sie das Hotel erreichten. Jason, weil er sich in ihrer Gesellschaft ausgesprochen wohl fühlte, Alice, weil die Stunde nahte, in der sie ihre Klamotten, die sie in ihrer Beweglichkeit so unglaublich einschränkten, endlich in den Schrank hängen konnte. Aber wie sich herausstellte, würde ihr diese Erlösung noch einige Zeit verwehrt bleiben. Ihr Miederhöschen zwickte sie auf eine fast unerträgliche Weise und sie konnte nicht begreifen, warum sie sich dies angetan und so ein Ding angezogen hatte. Eigentlich hatte sie es bei ihrer Figur nicht nötig. Die Pumps, die zwar wunderschön aussahen, vermittelten ihr das Gefühl, als würde sie auf Stelzen durch die Gegend laufen, jeden Moment ins Strauchaln geraten und der Länge nach Bekanntschaft mit dem Fußboden machen. Es musste etwas geschehen, denn lange konnte sie diese Folter nicht mehr aushalten. Sie entschuldigte sich bei Jason, der schon in der Hotelbar Platz genommen hatte und ging auf die Toilette, um diesem Albtraum endlich ein Ende zu bereiten. Sie hob ihr Abendkleid hoch und entledigte sich dieses Quälgeistes, der ihr wie ein mittelalterliches Folterinstrument vorkam, faltete ihn zusammen und verstaute ihn mit einem befreiten „Oh mein Gott, endlich!" in ihrer Handtasche. Allerdings war sie sich darüber im Klaren, dass die Möglichkeit bestand, von Jason ohne Höschen erwischt zu werden, was auch kurze Zeit später geschah, doch das war ihr in diesem Moment ziemlich egal.

Lächelnd ging sie zurück in die Bar und bestellte sich einen Cocktail. „Sie sehen immer noch bezaubernd aus", flüsterte ihr Jason zu und Alice lächelte wie ein Teenager, der endlich seine blendendweißen Zähne zeigen durfte, weil man ihr erlaubt hatte, ihre Zahnspange herauszunehmen."

„Alles wird gut", dachte sie und sehnte sich danach, endlich ohne diese ganzen Klamotten in seinen Armen zu liegen. „Wie lange habe ich schon keinen Mann mehr gehabt?", fragte sie sich und sie konnte diese Frage nicht beantworten. Es mussten gefühlte hundert Jahre sein. Auf jeden Fall konnte sie sich nicht mehr an das letzte Mal erinnern. Und das hatte nicht nur etwas damit zu tun, dass sie nicht mehr wusste, was in der Vergangenheit geschehen war. Offerten hatte sie in der Zeit, in der sie durch die Staaten lungerte, genug bekommen, aber sollte sie mit jedem Dahergelaufenen in die Kiste steigen? Nur das eine Mal, als sie in Chicago war und sich etwas Abwechslung in einer Nachtbar verschaffen wollte, lernte sie einen bezaubernden jungen Burschen kennen, der so ganz ihren Vorstellungen entsprach. Sie hätte sich gerne mit ihm auf eine lauschige Nacht eingelassen, aber wie sich bei intensiverem Kontakt herausstellte, hatte er mit Frauen wohl nichts im Sinn. Und die anderen Kerle, na ja, Schwamm drüber, da blieb sie doch lieber solo.

Jason hatte wohl ihre geistige Abwesenheit gespürt. „Ist mit Ihnen alles in Ordnung", fragte er fürsorglich. „Ja, ja, es ist alles in Ordnung", erwiderte sie. Sie gaben dem Barkeeper ein fürstliches Trinkgeld und gingen in inniger Umarmung in Richtung Fahrstuhl. Der Barkeeper schaute ihnen lächelnd hinterher und irgendwie beneidete er Jason. Nur zu gerne hätte er auch mal eine Nacht mit einer solch bezaubernden Frau verbracht. Da er aber wusste, dass dies niemals geschehen würde, war er doch immerhin so gönnerhaft, den beiden in Gedanken eine aufregende Nacht zu wünschen. Alice schmiegte sich noch enger an ihren Begleiter und spürte die Wärme seines Körpers. Dann schauten sie sich tief in die Augen und beide wussten, was heute Nacht geschehen würde.

Als Alice am nächsten Morgen aufwachte und schlaftrunken neben sich griff und nach dem suchte, der eigentlich in ihrem Bett liegen müsste, war der Platz leer. Erschrocken fuhr sie hoch, beruhigte sich aber augenblicklich wieder, als sie auf dem zerknüllten Kopfkissen einen handgeschriebenen Zettel fand.

„Danke für die wundervolle Nacht", stand dort geschrieben, „ich muss dringend weg, bin aber nachmittags wieder zurück. Schlaf schön und träume süß, ich freue mich auf dich."

Alice rekelte sich in ihrem Bett wie eine Katze, die die wohltuende Wärme der Sonne genoss. Diese schien durch das halb geöffnete Fenster und kitzelte in ihrer Nase. Mit einem herzhaften Niesen sprang sie aus dem Bett, griff zum Telefon und bestellte beim Zimmerservice ein Sandwich, ein Glas Orange Juice und ein Kännchen Kaffee, um ihre Lebensgeister zu wecken. Sie hatte tief und fest geschlafen und spürte doch eine innere Unruhe, je näher das heutige Treffen mit Jason kam. Dieses Gefühl hatte sie schon lange nicht mehr gehabt. Wie würde er reagieren? Würde er ihre Bitte erfüllen, wenn sie ihn nach den 100.000 Pfund fragte? Würde er ihr die Geschichte mit ihrer Reise nach England glauben?

Sie hatte mit ihm geschlafen, weil sie hoffte, ihn auf diese Weise an sich zu binden. Sie glaubte, ihr Ziel erreicht zu haben und doch hatte sie Zweifel. Sie hatte ihm Gefühle vorgespielt, um ihr Vorhaben zu vollenden, aber sie war, nach dem was sie mit Jason in dieser Nacht erlebt hatte, nicht mehr sicher, dass sie für ihn nicht mehr empfand, als sie sich eingestehen wollte. Es war eine wundervolle Nacht in der sie sich ihm hingab, nur um dieses eine Ziel zu erreichen, und doch hatte sie das Zusammensein mit ihm mit jeder Faser ihres Körpers genossen.

Sie hatte mit einem Mann geschlafen, der ihr so viele Momente der Lust und des Glücks bereitet hatte. Sollte sie ihn jetzt auf eine derart niederträchtige Art hinters Licht führen? Sie musste raus, musste unter Menschen, um diese Selbstzweifel zu zerstreuen und ihr schlechtes Gewissen zu beruhigen. Sie ging in das nahe gelegene italienische Restaurant, in dem sie schon bei ihrer Ankunft in Philadelphia gespeist hatte, bestellte sich eine Portion Spaghetti Carbonara und trank ein Glas Rotwein dazu. Sie saß da und betrachtete das rege Treiben auf der Straße und fühlte, wie ihre innere Ruhe zurückkehrte. Und als sie intensiv darüber nachdachte, war ihr klar, dass sie ohne diesen geplanten Coup ein Nichts war. Eine Frau, die nur ihren Vornamen kannte. Sie war im Moment bereit, mit dieser Lüge zu leben, denn was hatte sie schon zu verlieren. Sie wollte endlich jemand sein, wünschte sich so sehr, von allen anerkannt und geschätzt zu werden. Um das zu erreichen, war ihr jedes Mittel recht, auch wenn sie Jason betrügen und belügen musste.

Als sie so in Gedanken versunken dasaß und aus dem Fenster des Restaurants schaute, fühlte sie, dass plötzlich jemand hinter ihr stand. Erschrocken drehte sie sich um. Schon im nächsten Moment verwandelte sich ihre erschrockene Miene in ein überraschtes und liebevolles Lächeln. Es war Jason, der sie in dem Restaurant entdeckt hatte und sich unauffällig von hinten an sie herangeschlichen hatte, sie umarmte und mit einem zärtlichen Kuss begrüßte.

„Mein Gott Jason, hast du mich jetzt erschreckt."

„Tut mir leid Prinzessin, das war nicht meine Absicht", erwiderte er mit einem Lächeln. Er zog einen Stuhl heran, ergriff ihre Hände und schaute ihr in die Augen, in diese wundervollen smaragdgrünen Augen, die ihn vom ersten Moment an so sehr fasziniert hatten. Ein Gedanke schoss plötzlich wie ein Blitz durch ihren Kopf, der sie für einen Moment aus der Fassung geraten ließ.

„Tut mir leid Prinzessin", hatte er gesagt und sie spürte, wie ihr ein wonniger Schauer des Glücks den Rücken herunterlief. Ahnte er etwas? Oder hatte er es nur gesagt, um ihr zu zeigen, wie sehr er sie schätzte?

„Es ist sicher ganz harmlos", beruhigte sie sich, denn er redete ganz ungezwungen weiter und berichtete euphorisch über die Gespräche mit seinen Geschäftsfreunden, die sehr zu seiner Zufriedenheit verlaufen waren.

„Kein Grund zur Panik", mahnte sie sich beruhigend, es war nur so eine Redensart und hatte keinerlei Bedeutung.

Sie machte trotz allem einen sehr nervösen Eindruck, ihre Hände zitterten, nur ganz leicht zwar, aber Jason spürte sofort, dass mit ihr irgendetwas nicht in Ordnung war.

„Was ist los mit dir?", fragte er mit sorgenvoller Miene.

„Nichts", antwortete sie und war nicht in der Lage, ihm in die Augen zu schauen.

„Das glaube ich dir nicht, du hast doch ein Problem, komm erzähl schon." Er ergriff ihre Hand und hielt sie ganz fest. Und dann lieferte sie eine schauspielerische Leistung ab, die jedem Hollywoodstar zu großer Ehre gereicht hätte. Sie weinte und dicke Tränen liefen über ihre Wangen.

„Mein Dad hat mich heute angerufen", sie machte eine Pause und vergrub ihr Gesicht in ihren Händen. Jason hielt immer noch ihre Hand.

„Was ist mit deinem Dad? Bitte sag es mir, ich möchte dir gerne helfen."

„Er hat sich an der Börse verspekuliert und jetzt hat die Bank ihm gedroht, unser Haus zu pfänden, weil er seinen finanziellen Verpflichtungen nicht mehr nachkommen kann. Was soll ich bloß tun? Es ist mein Geburtshaus, es ist meine Heimat, in der ich aufgewachsen bin."

Er schaute sie an. „Ist das alles?", fragte Jason und lächelte.

„Ist das alles, fragst du, das ist doch wohl schlimm genug", und wieder brach sie in Tränen aus.

„Er hat unsere Familie ruiniert, hat alles verzockt, was schon seit ewigen Zeiten im Familienbesitz ist. Ich habe nicht so viel Geld, um ihm zu helfen."

Einige Zeit war Stille, sie sahen sich an und dann flüsterte Alice: „Jason, ich muss unbedingt zurück nach England, um ihm zur Seite zu stehen."

Erstaunt schaute er sie an. „Also, das hätte ich jetzt nicht gedacht."

„Was meinst du", fragte sie etwas irritiert.

„Dass du aus England kommst, ich hätte gewettet, dass du eine waschechte Amerikanerin bist."

Für einen Moment hatte sie das Gefühl, den Boden unter ihren Füßen zu verlieren. Krampfhaft überlegte sie, was sie ihm darauf erwidern sollte.

„Weißt du", begann sie zögernd, „ich lebe hier schon einige Jahre, und da ich nach Meinung meines Daddys ein Sprachgenie bin, habe ich mir das Amerikanische sehr schnell angewöhnt und wie ich sehe, hat es wohl ganz gut geklappt, denn du bist ja darauf reingefallen."

Sie hoffte inständig, dass Jason ihr diese, doch etwas fadenscheinige Antwort abkaufte. Jason streichelte liebevoll ihre Hände.

„Dein Dad hat recht, du bist ein Genie."

Lächelnd sah er Alice an und fuhr fort: „Nun beruhige dich erst einmal, wenn du mir sagst, wie hoch die Summe ist, die er der Bank schuldet, kann ich dir vielleicht helfen."

„Nein", sagte sie, „das kann ich nicht von dir verlangen, ich will das nicht."

Sie spielte ihre Rolle so perfekt, dass jeder vor Mitleid zerfließen musste, dem sie diese rührselige Geschichte erzählte.

„Pass auf, sei so lieb und hör mir mal einen Augenblick zu. Ich will dir helfen. Du weißt, dass ich sehr vermögend bin und in der Lage wäre, dir eine gewisse Summe zur Verfügung zu stellen. Und glaube mir, ich würde es sehr gerne tun, wenn ich damit deiner Familie und vor allem dir einen Gefallen tun könnte. Also raus damit, wie viel schuldet dein Vater seiner Bank?"

Sie druckste herum und tat so, als würde sie sich schämen, seine Hilfe anzunehmen. „100.000 Pfund." Als sie ihm die Summe nannte, errötete sie bis in die Haarspitzen.

„100.000 Pfund, habe ich richtig gehört?"

„Das sind rund 165.000 Dollar", sagte sie, wie aus der Pistole geschossen. In diesem Moment ärgerte sie sich, dass sie Jason diese unglaubliche Summe genannt hatte. Er überlegte einen Augenblick, legte seine Stirn in Falten und dann ergriff er ihre Hände.

„Okay, ich helfe dir. Sag mir die Bankverbindung und ich werde veranlassen, dass das Geld umgehend überwiesen wird."

Sie traute ihren Ohren nicht. 100.000 Pfund und die machte er so einfach, ohne mit der Wimper zu zucken, locker. Das konnte doch nicht wahr sein. Ihre Krokodilstränen versiegten und sie schaute ihn wieder aus ihren smaragdgrünen Augen an, stand auf, umarmte ihn und dankte ihm mit einem Kuss, der seine Lippen wie ein elektrischer Stromschlag traf.

Sie hatte sich so leidenschaftlich an ihn geschmiegt, dass die anwesenden Gäste das Essen vergaßen und neugierig zu ihnen herüberschauten. Sie wusste genau, dass sie von diesem Moment an alles von ihm haben konnte, wenn sie ihn darum bitten würde. Nachdem sie bezahlt hatten, verließen sie Arm in Arm das Restaurant und alle starrten ihnen mit bewundernden Blicken nach.

Sie gingen zu Fuß den Weg zu ihrem Hotel, selig und voller Genugtuung hakte sie sich bei ihm ein. Immer wieder geisterten die 100.000 Pfund in ihrem Kopf herum.

„Wie kann ein Mensch nur so viel Geld haben?", fragte sie sich immer wieder. Was für sie eine gigantische, unvorstellbare Summe war, war für ihn anscheinend nur Spielgeld, das er mal so eben aus der Westentasche zog. Als sie im Hotel ankamen, ging Jason auf den Empfangschef zu, der, als er ihn erblickte, dienstbeflissen auf ihn zukam. Sie wechselten ein paar Sätze, die Alice aber mal wieder nicht verstand. Dann verabschiedete er sich mit einem „Ich wünsche Ihnen noch ein angenehmen Abend Mr Kennedy", vergaß aber nicht, Alice noch einmal voller Bewunderung anzuschauen.

Sie betraten den Fahrstuhl, der inzwischen die Empfangshalle erreicht hatte, und als sich die Tür leise schloss, ging Alice auf ihn zu, schlang ihre Arme um seinen Hals und schaute ihn an. Sie war ganz nah an seinem Gesicht, roch den verführerischen Duft seines Parfüms und ihre Blicke versanken ineinander.

„Komm mit zu mir", flüsterte sie und sie wusste, dass er schon den ganzen Abend auf diesen magischen Satz gewartet hatte. Sie betraten ihr Hotelzimmer und während sich die Tür hinter ihnen schloss, rissen sie sich gegenseitig die Kleider vom Leib, wie zwei gierige Wölfe, die es nicht erwarten konnten, übereinander herzufallen. Sie küssten sich, sie stöhnten und keuchten voll unbändiger Lust. Nachdem sie nach einer langen Zeit voller Zärtlichkeit und wildem Verlangen ihren Höhepunkt erreicht hatten, blieben sie erschöpft und beseelt von einem unglaublichen Gefühl der Befriedigung auf dem Bett liegen und ihre nackten Körper versanken in einer innigen Umarmung.

Sie lag in seinen Armen wie ein Schutz suchendes Kind und irgendwie war es auch so, denn sie fühlte sich auf einmal unendlich geborgen. Diese Geborgenheit, die sie in Jasons Armen empfand, hatte sie noch nie erlebt. Es machte ihr Angst, denn sie hatte das unbestimmte Gefühl, dass ihr alles, was sie sich vorgenommen hatte, zu entgleiten drohte. Jedes Mal, wenn sie mit ihm schlief, wurde dieses Gefühl stärker und sie war nicht mehr sicher, ob sie das bis zum Ende durchstehen würde.

5. Kapitel

Es war regnerisch an diesem Tag. Sie hatten tief und völlig entspannt geschlafen. Die Regentropfen schlugen in einem beruhigenden Rhythmus an die Fensterscheiben, der Himmel war grau und unfreundlich. Schlaftrunken öffneten sie die Augen, schauten sich gegenseitig an und ein zufriedenes Lächeln zog über ihre Gesichter. Alice wollte sich gerade noch einmal ganz eng an den Körper von Jason schmiegen, als das Telefon schellte. Er befreite sich aus ihrer Umarmung, zog sich seinen Slip an, schlüpfte in sein Oberhemd und ging zum Telefon. Es war der Rezeptionist, der sich meldete. „Sir, ein Gespräch aus Houston für Sie."
„Bitte stellen Sie durch", erwiderte Jason. Es war Lesley, seine Sekretärin. Alice hörte nur, wie er ungehalten ins Telefon fauchte: „Nein, das kommt überhaupt nicht in Frage, sagen Sie ihm das."
Er ging zurück zum Bett, in dem ihn Alice erwartungsvoll anschaute, sagte aber kein Wort, gab ihr nur einem Kuss, ging dann zurück zum Telefon und bestellte beim Zimmerservice ein opulentes Frühstück. Kurze Zeit später stand ein riesiger Servierwagen mit vielen Köstlichkeiten vor ihnen. Es waren exotische Leckereien, Meeresfrüchte, feinster spanischer Serrano-Schinken, Krabbencocktails und russischer Kaviar, an denen sie sich labten. Noch nie in ihrem ganzen Leben hatte sie so feudal gefrühstückt. Die Mitte des Servierwagens zierte eine Porzellanvase mit einem Dutzend lachsfarbener Rosen. In einem Sektkübel stand eine Flasche Dom Pérignon, die der Zimmerservice mit einem satten, gekonnten Plopp öffnete und in die bereitstehenden Gläser goss.

Alice lag noch immer nackt unter dem seidenen Betttuch, hatte ihr Gesicht wie eine Haremsdame bis über die Nase bedeckt und sah staunend zu, wie der Zimmerservice mit flinken Händen alles zubereitete. Es war wieder dieser junge, nette Angestellte, der sie schon die Tage zuvor so vorzüglich bedient hatte. Diskret blieb er an der Tür stehen und Alice bemerkte, wie Jason ihm eine Zehndollarnote in die Hand drückte. Er machte eine Verbeugung, bedankte sich mit einem erfreuten: „Vielen Dank, Sir", und zog leise die Tür hinter sich zu.

Sie ließ das Betttuch fallen und gewährte Jason noch einmal einen Blick auf ihre vollen, festen Brüste, sah ihn verführerisch an und fragte ihn mit einem spitzbübischen Lächeln: „Ist das unsere Henkersmahlzeit?"

„Wie kommst du darauf", fragte er genauso spitzbübisch lächelnd zurück, „ich hoffe doch, dass wir uns bald wiedersehen. Immerhin habe ich ja einiges investiert.

„Wann willst du fliegen?", fragte er und Alice glaubte, eine gewisse Traurigkeit in seiner Stimme zu hören.

„Spätestens übermorgen, denn am Mittwoch habe ich schon einen Termin mit dem Banker. Wenn ich in London angekommen bin, gebe ich dir die Bankverbindung eines Freundes der Familie, denn ich möchte nicht erleben, dass sich die Bank über das Konto meines Dads legt. Ist das okay für dich?"

„Natürlich ist das okay für mich", erwiderte er zärtlich und beugte sich zu ihr herunter. Sie umarmte ihn und schmiegte sich ganz eng an ihn. Er spürte ihren Herzschlag und die Wärme ihrer nackten Haut auf seinem Körper. Da Jason keine geschäftlichen Termine hatte, verbrachten sie den Tag in trauter Zweisamkeit, liebten sich, gingen in die Stadt und machten nach einem vorzüglichen

Lunch eine ausgedehnte Shoppingtour durch die City. Er zeigte sich, wie immer, sehr generös und Alice fühlte sich das erste Mal wie eine richtige Lady. Sie genoss es, dass ihr alle ihre ungeteilte Aufmerksamkeit schenkten. All das, was sie sich in New York noch ergaunern musste, legte ihr Jason zu Füßen.

Während Alice noch unter der Dusche stand, rief er im Philadelphia Airport an und buchte bereits für den nächsten Tag einen Nonstop-Flug mit British Airways nach London.

„British Airways, Good Morning, was kann ich für Sie tun?", meldete sich eine überaus freundliche Mitarbeiterin der Fluggesellschaft.

„Ich möchte einen Flug für den morgigen Tag nach London buchen", erwiderte Jason verbindlich.

„Was darf es sein, Sir? Economy, Business oder First Class?" Ein Schmunzeln überzog sein Gesicht, dann antwortete er mit einer Bestimmtheit, die die Mitarbeiterin für einen Moment sprachlos machte: „Selbstverständlich First Class und sorgen Sie bitte dafür, dass der Dame jeder Wunsch erfüllt wird."

„Aber Sir, das tun wir doch immer", ein leichter Protest schwang in ihrer Stimme mit.

„Für wen darf ich buchen, Sir?"

„Für Mrs Alice Simpson. Die Rechnung schicken sie bitte an mich."

„Und wie ist Ihr Name, Sir?"

„Jason Kennedy", erwiderte er ein bisschen widerwillig, denn eigentlich war er es nicht gewohnt, sich um solche Dinge zu kümmern. Das wurde immer von seinem Sekretariat erledigt.

„Und wohin geht die Rechnung Sir?"

„An Emmerson Mobile Oil."

„Und wie ist die Postleitzahl?", fragte sie pflichtbewusst, wie sie war. Woher zum Teufel sollte er die Postleitzahl von Houston kennen? Er hatte sich noch nie um solche banalen Dinge gekümmert. Die Mitarbeiterin von British Airways brauchte ein Augenblick, um den Zusammenhang zwischen Emmerson Mobile Oil und dem Namen Kennedy herzustellen. Aber als sie begriffen hatte, um wen es sich da am anderen Ende der Leitung handelte, überschlug sie sich fast vor Freundlichkeit.

„Keine Sorge Sir, ich werde das selbstverständlich zu Ihrer vollsten Zufriedenheit erledigen. Vielen Dank Sir, dass Sie unsere Dienste in Anspruch nehmen, ich wünsche Ihnen noch einen schönen Tag."

Alice hatte das natürlich alles mitbekommen. Sie stand mit offenem Mund da und hatte sogar vergessen, sich abzutrocknen. So geht das also, wenn du was bist: Die Welt steht dir offen und alle fressen dir aus der Hand. Ob es eine Gottesfügung oder ein Wink des Teufels war, dass ihr dieser Mann begegnet war, darüber war sie sich noch nicht im Klaren. Aber sie würde lieber in der Hölle schmoren, als noch einmal ein Nobody sein, der nur seinen Vornamen kannte. Sie zog sich ihren Bademantel über und öffnete die Tür des Bades. Erwartungsvoll stand Jason im Zimmer.

„Ich habe für dich für Morgen einen Flug gebucht", sagte er mit einer Selbstverständlichkeit, dass es ihr im ersten Moment die Sprache verschlug.

„Du fliegst morgen mittag um 2.00 Uhr nach London und", er zögerte einen Augenblick, „du fliegst First Class, damit es für dich so angenehm wie möglich ist."

„Jason, du spinnst", erwiderte sie. Er trat auf sie zu und nahm sie in die Arme.

„Ich will dich haben", und seine Worte ließen keinen Zweifel zu, dass er wirklich meinte was er sagte. In seinem Gesicht spiegelte sich eine Entschlossenheit wider, die sie bei ihm noch nie gesehen hatte. Er hatte immer alles bekommen, was er haben wollte. Warum sollte es diesmal anders sein? Ein leichtes Unbehagen machte sich in ihr breit. Sie war es nicht gewohnt, dass jemand über sie verfügte. Aber sie hatte ein unabänderliches Ziel vor Augen und da heiligt der Zweck bekanntlich alle Mittel.

Sollte er sie doch umsorgen und der Meinung sein, dass er alles im Griff hat, letztendlich würde sie ihm beweisen, dass sie ein gehöriges Wort mitredete. Er hatte es nur noch nicht gemerkt. Er war verrückt nach ihr – so viel stand fest. Denn alles, was er bisher für sie getan hatte, widersprach eigentlich seinem rationalen Kalkül.

„Es ist doch erstaunlich, was die Liebe alles mit einem Mann anstellt", dachte Alice, „wenn er in der Geschäftswelt solch unüberlegte Kapriolen gemacht hätte, wäre er wohl nie so weit gekommen oder schon längst pleite." Aber darüber wollte sie sich jetzt keine Gedanken machen.

6. Kapitel

Nach einer verrückten Nacht, in der sie kein Auge zugemacht hatte, stieg sie morgens aus dem Bett und fühlte sich, als wenn sie hundert Jahre alt wäre. Noch nie in ihrem Leben hatte sie in einem Flieger gesessen – First Class hin, First Class her. Sie hatte einfach Schiss, Schiss davor, über dem großen Ozean abzustürzen, Schiss davor, plötzlich wieder allein zu sein, Schiss davor, in einem fremden Land anzukommen, dessen Sprache sie zwar sprach, das ihr aber so unendlich fremd war. Sie kam sich vor wie eine gestrandete Namenlose auf der Suche nach ihren Wurzeln. Und genau das war sie auch, namenlos. In diesem Moment wurde ihr das so bewusst, wie nie zuvor. Jahrelang hatte sie ganz Amerika unsicher gemacht, hatte sich Geld ergaunert, Menschen geprellt und betrogen und hatte nie Skrupel gehabt, diesen Weg weiterzugehen. Jetzt war das Ziel so nah, dies alles hinter sich zu lassen. Aber die ganze Zeit, hatte nie ein Mann wie Jason seine Finger im Spiel und sie spürte, dass dies ein Problem für sie wurde und zu ihren aufkeimenden Zweifeln beigetragen hatte, ob das, was sie tat, richtig war. Ein bisschen erwachsener war sie in den letzten Tagen geworden, hatte ihre Unbekümmertheit verloren und allein dies bedauerte sie zutiefst. Es war nicht gut, dass sie mit ihren Grübeleien allein war. Sie musste sich daran erinnern, mit welcher Gelassenheit sie bisher vorgegangen war und keinen Moment auch nur den geringsten Zweifel hatte, an dem was sie tat, und dabei musste es bleiben.

Sie durfte keinen Gedanken mehr an das Vergangene verschwenden, sondern musste nur noch an ihre Zukunft denken, musste alles Negative ausblenden. Nach dieser inneren Einkehr und der Zwiesprache, die sie mit sich selbst hielt, ging es wie ein Ruck durch ihren Körper. Sie richtete sich auf und war wieder die „alte" Alice. Seit jeher verabscheute sie jede Art von Gewalt. Sie setzte nur die Waffen der Frau ein und erreichte alles. Sie bezirzte die Männer, wusste genau, was zu tun war und der Erfolg gab ihr jedes Mal recht.

Sie ging ins Bad, duschte in aller Ruhe und dann zauberte sie wieder die Lady ans Tageslicht, die ihr für kurze Zeit abhandengekommen war. Noch vier Stunden und ihr größtes Abenteuer konnte beginnen. Das Abenteuer Europa wartete auf sie. Der Himmel über Philadelphia weinte Abschiedstränen, als sich Alice mit Jason im Hotelrestaurant zu einem gemeinsamen Essen traf. Ein Tisch für zwei Personen war festlich eingedeckt und wieder schmückten Rosen die Tafel. Diesmal waren sie nicht lachsrot, wie bei den vorherigen gemeinsamen Essen, sondern sie waren rot, leuchtend rot. Es war die Farbe der Liebe. Alice schaute Jason an und sie verstand, was er mit dieser Geste meinte.

„Du wirst mir sehr fehlen", sagte er und sie spürte, dass es von Herzen kam. Es war ein vorzüglicher Lunch, aber sie war zu aufgeregt und bekam kaum einen Bissen herunter. Immer wieder starrte sie auf den Teller, stocherte darin herum, aber die innere Unruhe schnürte ihr den Magen zu. Sie hatte ihm verschwiegen, dass dies ihr erster Flug war, zumindest war es der Erste, an den sie sich erinnern konnte und deshalb deutete er ihr Verhalten als Abschiedsschmerz. Als sie das Essen beendet hatten, griff er in die Tasche, zog eine kleine Schatulle heraus, öffnete sie und Alice saß da und starrte ungläubig auf das, was sich in diesem kleinen Kästchen befand.

Ein Brillantring von mindestens einem Karat leuchtete ihr entgegen.

„Der ist für dich", sagte Jason und lächelte sie liebevoll an. „Ich schenke ihn dir, damit du immer an mich denkst."

„Mein Gott ist der schön! Den kann ich nicht annehmen. Wie kannst du mir nur solch ein Geschenk machen?"

Er tätschelte beruhigend ihre Hände, die vor Aufregung zitterten.

„Nimm ihn und halt den Mund", sagte er lachend. Sie stand auf und küsste ihn. Inzwischen hatte der Hotelboy ihr Gepäck aus ihrem Hotelzimmer geholt, zu dem vor dem Eingangsportal wartenden Taxi gebracht und im Kofferraum verstaut. Jason ging, bevor sie das Taxi bestiegen, zum Empfangschef des Hotels und sprach mit ihm. Dieser nickte zustimmend, schaute in den Computer und tippte irgendetwas hinein. Im Nachhinein erfuhr sie dann, dass er ihre Hotelrechnung beglichen hatte.

„Ich werde dich zum Airport begleiten", sagte er und fügte lachend hinzu, „damit ich weiß, dass du auch tatsächlich fliegst." Er wusste allerdings nicht, dass sie diese Bemerkung gar nicht so witzig fand. Sie schaute ihn an, zog die Augenbrauen hoch, als wollte sie sagen: „Ich werde fliegen, darauf kannst du dich verlassen und wenn ich mir vor Angst in die Hosen mache und ich werde ganz bestimmt wiederkommen."

Im letzten Moment fiel ihr ein, dass sie Jason noch nicht die Bankverbindung des sogenannten Freundes der Familie mitgeteilt hatte. Sie griff in ihre Handtasche und reichte ihm den Zettel auf dem die Bankverbindung stand. Er warf einen kurzen Blick darauf und las: „Lord Archibald Warrington, Barclays PLC London, Account Number 1436478."

„Bitte Jason, sei mir nicht böse, aber ich habe den Freund meines Vaters bereits angerufen und um die erforderlichen Informationen gebeten, damit es schneller geht, denn ich befürchte, dass es eventuell zu spät sein könnte."

Beschwichtigend legte er seine Hand auf ihren Arm. „Es ist alles okay Baby, es ist alles okay." Er verstaute den Zettel sorgfältig in seiner Brieftasche, als wäre es ein Schatz von unschätzbarem Wert.

Er schaute Alice an und was er sagte, klang wie ein Versprechen: „Ich werde die Überweisung umgehend veranlassen."

Sie drückte seinen Arm und sagte nur: „Danke, ich danke dir." In diesem Moment fiel ihr ein Stein vom Herzen und ihre innere Stimme brach in nicht enden wollenden Jubel aus.

„Endlich", sagte sie zu sich selbst und dieses eine Wort ließ alle Dämme brechen. Sie weinte hemmungslos, umarmte Jason und er konnte sich ihrer Küsse kaum erwehren. Alles, wovon sie ihr ganzes Leben geträumt hatte, schien jetzt in Erfüllung zu gehen. Sie würde wiederkommen, aber nicht als Alice Namenlos. So viel stand für sie fest.

Mit diesen Gedanken stieg sie in das Taxi. Jason saß neben ihr und hielt ihre Hände fest umklammert, so fest, als wollte er sie nie mehr loslassen. Als sie nach vorne schaute, erkannte sie den netten schwarzen Taxidriver, der sie in dieses Hotel gebracht hatte und ausschließlich diesem Umstand hatte sie ihr ganzes Glück zu verdanken. Sie fuhren auf der Delaware Expy Richtung Airport und nach knapp zwanzig Minuten hatten sie den Philadelphia International Airport erreicht. Sie gingen in die Departure Hall, begaben sich an den Schalter der British Airways und als

Alice ihre Reservierung vorgelegt hatte, geleitete sie eine Angestellte der Airline zum Gate 4. In der eigens für VIPs vorgesehenen Lounge wurden sie fürstlich mit Champagner und köstlichen Snacks bewirtet. Es war schon herrlich, plötzlich im Mittelpunkt zu stehen. Sie genoss es in vollen Zügen und ein unglaubliches Glücksgefühl übermannte sie.

Für Jason war dieses Erlebnis sicherlich nichts Neues, denn er hatte seit jeher, aufgrund seiner gesellschaftlichen Stellung, die ungeteilte Aufmerksamkeit aller Menschen, die ihn umgaben. Aber Alice konnte ihr Glück kaum fassen und war so überwältigt, dass sie am liebsten die ganze Welt umarmt hätte. Dann wurde der Flug nach London aufgerufen und Alice musste sich von Jason verabschieden. Sie umarmten und küssten sich ein letztes Mal. Ein verhaltenes Winken, ein schmerzliches Abschiedslächeln und dann war sie Jasons Blicken entschwunden. In ihr herrschte ein heilloses Chaos. Ihr Herz schlug vor lauter Aufregung bis zum Hals und sie hatte das Gefühl in unergründliche Tiefen der Einsamkeit zu stürzen. Mit unsicheren Schritten folgte sie der Stewardess, die sie zu ihrem Platz in der First Class begleitete und ließ sich teilnahmslos in einen gewaltigen Sitz fallen, dessen Größe ihr für einen Moment ein Gefühl der Bedeutungslosigkeit gab. Sie schloss die Augen und wartete voller Ungeduld auf das, was gleich passieren würde. Aber es passierte nichts. Lediglich die Stewardess kam und beugte sich zu ihr herunter. Alice öffnete die Augen und schaute in ihr freundlich lächelndes Gesicht. Es war dieselbe reizende Stewardess, die sie bereits vorher in Empfang genommen hatte.

„Bitte schnallen Sie sich an, Madame, wir starten in wenigen Minuten." Alice hörte ihre Stimme wie aus weiter Ferne. Zu sehr war sie damit beschäftigt, ihren eigenen Gedanken nachzuhängen. Als sie sanft am Arm berührt wurde, begriff sie. Sie legte den Gurt um ihre Hüften und lauschte dem lauter werdenden Gesang der Turbinen und dann spürte sie plötzlich, wie die Maschine mit einem kaum spürbaren Ruck von der Startbahn abhob, langsam an Höhe gewann, um dann in dem wolkenverhangenen Himmel von Philadelphia zu verschwinden.

Also eins musste sie zugeben, wenn man Geld hatte, lag einem die Welt zu Füßen. Alles um sie herum war nur vom Feinsten. Eine elegante, geschmackvolle Einrichtung, ein bequemer Relaxsessel, in den sie sich gemütlich zurücklehnen konnte, vor ihr ein TV-Bildschirm mit einem ausgesuchten Angebot an Unterhaltung, um sich die Zeit während des fast achtstündigen Flugs zu vertreiben.

Zwei Stewardessen liefen geschäftig umher, um die Wünsche der Fluggäste zu erfüllen. Neben ihr saß ein etwas älterer, sehr elegant gekleideter Herr, der interessiert in der „Herald Tribune" las und zwischendurch immer wieder zu ihr herüber schaute. Das war bestimmt ein Geschäftsmann aus London, vermutete sie. Sein dunkelblauer Anzug war aus feinstem Stoff gefertigt. Eine seidene Krawatte in elegantem Design zierte den Kragen seines blütenweißen Hemdes – ein Gentleman vom Scheitel bis zur Sohle. Seine Brille, die er augenscheinlich nur zum Lesen benötigte, hatte er keck auf die Nasenspitze geschoben. Er musste gespürt haben, dass Alice ihn beobachtete, denn plötzlich überzog ein charmantes Lächeln sein Gesicht. Er lehnte sich zu ihr herüber und sprach sie in einem Englisch an, so wie es nur an den englischen Eliteschulen gesprochen wurde.

„Fliegen Sie das erste Mal nach London, Madame?", fragte er sie mit einer sonoren, sehr männlichen Stimme, die Alice in diesem Moment sofort an Jason erinnerte.

„Ja", erwiderte sie mit einem Lächeln, „ich besuche meine Familie und bleibe dort einige Zeit."

„Sind Sie Amerikanerin, wenn ich fragen darf?"

Sie schaute ihn an und mit einem schelmischen Ausdruck um ihre Lippen fragte sie: „Wer will das wissen mein Herr?" Sie spürte, dass ihm die Situation ein wenig unangenehm war, denn er entschuldigte sich augenblicklich für seine kleine Unterlassungssünde.

„Sorry Madame, mein Name ist Sir Oliver Thompson, ich bin Militärattaché in der Britischen Botschaft in Washington DC und habe in Philadelphia einen kurzen Zwischenstopp gemacht, um einen langjährigen Freund zu besuchen."

Für Alice waren die letzten Tage wie ein Kulturschock, der ohne Ankündigung über sie hereingebrochen war. Vor ihrer Ankunft in Philadelphia hatte sie nur Kontakt zu irgendwelchen zwielichtigen Typen gehabt und hatte nie ein Problem damit, weil sie das Gefühl hatte, zu ihnen zu gehören. Sie war halt eine kleine Gaunerin, die sich auf dem Niveau der anderen kleinen Gauner bewegte. Seitdem sie Jason kennengelernt hatte, hatten sich ihre Ansprüche an die Menschen, die sie umgaben, grundlegend geändert. Sicher, Jonny der alte Ganove, war ihr immer noch ans Herz gewachsen und sie käme nie auf die Idee, sich herablassend über ihn zu äußern. Dennoch hatte sich in ihr eine Wandlung zum Positiven vollzogen, ohne dass sie vergaß, woher sie kam.

„Woher sie kam?" Bei diesem Gedanken musste sie lachen. „Ja woher komme ich denn?", fragte sie sich mit einer gewissen Selbstironie. Aber gleichzeitig machte sie sich mit dem Gedanken Mut, dass sie ja vielleicht aus einer sehr wohlhabenden Familie stamme. Sie konnte sich nur nicht mehr daran erinnern. „Wäre doch möglich oder nicht?", dachte sie und lehnte sich einigermaßen beruhigt zurück.

Der sympathische Sir neben ihr erzählte Alice fast seine ganze Lebensgeschichte. Sie wollte zwar nicht unhöflich sein, hätte ihn aber gerne darauf aufmerksam gemacht, dass sie das eigentlich gar nicht hören wollte und ihr sein Smalltalk, der schon seit geraumer Zeit gar keiner mehr war, so langsam auf die Nerven ging. Irgendwann schien er es aber begriffen zu haben, denn Alice antwortete ihm nicht mehr. Doch zum Schluss machte er eine Bemerkung, bei der sie noch einmal sehr aufmerksam zuhörte. Es war der Moment, als er den Namen Lord Archibald Warrington erwähnte, der nach seiner Aussage ein enger Freund von ihm war.

„So klein ist also die Welt", dachte Alice und lauschte wieder gespannt seinen Worten. Da sitzt man in einem Flieger von Philadelphia nach London und schon läuft einem jemand über den Weg, der ausgerechnet eine sehr enge Beziehung zu einem Menschen hat, dessen Hilfe man braucht und den man aus diesem Grund besuchen will.

„Sagen Sie, Sir, ich will ja nicht neugierig erscheinen, aber wie ist Lord Warrington so als Mensch? Kann man sich auf ihn verlassen?" Er sah sie erstaunt an.

„Kennen sie ihn oder warum fragen sie?" Sie druckste ein wenig herum, entschloss sich dann aber, ihm zumindest einen Teil der Wahrheit zu erzählen, um keinen Verdacht zu erwecken.

„Ich habe", so begann sie ihre nächste Schwindelattacke, „den Kontakt zu Lord Archibald aufgenommen, weil er Verbindungen zu meinem Vater hat, der sich, sagen wir mal, gewisser finanzieller Probleme entledigen will. Lord Archibald ist so eine Art Treuhänder, denn ich erwarte in den nächsten Tagen einen größeren Geldtransfer aus den Staaten und er soll mir dabei helfen, dass alles ohne Probleme über die Bühne geht."

„Ich verstehe", sagte er verständnisvoll. „Darf ich Ihnen meine Dienste anbieten und Sie, wenn wir in London angekommen sind, zu Lord Archibald begleiten?"

„Ich habe ihn bereits angerufen", erwiderte Alice, „er kommt, um mich am Flughafen abzuholen. Wenn er damit einverstanden ist, können Sie mit uns fahren."

„Ganz sicher ist er damit einverstanden", erwiderte er und sie hatte das Gefühl, dass er ein bisschen gekränkt war über das, was sie gerade gesagt hatte.

„Sie müssen wissen, dass wir seit drei Jahrzehnten sehr enge Freunde sind und ich bin davon überzeugt, dass er sich freuen wird, mich wiederzusehen, und noch eins, meine Liebe, Sie können ganz sicher sein, dass er sich eher erschießen würde, als jemanden zu betrügen, glauben Sie mir."

„Ich danke Ihnen, Sir, dass Sie so offen und ehrlich zu mir waren."

Beruhigt lehnte sie sich zurück, die Stewardess kam zu ihr und deckte sie mit einer weichen kuscheligen Decke zu. Drei Stunden des Flugs waren bereits vorüber, als sie in einen tiefen wohltuenden Schlaf versank. Sir Thompson betrachtete sie mit großem Wohlwollen, bewunderte ihre Anmut und ihren Liebreiz. Sie lag da wie eine Prinzessin, die nur darauf wartete, wach geküsst zu werden. Währenddessen hatte sie wundervolle Träume, sah sich an der Seite von Jason, sah wie sie sich nach ihrer Rückkehr umarmten und küssten. Sie war erfüllt von einem nie gekannten Glücksgefühl.

„Madame", hörte sie plötzlich eine weibliche Stimme. Es war die Stewardess, die sie darauf aufmerksam machte, dass sie in dreißig Minuten London erreichen würden. Sie servierte ihr einen letzten Imbiss und als das Flugzeug zur Landung ansetzte, war sie in dem Land, das ihre Zukunft verändern sollte.

7. Kapitel

Es war 7.58 Uhr abends, Greenwich Time, als der Airbus 380 auf dem London Heathrow Airport zur Landung ansetzte, weiße Wolkenfetzen flogen an ihrem Fenster vorbei. Vor ihr tauchte in der Ferne die Landebahn auf, umgeben von einer riesigen Anzahl an Gebäuden, die durch die Abendsonne in ein bizarres Licht aus Orangetönen getaucht wurden. Unter sich sah sie ein Gewirr von Straßen, Kreuzungen, Highways, wie man sie in den Staaten nennt, die alle in Londons City führten. Alice schaute fasziniert aus dem Fenster und sah zum ersten Mal in ihrem Leben diese riesige Weltmetropole aus der Vogelperspektive. Es musste ein herrlicher Tag gewesen sein, denn das gleißende Licht der Abendsonne spiegelte sich auf den Tragflächen der Maschine wieder und Alice hatte das Gefühl, sich in der unendlichen Weite des Horizonts zu verlieren.

Ruhig flog dieses Ungetüm von einem Flugzeug der Landebahn entgegen, immer tiefer sanken sie. Unter ihnen leuchteten die Markierungen, die rechts und links die Landebahn begrenzten, bis sie mit ein paar leichten, kaum spürbaren Hüpfern auf dem Asphalt aufsetzten. Die Triebwerke heulten auf und langsam bewegte sich der Airbus 380 zu dem riesigen Flughafengebäude. Die Maschine rollte aus, machte einen kleinen Bogen, um dann zu einem der Passagiertunnel zu fahren, der schon ihre Ankunft erwartete.

Dann ertönte aus dem Bordlautsprecher die Stimme der Chefstewardess: „Ladys und Gentlemen, wir sind soeben in ‚London Heathrow' gelandet. Der Kapitän und seine

Crew bedanken sich und wünschen Ihnen einen angenehmen Aufenthalt."

Als der Airbus 380 angedockt hatte, wurde die Tür von zwei Stewardessen geöffnet und die Passagiere strebten dem Ausgang entgegen. Als letzte nahmen Alice und Sir Thompson ihr Handgepäck auf und wurden von einer Stewardess zum Ausstieg geleitet und mit einem herzlichen Dankeschön verabschiedet.

Gemütlich setzten sich die beiden in die VIP-Lounge und warteten geduldig auf ihr Gepäck. Eine Mitarbeiterin eilte herbei, fragte sie nach ihren Wünschen und servierte ihnen kurz darauf einen wohlschmeckenden Snack und ein kühles Erfrischungsgetränk. Sir Thompson hatte es sich in einem üppigen schwarzen Ledersessel bequem gemacht. Er öffnete eine elegante braune Ledertasche, griff hinein und zog eine Akte heraus, die mit einem gut sichtbaren Stempel „Confidential" versehen war, warf einen kurzen Blick hinein, so als würde er etwas suchen, klappte sie dann aber wieder zu und steckte sie in seine Aktentasche zurück.

„Sorry Madame", und dabei schaute er Alice mit einem entschuldigenden Blick an. „Ich wollte nicht unhöflich sein, verstehen Sie mich bitte nicht falsch, aber ich benötigte ganz dringend eine wichtige Information."

„Kein Problem, Sir", erwiderte Alice in einem sehr verbindlichen und freundlichen Ton. Dann wandte er sich Alice zu und machte ihr ein Kompliment, das nur ein englischer Gentleman machen konnte. „Es wäre unverzeihlich", fuhr er fort, „wenn ich nicht das Gespräch mit einer so wunderschönen Dame wie Ihnen suchen würde. Also verzeihen Sie mir bitte."

„Sir, ich sagte doch schon, es ist kein Problem für mich."

„Gott sei Dank", fügte er hinzu, „das beruhigt mich ungemein."

Dann plauderten sie noch sehr angeregt und als ihr Gepäck eingetroffen war, erhoben sie sich und strebten dem Ausgang entgegen.

Als sie den Ankunftsbereich des Flughafens verlassen hatten, empfing sie ein derartig geschäftiges Treiben, dass Alice für einen Moment die Orientierung verlor. Sir Thompson ging neben ihr und plötzlich sah sie wie sich sein Gesicht zu einem breiten Grinsen verzog. Vor ihnen stand ganz offensichtlich sein guter alter Freund Lord Archibald Warrington.

„Ebenfalls ein britischer Gentleman", konstatierte Alice voller Hochachtung. Er trug einen dunkelbraunen Tweedanzug. In seinem gestreiften blauen Oberhemd steckte ein Halstuch mit einem ausgefallenen Paisleymuster und aus der kleinen Uhrentasche seiner Weste, sah sie die Kette einer goldenen Taschenuhr hervorblitzen. Sein scharf geschnittenes Gesicht zierte ein fast schlohweißer Oberlippenbart und seinen aristokratischen Kopf zierte ebenso weißes, volles und sehr gepflegtes Haar.

Ihre Begrüßung fiel natürlich sehr vertraulich aus und das deutete unbedingt darauf hin, dass er und Sir Thompson sich tatsächlich schon Jahrzehnte kannten.

Sie umarmten sich herzlich. „He, Oliver, altes Haus, das ist ja eine Überraschung, dich hier zu treffen! Willkommen in London. Wie lange bleibst du?"

„Nächste Woche muss ich wieder zurück", antwortete Sir Oliver und sein Gesicht strahlte vor Freude über diese unerwartete Begegnung.

„Na dann haben wir ja Zeit für einen gemeinsamen Lunch im St. James Club."

Alice stand etwas abseits und schaute amüsiert der Begrüßungszeremonie dieser beiden Gentlemen zu. Lord Archibald kam auf sie zu, verbeugte sich und gab ihr einen vollendeten Handkuss.

„Und Sie Madame sind, wenn ich das richtig deute, Mrs Alice Simpson, willkommen in London. Ich hoffe, Sie hatten einen angenehmen Flug."

„Danke, Sir", erwiderte sie brav, „was ja auch kein Wunder war, denn ich befand mich in ausgesprochen charmanter Gesellschaft."

Sie strahlte Sir Oliver mit einem gewinnenden Lächeln an und hatte für einen Moment das Gefühl, dass er doch ein wenig verlegen wurde.

Dann zauberte Sir Archibald das neueste iPhone aus der Innentasche seines Tweedjacketts, drückte eine Taste auf dem leuchtenden Touchscreen und hielt es an sein Ohr. Augenblicke später wurde wohl das Gespräch entgegengenommen, denn Alice hörte, wie er mit leicht näselnder Stimme sprach.

„James, bitte fahren Sie vor, wir warten in der Ankunftshalle."

Wer also glaubte, dass die Briten auf dem Mond lebten, musste eine bittere Enttäuschung erleben und alle Vorurteile, die den technischen Fortschritt betrafen, über Bord werfen. Es konnte sich also nur um ein Gerücht handeln, dass die Lords und Earls und wie sie alle hießen, noch per Handvermittlung telefonieren. In *Good old England* war es anscheinend üblich, dass jeder Servant oder Privatchauffeur James hieß, denn die Briten hatten kein Verhältnis zu den Namen von Bediensteten und so hießen sie der Einfachheit halber, eben alle James. Klingt doch irgendwie logisch oder nicht?

Es vergingen keine fünf Minuten, bis ein schwarzer, auf Hochglanz polierter Bentley am Straßenrand hielt. Ein livrierter Fahrer mit dem Namen James und der typischen Chauffeursmütze auf dem Kopf stieg aus, öffnete den riesigen Kofferraum und verstaute sorgfältig das Gepäck. In diesem Moment musste sie wieder an den Coup denken, den sie mit Jonny in New York gedreht hatte. Aber gegen das, was hier in diesem Moment ablief, war das in New York billigstes Schmierentheater.

Dienstbeflissen öffnete ihr der Chauffeur die Wagentür und sie ließ sich auf die weichen schwarzen Ledersitze fallen. Dann sprang James wie ein Derwisch um den Bentley herum und riss die hintere linke Tür auf, um Sir Oliver ebenfalls einsteigen zu lassen. Sir Archibald brach, zur großen Verwunderung der anwesenden Herrschaften, alle Konventionen und nahm ohne fremde Hilfe neben dem Fahrer Platz. Dieser startete den Motor und wie ein Phantom glitt er geräuschlos über den Asphalt und reihte sich kurze Zeit später in den fließenden Verkehr in Richtung City ein.

„Mein Gott", dachte Alice erschrocken, „die fahren ja hier alle links." Sie verstand einfach nicht, warum das hier in London und natürlich auch in ganz Britannien so reibungslos funktionierte. In New York würde es an jeder Ecke einen Riesencrash geben. Aber wenn man diese Form der Verkehrsführung schon seit ewigen Zeiten praktizierte, wird das ja wohl irgendwann auch geklappt haben.

Alles war hier anders als in den Staaten, das hatte sie sofort erkannt. Diese komischen feuerroten Doppeldeckerbusse hatten es ihr besonders angetan und dann die vielen Gentlemen, die gemessenen Schrittes die Straße belebten und mit ihren schwarzen Bowlern und ihren Stockschirmen, die sie bei jedem Wetter bei sich trugen, ausgesprochen witzig aussahen. Ein Ritual, das Alice doch sehr an die Serie „Mit Schirm, Charme und Melone" erinnerte, die sie bei einer ihrer Gaunertouren durch die Staaten, in einem ziemlich heruntergekommenen Motel gesehen hatte. Ob sie allerdings diese Stockschirme auch als Stichwaffen einsetzten, wenn es darum ging ihr Hab und Gut zu verteidigen, entzog sich ihrer Kenntnis.

Auf der Fahrt in die City von London erschrak sie jedes Mal fast zu Tode, wenn ein Auto oder einer dieser gewaltigen Doppeldecker rechts an ihr vorbei fuhr. Dummerweise hatte sie sich auf den hinteren rechten Sitz gesetzt, ohne sich darüber bewusst zu sein, dass dies in ihr so ein schreckhaftes Verhalten auslöste. Ausweichen konnte sie leider nicht, denn Sir Oliver Thompson saß majestätisch neben ihr und bewegte sich keinen Millimeter.

Auf einer großen Kreuzung war offensichtlich eine Ampelanlage ausgefallen. Ein Bobby in seinem typischen Custodian Helmet auf dem Kopf, so nennt man die Helme, mit denen englische Streifenpolizisten ausgestattet sind, stand auf der Mitte der Kreuzung und regelte mit wilden Armbewegungen den Verkehr.

Erstaunlich, dass diese besagten Bobbys in ganz England keine Waffen tragen, dies wäre in den Staaten einfach ein Ding der Unmöglichkeit, wo doch jeder Rotzlöffel mit einer Pumpgun durch die Gegend rennt. Aber Alice stellte fest, dass England eben anders war und nicht mit Amerika zu vergleichen ist. Es war hier alles gediegener und traditionsbewusster. Allein die schwarzen, altertümlich anmutenden Taxis, die an jeder Ecke standen und auf Fahrgäste warteten, waren anscheinend Relikte aus der Anfangszeit des Automobils. Hier gingen die Uhren wirklich noch etwas anders – ein Beweis dafür, dass sich Tradition und Fortschritt nicht unbedingt im Wege stehen müssen.

8. Kapitel

Sir Archibald war von einer bewundernswerten Diskretion und erwähnte nicht ein einziges Mal den Grund für die Anwesenheit von Alice. Wenn die beiden auch etwas kauzig erschienen, so waren sie doch von einer ausgesuchten Liebenswürdigkeit und Zurückhaltung, die man in den USA nur noch ganz selten antraf. Sir Archibald unterbrach das Schweigen und drehte sich zu Alice um.

„Na meine Liebe, wie gefällt Ihnen London?"

„Sehr gut", erwiderte sie und in diesem Moment beobachtete sie, wie auf der anderen Straßenseite ein Bobby einem ziemlich abgerissenen Typen Handschellen anlegte.

„Zum Glück gibt es auch hier Ganoven, die mit dem Gesetz auf Kriegsfuß stehen", und sie musste innerlich schmunzeln, gehörte sie doch zu derselben Spezies wie dieser kleine Taugenichts, nur mit dem Unterschied, dass ihre Gaunereien auf höherem Niveau stattfanden.

Sie fuhren über die Westminster Bridge. Vor Alice lagen Big Ben und das gewaltige Gebäude des House of Parliament mit seinen Zinnen und Türmen, die die Abendsonne in ein stimmungsvolles Licht tauchte. Dann fuhren sie über die Great George Street, bogen nach links in die Old Queen Street ein. In diesem Moment verschlug es Alice den Atem. Sie hielt beim Anblick dieser luxuriösen Stadthäuser für einen Moment die Luft an und ihr Herzschlag wurde schneller.

So etwas hatte sie noch nie gesehen. Breite Aufgänge mit ausladenden Portalen zierten jedes einzelne dieser Häuser. Mit Messing beschlagene weiße Eingangstüren, die mit vergoldeten Türklopfern versehen waren, die die

Form eines filigran gefertigten Löwenkopfes hatten, weiß gestrichene Fassaden und Vorgärten, die königlichen Parkanlagen glichen, nur eben kleiner. Der Bentley hielt vor dem Haus No. 173. Der Chauffeur öffnete Alice die Tür. Langsam stieg sie aus und ihr Blick fiel auf ein Domizil, das sie in pures Erstaunen und grenzenlose Begeisterung versetzte.

Über der Eingangstür war auf der rechten Seite ein glänzendes Messingschild angebracht. „Lord Archibald Warrington, Royal Notary and Lawyer" stand in geschwungenen Buchstaben dort eingraviert. Sir Archibald drehte sich zu Alice um und sagte lächelnd: „Wir sind da, Mylady, darf ich Sie herzlich in meinem bescheidenen Hause willkommen heißen."

„Diese Engländer sind schon ein bisschen durchgeknallt und ein total versnobtes Völkchen", dachte sie, „machen ständig auf Understatement und residieren in den nobelsten Hütten dieser Stadt."

In der Zwischenzeit hatte James ihr Gepäck aufgenommen und trug es, nachdem er die schwere Eingangstür geöffnet hatte, ins Haus. Sie verabschiedete sich von Sir Oliver, dankte ihm noch einmal für die angenehme Gesellschaft und schritt mit unsicheren Schritten die Freitreppe hinauf, die in eine riesige Empfangshalle führte. Sie schaute zurück und winkte ihm freundlich zu, der diese Geste mit einer Handbewegung und einem jovialen Lächeln erwiderte. Dann setzte sich der Bentley in Bewegung, um auch ihn an sein Ziel zu bringen.

„Sie sind während Ihres Aufenthaltes in London selbstverständlich mein Gast", sagte Sir Archibald, als er neben sie trat und seine Worte ließen keinen Zweifel aufkommen, dass es ihm ernst war. Alice nahm sein Angebot dankend an, denn es war so generös, dass sie es nicht ausschlagen konnte.

Wie ein Kind, das man ausgesetzt hatte, stand sie da und staunte über das noble Interieur. Ein Diener hatte inzwischen ihr Gepäck in ein großzügig hergerichtetes Gästezimmer in der oberen Etage gebracht, während die Hausdame sie nach ihren Wünschen fragte. Ganz offensichtlich war der Hausherr unverheiratet, denn von einer Frau, die seinen Namen trug, war weit und breit nichts zu sehen. Für sie war in diesem Moment klar, dass sie diesem integeren Gentleman bedingungslos vertrauen konnte. Ihr anfängliches Misstrauen, auf einen Betrüger hereingefallen zu sein, bestätigte sich nicht. Sie wollte sich gar nicht vorstellen, was dann passiert wäre. Ein Albtraum, wenn sie nur daran dachte. Was hätte sie Jason sagen sollen? 100.000 Pfund verschwunden, auf Nimmerwiedersehen, und sie wäre wieder arm wie eine Kirchenmaus gewesen. Aber zum Glück war ja alles gut gegangen. Ausgerechnet sie entdeckte Tugenden wie Ehrlichkeit und Anstand wieder und war über diesen Sinneswandel mehr als erstaunt.

Die Empfangshalle erstrahlte im Licht eines riesigen Kristallkronleuchters, der über einer breiten Freitreppe schwebte, die mit elegantem Schwung in die oberen Räume führte. Neben dem Eingangsportal hing ein überdimensionaler Gobelin, der ein englisches Jagdmotiv darstellte. Der Boden war mit grauem Granit ausgelegt, auf dem einige edle Seidenteppiche lagen. Die Hausdame trat auf sie zu und bat sie, ihr in den Speisesalon zu folgen. Alice wartete geduldig, bis der Hausherr hereinkam und sie zu Tisch führte. Ganz gentlemanlike rückte er ihr den Stuhl zurecht und wartete, bis Alice sich gesetzt hatte.

Augenblicke später kam ein Diener in Livree herein und servierte das Dinner.

„Wie viel Personal hat dieser Typ eigentlich noch?", fragte sich Alice und fiel für einen Moment in den Jargon der Straße zurück, der sie in ihrem bisherigen Leben jeden Tag begleitet hatte, aber zum Glück waren es nur ihre Gedanken, die Sir Archibald nicht hören konnte.

Wenn ihr vor einigen Tagen irgendjemand auf dieser Welt gesagt hätte, dass sie in London mit einem Lord zu Abend essen würde, hätte sie ihn sicherlich ausgelacht. Immer wieder musste sie sich in den Arm zwicken, um glauben zu können, dass es Realität geworden war. Aber es war passiert. Sie saß mit Lord Archibald Warrington in seinem Salon, plauderte und genoss das köstliche Dinner, das die Köchin für sie zubereitet hatte. Über den eigentlichen Sinn ihres Hierseins sprachen sie an diesem Abend nicht. Es war ihr ganz recht, dass der Lord sich in höflicher Zurückhaltung übte, denn sie war doch ein wenig erschöpft, überwältigt von allem, was an Ereignissen an diesem Tag auf sie eingestürmt war. Es war schon fast Mitternacht, als sie sich verabschiedete und ihr Zimmer aufsuchte. Sie entkleidete sich und legte sich in ihr Bett, um sich von den Anstrengungen des Tages zu erholen. Sie lag nackt unter der dünnen Decke aus feinster Seide und spürte die Kühle auf ihrer Haut. Zufrieden lächelnd schloss sie die Augen und ihr letzter Gedanke war: „Jetzt bin ich eine Prinzessin."

9. Kapitel

Am nächsten Morgen, es muss so gegen 9.00 Uhr gewesen sein, wurde sie durch ein dezentes Klopfen an ihrer Tür geweckt.

„Madame", hörte sie die Stimme der Hausdame, „in einer Stunde ist das Frühstück zubereitet, wenn Sie dann bitte anwesend sein würden."

Mit der Pünktlichkeit nahmen es die Briten sehr genau, das hatte sie schon bei ihrer Ankunft gemerkt. Sie rekelte sich noch einmal in ihrem weichen Bettzeug, das sich so wohltuend anfühlte, erhob sich aus ihrem Bett und ging auf das geräumige Badezimmer zu. Sie duschte ausgiebig, um sich für den Tag fit zu machen, wusch ihre Haare und cremte ihren Körper mit einer wohlriechenden Lotion ein. Sie schminkte ihr Gesicht mit einem dezenten Makeup, zog ihre Spitzenunterwäsche an, die sie bei dem Coup in New York erschwindelt hatte und schlüpfte dann in eines ihrer Designerkostüme, bückte sich und zog sorgfältig die Nähte ihrer Seidenstrümpfe gerade. Als sie sich dann mit einem prüfenden Blick im Spiegel betrachtete, wusste sie, dass sie mit jeder Dame dieser feinen Gesellschaft mithalten konnte.

Sie öffnete die Tür und betrat den Flur. Die Wände waren mit wertvollen Kandelabern ausgestattet, die ein dezentes Licht zauberten, in der Tiefe des Raumes sah Alice eine weitere Anzahl von Türen, die in glänzendem Weiß gestrichen waren und mit vergoldeten Türknäufen verziert waren. Der Boden war mit einem dicken flauschigen dunkelblauen Teppichboden ausgelegt und goldfarbene Kronen waren in regelmäßigen Abständen eingewebt.

Zwar ein bisschen kitschig, wie Alice fand, aber es passte doch zu dem übrigen Interieur. Bei den goldgerahmten Gemälden handelte es sich ganz offensichtlich um die Ahnengalerie des Lords und die reichte sicherlich bis ins 17. oder 18. Jahrhundert zurück. So viel Familiengeschichte auf einmal und sie wusste noch nicht einmal ihren Namen und wer sie war. Aber zum Glück würde sich das ja bald ändern und dann hätte sie wieder eine Identität.

Sie kam die große Freitreppe herunter, ging auf die weit geöffnete Tür des Speisesalons zu und blieb dort stehen. Lord Archibald schaute auf, sah sie an und ihm entfuhr eine, für einen Gentleman seines Standes untypische, Bemerkung, die Alice nie für möglich gehalten hätte: „Donnerwetter Madame, Sie sehen aus wie eine englische Lady, nein Sie sehen nicht nur so aus, Sie sind eine Lady."

Alice sah ihn mit einem ungläubigen Lächeln an. Sie musste ihn im Moment ihres Erscheinens so beeindruckt haben, dass er, der im Innersten seiner aristokratischen Seele eher diszipliniert und zurückhaltend war, für einen Moment alle Konventionen vergaß und ihr ein Kompliment machte, das sie zutiefst entzückte. Er räusperte sich verlegen, zog seine buschigen Augenbrauen hoch und bat sie, am Tisch Platz zu nehmen.

„Ich darf Ihnen mitteilen", setzte er das Gespräch fort, „dass der erforderliche Betrag auf meinem Bankkonto eingegangen ist."

Er setzte wieder diese geschäftsmäßige und unnahbare Miene auf, die seinen sicherlich nicht geplanten Gefühlsausbruch augenblicklich vergessen ließ.

„Ich freue mich", erwiderte Alice erleichtert, „dass diese Transaktion so reibungslos vonstattengegangen ist."

Sie spürte, wie ihr Herz vor Freude hüpfte und sie ihr Glück am liebsten herausgeschrien hätte.

„Ich habe zu Lord Henry Kontakt aufgenommen und als ich ihm in den höchsten Tönen von Ihnen vorgeschwärmt habe, hat er voller Freude dem Vertragsabschluss zugestimmt. Ich habe daraufhin alles Nötige veranlasst. Nun steht einem Abschluss nichts mehr im Wege, der Adoptionsvertrag liegt vor und die einzige Formalität, die noch erledigt werden muss, sind die Unterschriften."

Auch er schien erleichtert zu sein, sah sie zufrieden an und lehnte sich entspannt zurück.

Nach dem gemeinsamen Frühstück bat er sie in seine Kanzlei, um mit ihr alle Modalitäten zu besprechen. Sein Büro war eine einzige Bibliothek. Bis zur Decke erstreckten sich die aus edlem Holz gefertigten Regale, in denen sich hunderte in Leder gebundene Bücher befanden. Davor stand ein Schreibtisch in frühviktorianischem Stil. Alles, was sich in diesem Raum befand, sollte jedem Besucher seiner Kanzlei ein Gefühl von unvergänglicher Tradition und Seriosität vermitteln. Hinter seinem Schreibtisch sah Alice in einer Nische ein großes Gemälde, das Lord Archibald in der typischen Pose eines englischen Adeligen zeigte, die vor lauter Snobismus nur so strotzte. Der Lord setzte sich in einen mit dunkelbraunem Leder bezogenen Armchair und öffnete eine Mappe, in der wohl, so nahm Alice an, das Objekt ihrer Begierde aufbewahrt wurde.

Alice nahm in einem Sessel Platz, der vor dem Schreibtisch stand und wartete darauf, endlich das zu erfahren, worauf sie so lange gewartet hatte. Sie hielt ein Taschentuch in der Hand, um ihre vor Aufregung feuchten Hände zu trocknen und mit zitternden Fingern und erwartungsvollem Blick wartete sie auf die für sie so entscheidende

Verlesung des Dokuments. Der Lord räusperte sich und klemmte sich seinen schon etwas antiquierten Monokel in die linke Augenhöhle. Es sah schon ein wenig komisch aus und Alice musste zugeben, dass sie so ein Ding noch nie gesehen hatte. In diesen Kreisen gehörte es wohl immer noch zu den skurrilen Utensilien des täglichen Gebrauchs.

Ein erneutes Räuspern war zu vernehmen und er verlas, diesmal wieder mit der gleichen näselnden Stimme, mit der er am Flughafen seinen Chauffeur herbeigerufen hatte.

„Ich, Henry Ashton Lord of Blanchfort bekunde hiermit, dass ich die hier anwesende Alice Simpson als meine Tochter adoptiere und sie ermächtige in Zukunft den Namen Alice Abbigal Lady of Blanchfort zu tragen."

Darunter fehlten nur noch die Unterschriften der Adoptivtochter und die von Lord Archibald. Er nahm einen Füllfederhalter zur Hand und setzte mit einer ausladenden Handbewegung seine Unterschrift unter den vorliegenden Vertrag.

Er verschwieg ihr aber wohlweislich, dass Lord Henry durch waghalsige Spekulationen tatsächlich an der Börse einen sechsstelligen Betrag verloren hatte. Der Verkauf seines Adelstitels sollte die Verbindlichkeiten, die er bei der Bank hatte, ohne großes Aufheben begleichen, denn wenn diese unerfreuliche Geschichte ruchbar geworden wäre, hätte seine bis dahin blütenreine Weste doch einige Flecken bekommen, und das musste er unter allen Umständen verhindern.

Wenn Alice gewusst hätte, dass die Geschichte, die sie Jason erzählt hatte, fast identisch mit dem war, was sich tatsächlich zugetragen hatte, hätte sie sich wahrscheinlich vor Lachen ausgeschüttet. Der Einzige, den Lord Henry einweihte, war sein guter alter Freund Archibald. Als dieser Alice das erste Mal sah, war er so begeistert, dass er sie in den höchsten Tönen lobte und Lord Henry drängte, diesem Vertrag zuzustimmen.

„Ich verbürge mich für sie. Du wolltest doch schon immer eine Tochter haben und diese Frau ist ein Geschenk des Himmels, vertrau mir, ich habe ein sehr gutes Gefühl."

„Ich an deiner Stelle würde ihr sogar die 100.000 Pfund zurückgeben, die sie dir überwiesen hat."

Lord Henry schaute ihn erstaunt an. „Woher nimmst du lieber Freund, den Mut zu glauben, dass sie ein ehrliches Spiel spielt und nicht nur hinter meinem Geld her ist?"

„Hinter welchem Geld?", fragte Lord Archibald amüsiert.

Er verzog das Gesicht zu einem breiten Grinsen und sah ihn verschmitzt an.

„Ich befinde mich in einer sehr unangenehmen Lage, wie soll das gehen?", gab Lord Henry zu bedenken. „Meine Verbindlichkeiten laufen weiter und irgendwann wird sich die Bank melden und mich auffordern, mein Konto auszugleichen, und dann kann ich meinen Besitz nicht mehr halten und alles kommt unter den Hammer."

„Du warst doch von uns beiden immer der größere Skeptiker, der jeder Sache auf den Grund geht. Woher kommt auf einmal dieser Sinneswandel?"

Archibald machte eine kleine Pause, um seinen Worten den nötigen Nachdruck zu verleihen: „Ich kann mir nicht vorstellen, dass du allen Ernstes annimmst, ich hätte keine Erkundigungen eingezogen, und glaube mir, derjenige, der das Geld überwiesen hat, ist durchaus in der Lage, na sagen wir mal, halb Rochester zu kaufen."

„Und", fuhr er fort, „diese junge Dame ist sicherlich nur scharf auf einen Adelstitel, denn das kommt in diesem Land ohne Traditionen immer gut an."

„Ich werde", setzte er sein Schlussplädoyer fort, „die Geschichte mit der Bank erledigen, wofür hat man denn Freunde. Mach dir also keine Sorgen, es wird alles gut."

Hätte er allerdings gewusst, dass die ID Card mit dem Namen Simpson gefälscht war, hätte der Lord Alice mit größter Wahrscheinlichkeit mit Schimpf und Schande aus dem Haus gejagt. Gott sei Dank waren die Relikte ihres schändlichen Tuns von Amts wegen bald zwischen den gierigen Zähnen des Reißwolfs verschwunden und das gab ihr ein Gefühl der Sicherheit, denn niemand konnte ihr dann nachweisen, dass dieses Dokument, von Künstlerhänden gefertigt, eine Fälschung war.

Dann schob er die Dokumentenmappe aus bordeauxrotem Nappaleder zu Alice herüber und auch sie unterschrieb, allerdings mit zitternden Fingern, ein Dokument, das ihr Leben grundlegend verändern sollte. Lord Archibald ging auf sie zu, ergriff ihre Hand und gab ihr einen Handkuss, dann folgten Küsschen auf beide Wangen, die ihr zeigen sollte, dass sie jetzt zu ihnen gehörte.

Lachend sagte er und hielt dabei ihre Hände immer noch fest: „Willkommen im Club, Lady Blanchfort."

Alice drehte sich erschrocken um, weil sie dachte es würde jemand hinter ihr stehen und dann realisierte sie zum ersten Mal, dass sie damit gemeint war. Die Hausdame trat mit einem Tablett, auf dem zwei Gläser Champagner standen, in das Büro des Lords, er überreichte Alice eines der Gläser und prostete ihr zu.

Er lächelte sie an und dann sagte er mit einer Selbstsicherheit, die sie wieder mal sprachlos machte: „Über Ihre neue ID Card und den Passport können Sie schon in den nächsten Tagen verfügen."

Als er ihren Blick sah, in dem die letzten Zweifel noch nicht ausgeräumt waren, fuhr er fort: „Ach, wissen Sie meine Liebe, ich habe Verbindungen in die höchsten Kreise und glauben Sie mir, das macht vieles einfacher."

„Aber eine Adoption muss doch sicherlich noch von den Behörden geprüft und genehmigt werden", gab Alice zu bedenken. „Bei uns in den Staaten dauert dieses Genehmigungsverfahren mindestens ein Jahr."

„Darüber machen Sie sich mal keine Sorgen, es dauert nur wenige Tage und alles ist erledigt". Dabei beließ er es, ohne sich weiter zu erklären. Alice ergriff seinen Arm und drückte ihn voller Dankbarkeit.

„Eine Frage habe ich noch, warum hat Lord Blanchfort dieser Adoption zugestimmt, ohne mich zu kennen?"

„Das, meine Liebe, kann ich Ihnen sagen. Lord Blanchfort vertraut mir bedingungslos, weil wir Freunde sind und uns schon seit Jahrzehnten kennen. Ich würde nie etwas befürworten, wovon ich nicht überzeugt bin. Ich habe schon gestern, sofort nach Ihrer Ankunft, Kontakt zu ihm aufgenommen und wir haben das Für und Wider ausgiebig erörtert und letztendlich habe ich auch die letzten Zweifel bei ihm ausgeräumt. Er kann es kaum erwarten, Sie endlich kennenzulernen. Wenn es Ihnen recht ist, werden wir ihm morgen einen Besuch auf seinem Landsitz in der Nähe von Rochester abstatten."

Bei diesen Worten klopfte ihr das Herz bis zum Hals und sie fühlte eine gewisse Erregung in sich aufsteigen.

„Sehr gerne", erwiderte sie, „ich freue mich auf diesen Besuch."

Jetzt hatte sie nur noch das große Bedürfnis Jason anzurufen.

„Hallo Jason, ich bin's Alice", sagte sie mit einer vor Aufregung zitternden Stimme.

Er schien überrascht zu sein, dass sie sich schon nach so kurzer Zeit bei ihm meldete.

„Alice, schön, dass du anrufst! Was ist los, gibt es Komplikationen?"

„Nein, im Gegenteil", erwiderte sie lachend, „ich wollte mich nur bei dir bedanken, es hat alles reibungslos geklappt."

„Das ist ja wunderbar", sagte er, „wann kommst du zurück?"

„Ich bleibe wenigstens noch zwei Wochen."

„Das ist ja noch eine lange Zeit", erwiderte er ein wenig enttäuscht und sie hatte das Gefühl, dass er doch mit ihrer früheren Rückkehr gerechnet hatte.

„Du fehlst mir, komm so schnell wie möglich zurück."

„Ja das werde ich tun", flüsterte sie, denn auch sie vermisste ihn und freute sich auf den Tag, an dem sie wieder mit ihm zusammen sein würde.

10. Kapitel

Sie hatte ihr Gespräch mit Jason gerade beendet, als es an ihrer Tür klopfte. Alice erhob sich von ihrem Bett, auf dem sie sich für einen kurzen Augenblick entspannt hatte, ging zur Tür und öffnete sie. Lord Archibald stand vor der Tür.

„Entschuldigen Sie meine Liebe, dass ich Sie störe, ich habe gerade mit ihrem Vater telefoniert, er erwartet uns morgen mittag um 2.00 Uhr zum Lunch."

„Ich verstehe nicht ganz", sie war völlig irritiert, „wieso mein Vater, ich habe keinen Vater." Und dann fiel es ihr plötzlich wieder ein und sie musste von Herzen lachen. „Mylord, entschuldigen Sie bitte, aber daran muss ich mich erst noch gewöhnen. Es ist einfach zu viel, was im Moment auf mich einstürmt."

„Kein Problem, meine Liebe, aber Sie sollten sich sehr schnell an Ihre neue Identität gewöhnen, nicht dass es irgendwann mal zu Irritationen kommt."

„Ich verstehe Mylord, ich werde mich bemühen. Und im Übrigen, ich freue mich auf morgen."

„Das sollten Sie auch tun, denn glauben Sie mir, Lord Blanchfort ist ein sehr netter älterer Herr, wie alle Lords hier in England, inklusive meiner Person."

Sie schaute ihm amüsiert und bewundernd zugleich in sein aristokratisches Gesicht. Bei Gott, dieser Mann hatte ein Selbstbewusstsein, das anscheinend nichts auf der Welt erschüttern konnte.

„Ach ja, Mylady, bevor ich es vergesse, wir brauchen noch Fotos von Ihnen für Ihre Papiere. Ich habe schon den Fotografen angerufen, er wird in dreißig Minuten hier sein."

„Aber Sir", Alice schaute ihn verwundert an, „ich hätte doch in einen Fotoshop gehen können."

„Mylady, Sie müssen sich langsam daran gewöhnen, dass dies in unseren Kreisen nicht üblich ist."

Er schien etwas ungehalten zu sein, weil sie sich den nächsten Fauxpas erlaubt hatte.

„Oh Sir, das tut mir sehr leid, ich gelobe Besserung, versprochen."

„Das möchte ich Ihnen aber auch dringend raten", erwiderte er nachsichtig.

Es verging keine halbe Stunde und der Fotograf stand voller Tatendrang vor der Tür. Er baute seine Fotoutensilien auf und dann trieb er einen Aufwand, als würde hier ein Hollywoodfilm gedreht. Das Ergebnis war ein einziges Ah und Oh, eher geeignet für eine Ahnengalerie als für ein paar billige Fotos für eine ID Card oder einen Passport. Lord Archibald war geradezu begeistert über das Ergebnis. Er, der sonst so emotionslos und geschäftsmäßig in allen Situationen reagierte, war völlig aus dem Häuschen.

„Also doch ein Mann", dachte Alice, „ein englischer Gentleman zwar, aber ein Mann." Geschmeichelt drehte sie sich um und ging stolz und voller Zuversicht in ihr Zimmer. Sie bemerkte nicht, dass Lord Archibald Warrington ihr bewundernd nachschaute. Dann geschah etwas, das man ihm niemals zugetraut hätte, ein ziemlich lüsternes Grinsen überflog sein Gesicht und er ... schnalzte genießerisch mit der Zunge.

Vor Aufregung hatte Alice in der Nacht sehr schlecht geschlafen, bereits um 5.00 Uhr in der Frühe wachte sie auf. Sie stand auf und schaute geistesabwesend aus dem Fenster. Es war trüb und Nebelschwaden zogen durch den Park, der vor ihren Augen lag. Schemenhaft tauchten die Häuser auf der gegenüberliegenden Seite auf. Es herrschte Stille, nur ein einsamer Zeitungsbote zog durch die Straßen, um allen die hier wohnten die „Herald Tribune" oder eines dieser Börsenblätter vor die Haustür zu legen, damit man sich, wie es hier so üblich ist, während des Frühstücks über die Börsenberichte und die Daily News informieren konnte. Alice war an diesem Morgen aufgeregt wie noch nie in ihrem Leben. An Schlaf war nicht mehr zu denken.

Sie wälzte sich in ihrem Bett hin und her. Tausend Gedanken schossen durch ihren hübschen Kopf. „Was wäre", so fragte sie sich, „wenn der Lord sie nicht ausstehen konnte und kurzfristig alles wieder rückgängig machen würde?"

„Was dann wäre?", beantwortete sie ihre Fragen selbst. Sie würde ihre Klamotten packen und unverrichteter Dinge in die Staaten zurückkehren und das ... darüber war sie sich im Klaren, wäre ein absolutes Desaster."

„Aber nun mach dich mal nicht verrückt meine Süße", beruhigte sie sich, denn der Lord hatte ihr ja schon signalisiert, dass bereits alles in trockenen Tüchern war und sie sich keine Sorgen machen musste. Trotzdem und das wunderte sie doch sehr, war es um ihre Nerven im Moment nicht besonders gut bestellt. In der Vergangenheit konnte sie nichts aus der Ruhe bringen. Sie reagierte in jeder noch so unvorhersehbaren Situation „cool und abgezockt", wie sie zu sagen pflegte. Aber dies hier war etwas ganz anderes und vielleicht eine Nummer zu groß. Hier ging es um ihre Existenz, entweder Knast oder die unendliche Freiheit, und zwar in bester Gesellschaft.

„Und da darf man schon mal ein wenig unruhig werden", beruhigte sie sich, ging ins Badezimmer und stellte sich unter die Dusche, um diese nicht gerade sehr erfreulichen Gedanken loszuwerden.

Inzwischen war es 9.00 Uhr und es wurde langsam Zeit, sich auf diesen so wichtigen Tag vorzubereiten. Sie schminkte sich, richtete ihre Haare und als sie gerade in ihr Kostüm schlüpfen wollte, hörte sie ein leises Klopfen an ihrer Tür. „The same procedure as every day". Es war die Hausdame des Lords, die sie darüber informierte, dass in fünfzehn Minuten das Frühstück stattfinden sollte.

„Lady Alice?", rief sie zwar sehr zurückhaltend aber doch so laut, dass Alice sie hören konnte, „der Lord erwartet Sie. Haben Sie noch Wünsche oder kann ich Ihnen irgendwie behilflich sein?"

Alice musste sich zwar erst mit ihrer neuen Rolle als Lady Blanchfort vertraut machen, aber obwohl es völlig neu für sie war, war sie doch der Meinung, dass ihr das schon recht gut gelang.

„Danke, ich komme sofort", erwiderte Alice, die noch immer mit dem Namen Lady Alice Abbigal of Blanchfort auf Kriegsfuß stand.

„Aber das wird schon", dachte sie, „schließlich bin ich weder blond noch blöd." Wenn sie mal so richtig überlegte, welche Fortschritte sie in dieser kurzen Zeit gemacht hatte, konnte sie doch eigentlich schon ein bisschen stolz auf sich sein. Als ziemlich heruntergekommenes Girl in der Polizeistation von Santa Barbara hatte es begonnen und jetzt war sie eine Lady in den nobelsten Klamotten. Okay, die waren zwar geklaut, aber es gibt nichts auf dieser Welt, das vollkommen ist und das tröstete sie ungemein.

Das Frühstück verlief nach altem Ritual, dann verabschiedete sich Lord Archibald mit einem galanten Handkuss.

"Mylady, ich muss leider für kurze Zeit auf Ihre bezaubernde Gesellschaft verzichten, denn ich habe noch etwas überaus Wichtiges zu erledigen."

Er drehte sich um und verließ das Haus, stieg in seinen Bentley, der schon samt Chauffeur vor der Haustür auf ihn wartete. Bis zu seiner Rückkehr ging Lady Alice in den naheliegenden Park, um sich ein wenig zu zerstreuen. Sie betrachtete mit großer Freude die wunderschön angelegte Parkanlage und sie spürte auch die Blicke der Spaziergänger, die ihr auf ihrem Weg entgegen kamen.

Es war ein herrlicher sonniger Tag. Die Morgennebel hatten sich aufgelöst und das Sonnenlicht kleidete alles in malerische Farben. Weiße Wolken zogen eilig über den strahlend blauen Horizont und sie tauchte ein in eine Welt, von der sie noch vor wenigen Tagen nicht einmal zu träumen wagte. Für sie war am heutigen Tag, trotz aller Zweifel und Ängste, die sie immer noch beschlichen, die Welt in Ordnung. Kurze Zeit nachdem sie wieder zurückgekehrt war, hörte sie, wie vor der Haustür die schweren Türen des Bentley zugeschlagen wurden und Sir Archibald gemessenen Schrittes die große Freitreppe hinaufkam. Als sie sich in der Empfangshalle trafen, bat er sie, sich in seinem Arbeitszimmer einzufinden.

Neugierig tippelte sie hinter Lord Archibald her. Er stand mit dem Rücken zu ihr vor seinem Schreibtisch, dann drehte er sich triumphierend um und fuchtelte ihr mit zwei Dingen vor der Nase herum, die aussahen wie offizielle und echte Papiere. Jetzt konnte sie nicht mehr an sich halten, vergaß Lady Blanchfort, war nur noch Alice, dieses temperamentvolle wilde Wesen, das in unbändiger Freude einen Jubelschrei ausstieß und sich Lord Archibald in die Arme warf und er ... er ließ alles mit sich geschehen, denn wann hatte man schon mal so ein junges, hübsches Ding in den Armen.

Es war Zeit für ihren Besuch bei Lord Henry. Sie fuhren durch die Straßen Londons und verließen die Stadt nach einer kurzen Fahrt in Richtung Rochester. Eine Bilderbuchlandschaft empfing sie. Sie waren in der Grafschaft Kent. Sanfte Hügel schmückten dieses Stückchen Erde und Alice konnte sich nicht sattsehen. Ihre Augen strahlten und ihre Begeisterung kannte keine Grenzen. Dann fuhren sie auf einer asphaltierten Straße, bogen auf eine lang gestreckte Zufahrt ein, die zu dem Anwesen von Lord Henry führte. Alice spürte, wie wieder diese Nervosität in ihr aufstieg. Sie schaute hilfesuchend zu Lord Archibald herüber, der neben ihr saß. Als er ihre Aufregung bemerkte, ergriff er ihre Hand und beruhigte sie mit einem festen Händedruck.

Der Weg führte sie durch ein kleines Waldstück und dann waren sie auf einer Lichtung angekommen. Vor ihnen lag, versteckt zwischen Bäumen, das prunkvolle Herrenhaus des Lords.

Ein schmiedeeisernes Tor verwehrte allen ungebetenen Gästen den Zutritt. Wie von Geisterhand öffnete sich das Tor und der Bentley glitt auf einem Kiesweg direkt vor das Eingangsportal. Rechts und links standen riesige Bäume, die bestimmt schon dreihundert Jahre alt waren. Es sah aus, wie ein englischer Garten, der das Anwesen umgab und wie eine Trutzburg stand dieses dreigeschossige Haus aus Natursteinen inmitten dieses alten Anwesens.

Große Fenster mit weiß gestrichenen Holzrahmen reichten bis zum Boden und gaben dem Haus ein hochherrschaftliches Aussehen. Dann öffnete sich das Portal und heraus trat ein livrierter Diener mit weißen Handschuhen, ging auf die rechte Seite des Wagens und öffnete die Tür, damit Alice aussteigen konnte. Dann öffnete er Lord Archibald die Tür. Es war mittags 1.55 Uhr.

Sir Archibald stand jetzt neben Alice, schaute sie an und sagte mit verhaltenem Lächeln, nachdem er auf seine Taschenuhr geschaut hatte, „Mylady, das sollten Sie sich unbedingt merken, englische Pünktlichkeit ist fünf Minuten vor der Zeit." Sie nickte und hatte verstanden.

„Puh, das ist alles gar nicht so einfach", dachte sie und zwischendurch sehnte sie sich nach ihren Schlabberjeans und dem einfachen Leben, das sie bis dahin geführt hatte. Dieser Anfall ging allerdings sehr schnell vorüber, wenn sie an ihr Ziel dachte und außerdem ließ der Lord keinen Zweifel daran, dass sie die Auserwählte war. Und sie war eine gelehrige Schülerin, das musste man ihr lassen. Nun wohnten ja schon seit jeher zwei Personen in ihrem Körper, die eine konnte sich so richtig gehen lassen und mit den übelsten Schimpfwörtern um sich werfen und die andere konnte so was von vornehm sein, dass sie schon manchmal in den Spiegel schauen musste, um festzustellen, ob sie das überhaupt war. Also genau nach Bedarf, einmal fein und das andere Mal etwas vulgär und disziplinlos.

Und jetzt war wieder so eine Situation, wo sie alle Register ihrer Schauspielkunst ziehen musste. Als sie das Haus betrat, lächelte sie, als sie auf den Lord wartete, lächelte sie immer noch und als er dann endlich den Salon betrat, ließ ihr Lächeln ihn fast dahinschmelzen. Lächeln und bezaubernd aussehen, das ist das Geheimrezept, mit dem man alle Männer herumkriegt, ob Lord oder Bauarbeiter. Lord Henry stand vor ihr und lächelte ebenfalls. Er ergriff ihre Hände und nachdem er sie eingehend betrachtet hatte, sagte er mit einem breiten einladenden Lächeln: „Meine liebe Alice, willkommen zu Hause, darf ich dich ganz herzlich begrüßen."

Seine Worte waren zwar etwas gestelzt, aber dennoch von einer Herzlichkeit, die sie für einen Moment sprachlos machte. Er war sehr elegant, aber trotzdem sportlich gekleidet. In seinem offenen Hemd trug er ein dezentes Tuch, wie es hier wohl alle Adeligen tragen. Unter seinem Sakko wurde die obligatorische Weste sichtbar und in der Westentasche trug er eine sehr wertvolle Taschenuhr. Es war zwar alles ein wenig uniform, denn Lord Archibald war fast genauso gekleidet, aber das musste Alice anerkennen, es machte einen traditionellen und sehr weltmännischen Eindruck.

Als er ihre Hände hielt, war ihr ein Siegelring aufgefallen, der den Finger seiner linken Hand zierte. Es war wohl das Familienwappen seiner und jetzt auch ihrer Familie und diesen Ring trug er voller Stolz und Verantwortungsgefühl. Er hatte ein gütiges Gesicht und unter seiner Nickelbrille schauten zwei verschmitzt funkelnde Augen hervor. Das gefiel Alice so sehr, dass sie ihn unverwandt ansah. Sie genoss es, in seine strahlenden, hellwachen Augen zu sehen und sie spürte sofort, wie sehr er ihr zugetan war. Ein breites, zufriedenes Lächeln überflog sein Gesicht und als Alice seine blendend weißen Zähne sah, kam ihr ein Gedanke, der sie innerlich amüsierte. Er musste Gebissträger sein, denn welcher 70-Jährige hat in diesem Alter noch alle Zähne im Mund. Und deshalb, konstatierte sie folgerichtig, musste er höllisch aufpassen. Wenn er den Mund zu weit aufmachte, könnte eventuell sein Gebiss herausfallen und darüber wäre er sicher nicht „amused".

Ihr ganzes Auftreten hatte sie unbewusst ihrer neuen Rolle angepasst. Sie plapperte nicht mehr drauflos, wie sie es früher immer bei jeder Gelegenheit getan hatte.

Sie sprach langsam und wählte sorgfältig ihre Worte. Allein das gab ihrer Stimme eine sehr aristokratische Nuance und wenn sie lachte, übte sie eine Zurückhaltung, die einer Lady angemessen war. Voller Stolz schaute Lord Archibald immer wieder wohlwollend zu ihr herüber und machte keinen Hehl daraus, dass ihn ihr Auftritt begeisterte.

Sie genossen einen vorzüglichen Lunch, der einem Sternekoch alle Ehre gemacht hätte. Drei livrierte Diener liefen geschäftig umher und bedienten die anwesenden Gäste. Der Tisch war mit dem edelsten Porzellan eingedeckt. Alles war aufeinander abgestimmt. In der Mitte des Tisches stand eine silberne Vase mit einem Strauß aus weißen Lilien. Köstliche Speisen wurden serviert und vorzüglicher Wein aus dem Weinkeller des Lords kredenzt. Es fehlte an nichts. Alice war begeistert und genoss es, in der Mitte dieser feudalen Gesellschaft zu speisen. Vor allem, und darüber wunderte sich Alice sehr, konnte sie perfekt mit der Tischetikette umgehen. Sie hatte keine Probleme, sich jederzeit wie eine Tochter aus sehr gutem Hause zu benehmen.

„Woher kann ich das?", fragte sie sich immer wieder, aber sie hatte im Moment keine Erklärung dafür. Irgendwie reifte in ihr das Gefühl, in ihrer Vergangenheit einer wohlhabenden Familie angehört zu haben. Doch so sehr sie sich auch bemühte, ihre Erinnerung ließ sie im Stich. Dann erhob sich Lord Henry, nahm sein Glas in die Hand und hielt eine Willkommensrede, die ihr Schauer der Freude über den Rücken jagte.

„Meine liebe Alice", begann er und sie sah wie Tränen der Rührung in seinen Augen standen. „Ich bin stolz und glücklich dich endlich an meiner Seite zu wissen und ich weiß, dass meine Entscheidung, dich als meine Tochter anzunehmen, die richtige war."

Dabei lächelte er so beglückt, dass auch Alice Tränen der Rührung die Wangen hinunterliefen. Als er geendet hatte, ging er auf sie zu und umarmte sie.

„Danke Mylord", flüsterte Alice und dann erhoben sich alle Anwesenden und begrüßten sie mit freundlichem Beifall.

11. Kapitel

Nach dem Lunch machten Sir Henry und Alice einen ausgedehnten Spaziergang durch den Park seines Anwesens. Sie hielt sich immer in seiner Nähe auf, genoss es, wenn er ihre Hand nahm und sie sich bei ihm unterhakte. In der kurzen Zeit ihrer Bekanntschaft war zwischen ihnen eine Vertrautheit entstanden, die ihr, bevor sie ihn kennenlernte, unvorstellbar erschien. Und wenn Alice an die vergangene Nacht dachte, in der sie sich schlaflos umher wälzte, weil sie Angst vor dieser Begegnung hatte, war sie jetzt froh, dass nichts von dem, was sie befürchtet hatte, eingetroffen war. Sie war jetzt Alice Abbigal Lady of Blanchfort und das mit Brief und Siegel und kein Mensch auf dieser Welt konnte ihr diesen Titel streitig machen.

Ihre alte ID Card, in der sie noch Alice Simpson hieß, war eine so professionelle Fälschung, dass es keinem aufgefallen war. Weiß der Teufel, wie der Typ aus Kentucky das geschafft hatte, aber nun brauchte sie sich keine Sorgen mehr zu machen. Sie war inzwischen im Reißwolf des Amtes gelandet und das, was sie jetzt in ihrer Tasche trug, öffnete ihr das Tor zur Welt. Doch eins empfand sie als sehr betrüblich. Sie war jetzt britische Staatsbürgerin, tröstete sich aber damit, dass dies ja nun keine Schande sei. Bis zu diesem Tag war sie mit Leib und Seele Amerikanerin gewesen. Aber vielleicht, wenn das Schicksal es gut mit ihr meinte, würde der Tag kommen, an dem sie wieder einen amerikanischen Pass in den Händen halten würde.

In ihren Gedanken war sie immer noch die kleine namenlose Alice und das würde sich auch nicht ändern, bis zu dem Tag, an dem sie wusste, wo ihre Wurzeln sind. Sie war froh, dass alles so problemlos über die Bühne gegangen war. Aber dies hatte sie einzig und allein dem Lord zu verdanken, denn er hatte offensichtlich von Anfang an einen Narren an ihr gefressen.

Als die Teatime gekommen war, saßen sie in munterer Runde zusammen, tranken eine Tasse vorzüglichen Darjeeling, aßen Gebäck aus der eigenen Küche des Lords und Alice fühlte sich von Augenblick zu Augenblick wohler. Durch ihre Natürlichkeit und ihren Sinn für humorige und geistvolle Gespräche, hatte sie in kürzester Zeit die Achtung der Anwesenden erobert.

Zu Alice' Überraschung machte ihr Lord Henry ein durchaus ernst gemeintes Angebot: „Alice, was hältst du davon, wenn du die nächsten Tage mein Gast bist, damit wir uns besser kennenlernen können?"

Alice warf ihm einen überraschten Blick zu, erhob sich aus ihrem Sessel, ging auf ihn zu und küsste ihn, so wie es brave Töchter nun mal tun, mit einem dankbaren Lächeln auf die Stirn.

„Danke Mylord, ich nehme Ihre Einladung sehr gerne an." Nun kam ihr, trotz aller Freude über das Geschehene, das Wort Dad oder Daddy doch nicht so leicht über die Lippen wie sie gedacht hatte.

„Aber gut Ding will Weile haben", dachte sie, „das wird sicherlich in einiger Zeit kein Problem mehr für mich sein."

Als der Lord ihr dann stolz offenbarte, dass er von der Queen eine persönliche Einladung erhalten hatte, um als Gast an dem alljährlich stattfindenden Rennen in Ascot teilzunehmen und es für ihn eine große Freude wäre, wenn sie ihn dorthin begleiten würde, blieb ihr im ersten Moment fast das Herz stehen.

„Oh mein Gott, das halte ich nicht aus, ich glaube ich werde krank, bekomme eine Grippe oder so was ähnliches", dachte sie und leise Panik überkam sie.

„Mylord", sagte sie mit gequälter Stimme, „warum wollen Sie mir das antun? Ich habe doch nichts anzuziehen und wenn ich mich recht erinnere, tragen die Ladys doch immer die extravagantesten Hüte." Aber der Lord hatte sie längst durchschaut. Sie hatte einfach Schiss und das sagte er ihr unverblümt auf den Kopf zu. Sie nickte stumm und gab sich geschlagen.

„Darüber, meine Liebe, mach dir mal keine Sorgen. Das ist kein Problem, ich werde das sofort veranlassen."

Er klingelte seiner Hausdame, die übrigens Margret hieß und bereits seit über zwanzig Jahren in den Diensten des Lords stand. Wenige Minuten später stand sie im Salon.

„Mylord wünschen?", ihre Stimme klang ausgesprochen sympathisch und angenehm.

„Margret, rufen Sie Mr John Whitehead und Sir Richard Cumberland an. Ich erwarte sie in einer Stunde und sagen Sie ihnen, sie möchten eine größere Auswahl an Kostümen, Kleidern und extravaganten Hüten mitbringen."

Er schaute zu Alice herüber und fragte sie mit einem leicht verlegenen Lächeln: „Alice, ich will ja nicht indiskret sein, aber verrätst du mir deine Konfektionsgröße?"

Lachend erwiderte sie: „Kein Problem, Mylord, ich glaube hier in Europa ist es Konfektionsgröße 38."

Zufrieden nickend gab er diese Information an Margret weiter, die dies mit einem Kopfnicken bestätigte und augenblicklich verschwand, um alles Notwendige zu veranlassen. Alice hätte ihm sogar die Körbchengröße ihres BHs genannt, wenn er danach gefragt hätte. Aber das wollte der wohlerzogene alte Lord zumindest nicht offiziell wissen und das ehrte ihn ungemein.

Zwischendurch hatte Alice jedoch bemerkt, wie er diskret auf das starrte, was sich in ihrer Bluse befand. Und das war, musste sich Alice, ohne die geringste Spur von Überheblichkeit, eingestehen, allemal sehenswert. Warum sollte ein gesunder 70-Jähriger einer schönen jungen Frau nicht mal in die Bluse schauen? Schließlich war er ja noch nicht blind oder von allem Weltlichen meilenweit entfernt. Okay, ab jetzt war sie für ihren Adoptivvater ein Kleinod, das er erst kürzlich „erworben" hatte und das durfte man ja wohl auch ein klein wenig bewundern.

Es verging eine knappe Stunde und Alice, die immer noch gemütlich im Salon saß und ein paar amüsante Artikel im Daily Telegraph las, hörte plötzlich die Türglocke. Ein Diener war umgehend zur Stelle und öffnete mit einem Knopfdruck das Eingangsportal, das die Straße vom Park des Lords trennte. Alice war immer wieder über die Schnelligkeit der Bediensteten erstaunt, kaum hatte sich der Hausherr gemeldet, stand schon einer dieser dienstbaren Geister im Raum, so als hätte er hinter einer Mauer oder in einem unsichtbaren Versteck auf das nächste Klingeln gelauert. In den Staaten wäre so etwas einfach undenkbar gewesen, was ja auch gut war, denn die Sklaverei ist dort ja Gott sei Dank abgeschafft, obwohl, na ja lassen wir das mal im Raum stehen, ohne es zu kommentieren.

Zwei auf Hochglanz polierte Lieferwagen fuhren vor das Eingangsportal. Geschäftig sprangen Mr Whitehead und Sir Cumberland aus ihren Fahrzeugen, hievten zwei große Kleiderständer aus dem Wagen und schoben sie, bestückt mit zwei Dutzend eleganten Kleidern und Kostümen, in den Salon.

Mr Cumberland schleppte eine bunte Anzahl Hutschachteln herein und stellte sie neben einen Paravent, der Alice die Möglichkeit gab, sich unbeobachtet anzukleiden. Es war schon bemerkenswert, mit welcher Diskretion dies alles vonstattenging. Alice ging hinter den Paravent und entledigte sich ihres Kostüms. Nur mit ihrer Unterwäsche bekleidet nahm sie die Kleidungsstücke entgegen, die ihr Sir Cumberland reichte.

Nach einer ausgedehnten Anprobe entschied sie sich für ein zauberhaftes, schulterfreies pinkfarbenes Kleid. Um die Hüfte war eine Schärpe drapiert mit einem sehr ausladenden glitzernden Ornament in der Mitte. Sie trat hinter dem Paravent hervor und begeisterter Applaus war die Reaktion auf ihren Auftritt. Ein Volltreffer, sogar der ansonsten mit Gefühlsausbrüchen sehr zurückhaltende Sir Cumberland konnte seine Begeisterung kaum zurückhalten.

„Sie sehen einfach wundervoll aus Mylady! Diese Kreation ist wie für Sie geschaffen."

Mr Whitehead unterstrich die soeben gemachte Aussage mit heftigem Kopfnicken und hüstelte verlegen.

„Wundervoll, Mylady, einfach wundervoll."

Er verschwand zwischen seinen mitgebrachten Hutschachteln und kramte heftig darin herum, öffnete eine, verschloss sie wieder und öffnete die nächste. Plötzlich hatte er wohl gefunden, was er suchte, griff in die Hutschachtel und zauberte eine Kreation, die eher einem Kunstwerk als einem Hut ähnelte, hervor.

Er reichte Alice dieses Schmuckstück der Hutmacherkunst und als sie es auf ihren Kopf setzte, sah sie aus wie Audrey Hepburn in My Fair Lady, der jungen Frau aus kleinen Verhältnissen, die Dr. Dolittle zu einer Dame der feinen Gesellschaft machte. Und augenblicklich sah Alice Gemeinsamkeiten, nicht nur äußerlich, sondern auch was ihr bisheriges Leben anbetraf. Aus der Armut in die feine Gesellschaft, ein Déjà-vu wie es passender nicht sein konnte.

Lord Henry war entzückt, als er kurze Zeit später den Salon betrat und Alice in der Mitte stehen sah.

„Alice, du siehst einfach bezaubernd aus, ich bin stolz auf dich."

Er ging auf sie zu, umfasste ihre Hände, beugte sich zu ihr herüber und küsste sie auf die Stirn.

„Danke Mylord, ich freue mich, dass es Ihnen gefällt."

Kurze Zeit später waren die dienstbaren Geister der Haute Couture mit all diesen wunderschönen Kleidern und Hüten wieder verschwunden. Margret, die Hausdame zeigte ihr das Zimmer, in dem sie nun für die nächsten Tage zu Hause war. Sie zog das Kleid aus und legte es fast ehrfurchtsvoll auf ihr Bett. Margret hängte das Kleid, das Alice voller Stolz in Ascot tragen würde, sorgfältig in den riesigen Kleiderschrank, der eine ganze Wand des Raumes einnahm und brachte ihr eines ihrer Designerkostüme, das Alice auf unrühmliche Weise bei Gucci in New York geklaut hatte. Sie konnte ihr Glück kaum fassen. Sie mit einem Lord in Ascot und wenn sie Glück hatte, würde sie sogar von der Queen begrüßt. Zu viel Ehre auf einmal, wie sie fand.

12. Kapitel

Houston, Texas. Jason Kennedy war vor zwei Stunden aus Philadelphia zurückgekehrt. Er war gerade auf dem Weg in sein Büro als das Telefon schellte.

„Hallo, Jason", tönte es fröhlich am anderen Ende, „was machst du gerade?" Natürlich erkannte er Alice sofort an ihrer Stimme. „Hallo Alice, Liebes, wie geht es dir? Du hast dich ja lange nicht mehr bei mir gemeldet. Ist alles in Ordnung bei dir oder gibt es irgendwelche Probleme?"

„Nein es ist alles in bester Ordnung", sagte sie fröhlich und lachte.

„Du", sagte er entschuldigend, können wir gleich miteinander telefonieren, ich bin gerade auf dem Weg ins Büro? Ich rufe dich an, sobald ich angekommen bin. Du hast mir doch sicherlich einiges zu erzählen."

„Und ob", und sie tat so geheimnisvoll, dass Jason kaum erwarten konnte, das Gespräch fortzusetzen.

„Also bis gleich", zwitscherte sie voller Lebensfreude, „ich freue mich." Er beendete das Gespräch und war sehr beruhigt, dass sie so guter Laune war.

In der Zwischenzeit war Alice in ihr Zimmer gegangen. Sie legte sich auf ihr Bett, schaute geistesabwesend an die Decke und konnte ihr Glück immer noch nicht fassen. Aber eins hatte sie schon erkannt, es war ganz schön anstrengend, dieses vornehme Leben. Sie schloss die Augen und wenig später war sie eingeschlafen. Es war doch einigermaßen stressig, den ganzen Tag auf den Beinen zu sein und in diesen verdammten Pumps herumzurennen.

Früher hatte sie sich, wenn sie gerade mal wieder mit ihrem altersschwachen Chevi unterwegs war, irgendwo ein ruhiges Plätzchen gesucht, hatte ihre Mokassins ausgezogen und erst mal ganz gemütlich eine Runde geschlafen und irgendwann ist sie dann wach geworden, hatte sich in einem Drive In einen riesigen Burger einverleibt und ihr Lieblingsgetränk, eine eisgekühlte Coke, getrunken, um sich zu erfrischen.

Nun lag sie wie eine Diva auf ihrem Bett und träumte von allerlei lustigen Dingen, die ihr vor der Begegnung mit Jason passiert waren. Sie musste im Schlaf lachen als sie Jonny sah, der ihr mit einer galanten, aber doch recht ungelenken Bewegung die Tür aufhielt und sie mit einer bühnenreifen Show bei den Guccis reinschneite und den halben Laden ausräumte.

Und dieser Blödmann von Geschäftsführer, der um sie herumtanzte, als wollte er den ersten Preis bei einem Tanzwettbewerb gewinnen, hatte sie mit scheinheiligen Komplimenten überhäuft, nur um ihr das Geld aus der Tasche zu locken. Und von den dummen Puten in diesem Laden gar nicht zu reden, die sich vor lauter Unterwürfigkeit fast überschlugen und Kleiderständer voller Klamotten herankarrten und den Hals nicht vollkriegen konnten, ihr alles anzudrehen, was sie in die Finger bekamen. Es war eine Slapstickshow, bei der sich das Publikum, wenn es denn eines gegeben hätte, vor Lachen auf dem Boden gewälzt hätte.

Als krönender Abschluss zog in ihrem Inneren die Szene vorüber, in der sie dem hektischen Scheißer an der Tankstelle, der sich in die Hosen gekackt hätte, wenn er nicht in olympiaverdächtigem Sprint auf die Toilette gerannt wäre, mit einer Leichtigkeit den Wagen geklaut hatte. Diese Träume und Erinnerungen würden sie in Zukunft überall hin begleiten und für Alice ein Stück unvergessliche Vergangenheit bleiben. Ob sie später darauf stolz sein konnte, wusste sie noch nicht, aber im Moment hatte sie keinerlei Probleme damit. Mit einem Lächeln, das ihr das eben Geträumte ins Gesicht zauberte, wachte sie auf, als ihr iPhone mit einer Melodie der Gruppe Queen um ihre Aufmerksamkeit bat.

Ein kurzer verschlafener Blick auf das Display zeigte ihr, dass Jason am anderen Ende war.

„So, mein Schatz erzähl schon, wie ist es dir ergangen?"

Fieberhaft überlegte Alice was sie ihm erzählen konnte und was sie besser verschwieg.

„Jason, es ist alles in Ordnung! Die Angelegenheit mit meinem Dad ist dank deiner Hilfe ohne Probleme über die Bühne gegangen. Hätte es nicht geklappt, hätte ich wahrscheinlich eine Bank ausrauben müssen. Aber Gott sei Dank war das ja nicht erforderlich."

Sie hatte zwar noch nie eine Bank ausgeraubt, aber wenn Jason gewusst hätte, dass sie so dicht an der Wahrheit war, hätte sie sicherlich schlechte Karten gehabt. Da er die Wahrheit aber nicht kannte, fand er diese Bemerkung wohl nicht besonders witzig, denn er reagierte nur mit einem ungehaltenen Räuspern.

Nach einer kleinen Pause hatte er sich wohl wieder gefasst und fragte: „Wann kommst du zurück? Ich habe Sehnsucht nach dir, du fehlst mir."

„Du fehlst mir auch", antwortete sie und fuhr fort. „Ich schätze in ungefähr zwei Wochen, ich muss hier noch einiges für meinen Dad erledigen", erwiderte sie ausweichend, „aber ich kann dir noch nicht sagen an welchem Tag."

Und, dass auch sie Sehnsucht nach ihm hatte, war nicht einmal gelogen. Sie war ganz aufgeregt als sie Jason erzählte, dass sie am Sonntag mit ihrem Vater zum Rennen nach Ascot eingeladen war.

„Und stell dir vor, wenn wir Glück haben, wird uns sogar die Queen begrüßen, ist das nicht toll? Ich bin schon ganz aufgeregt. Und Jason, ich habe ein ganz wundervolles Kleid, in dem ich auf die Rennbahn gehe. Es ist so süß und würde dir bestimmt gefallen."

Zu diesem Zeitpunkt wusste Alice aber noch nicht, welchen Wirbel ihr Auftritt in Ascot entfachen würde.

In ihrem Innern tobte, solange sie hier in London war, der Kampf zwischen Alice und dem ganzen Anhängsel an ihrem Vornamen und das war nicht unbedingt das, was sie sich gewünscht hatte, denn schließlich war sie fast eine Woche nur mit adeligen alten Knackern zusammen und die jungen attraktiven Kerle in ihrem Alter waren für sie in unerreichbare Ferne gerückt, weil sie ganz einfach nicht mehr standesgemäß waren. Immer wieder mahnte sie sich zur Geduld, denn die Zeit der Enthaltsamkeit würde auch vorübergehen und dann konnte sie, nach ihrer Rückkehr in die Staaten, den Pfad der selbst auferlegten Tugend wieder verlassen.

Sie plauderten noch eine Weile sehr angeregt und Jason erzählte ihr, wie begeistert alle im Hotel von ihr waren. Sogar Alexandre aus dem französischen Restaurant, in dem sie mit Jason zu Abend gegessen hatte, konnte sich kaum noch zurückhalten und lobte sie in den höchsten Tönen. Und wenn ein Franzose so über eine Frau spricht, dann kann man sich schon etwas darauf einbilden. Die Franzosen verstehen etwas von Frauen.

Nicht umsonst kommen die meisten berühmten Modeschöpfer aus Frankreich. Jason schloss sich natürlich dem Urteil von Alexandre an, was sollte er auch sonst tun, denn schließlich war Alice ja seine Herzdame. Schlecht über seine Herzdame zu sprechen, wäre gleichbedeutend mit dem Tod dieser Beziehung. Aber das nur am Rande, denn es gab keinen Grund für irgendeine Beanstandung. Sie war hübsch, geistvoll, humorvoll und liebenswert. Wenn er da an seine Verflossene dachte, die nur hinter seinen Moneten her war und sich einen Dreck darum scherte woher das ganze Geld kam, war Alice ja wohl ein anderes Kaliber, so glaubte er zumindest.

Am nächsten Morgen entschloss Alice sich, Sir Archibald einen Besuch abzustatten, um ihm noch einmal zu danken. Der Bentley fuhr vor, Andrew der Chauffeur, der ausnahmsweise mal nicht James hieß, wartete schon vor der Tür, als sie das Haus verließ und öffnete ihr die Wagentür. Sie ließ sich auf dem hinteren Sitz nieder und der Wagen setzte sich in Richtung London in Bewegung.

Ein wildes, geschäftiges Treiben empfing sie, als sie die City von London erreichten. Sie erschrak sich fast zu Tode, als plötzlich ein Mann mit eiligen Schritten auf die Straße stürmte und ihnen fast in den Wagen rannte. Und dann kam die alte Alice bei ihr wieder zum Vorschein. Sie öffnete das Seitenfenster und rief ihm wütend hinterher: „Du verdammtes Arschloch, kannst du nicht aufpassen?" Andrew drehte sich um und grinste, sagte aber nichts. In diesem Moment wurde ihr bewusst, dass dies sehr unpassende Worte für eine Lady waren.

„Sorry, Andrew, es tut mir leid, aber ich habe mich so erschrocken."

„Kein Problem, Mylady", erwiderte er immer noch grinsend, „endlich mal eine Lady, die sagt was sie denkt."

Sie hatte das Gefühl, dass ihm dieser Gefühlsausbruch sehr imponiert hatte.

„Wenn man den ganzen Tag dieses vornehme Getue ertragen muss, ist es wohltuend, eine Lady auch mal schimpfen zu hören. Sie sind mir sehr sympathisch, wenn ich das sagen darf."

„Aber selbstverständlich dürfen Sie das", gab Alice zur Antwort.

Von diesem Moment an herrschte zwischen ihnen eine sehr entspannte Atmosphäre. Andrew war ein vorzüglicher Stadtführer, der ihr einige Sehenswürdigkeiten dieser Stadt in vielen Details beschrieb und er machte sogar einen Umweg, um ihr den Buckingham Palace zu zeigen, der groß und majestätisch vor ihnen lag, als sie die Mall hinunter fuhren.

„Die Queen ist übrigens anwesend", erklärte er weiter. Alice sah ihn erstaunt an.

„Woher wissen Sie das?", fragte sie voller Neugier.

„Ganz einfach", erwiderte er, „immer, wenn die Königin im Buckingham Palace weilt, wird die königliche Flagge gehisst."

„Ach so, ich verstehe."

„Komische Sitten sind das hier", ging es ihr durch den Kopf.

Andrew allerdings wunderte sich doch ein wenig, dass eine Lady wie sie nichts über diese Gepflogenheit am königlichen Hof wusste. Aber das hatte ihn nicht zu interessieren und augenblicklich hatte er es auch schon wieder vergessen. Dann fuhren sie über die Westminster Bridge, um kurze Zeit später in die Old Queen Street einzubiegen. Direkt vor dem Haus No. 173 hielten sie. Es war ihr zweiter Besuch im Haus des Lords. Sie wurde wohl schon erwartet, denn als sie die Treppe emporstieg, öffnete die Hausdame des Lords bereits die Tür und bat Alice einzutreten.

„Ich werde Mylord sofort informieren", sagte sie, wie immer in einem sehr verbindlichen und freundlichen Ton und Alice hatte das Gefühl, dass sie sich über ihren Besuch freute, sofern sich die Angestellte eines Lords überhaupt freuen darf.

Der Lord, trotz seines adeligen Standes von unbändiger Neugier getrieben, kam schnurstracks aus seinem Büro, als er die Stimme von Alice hörte.

„Meine Liebe, wie nett, dass Sie mich besuchen", rief er ihr begeistert zu und er strahlte wie ein königlicher Honigkuchen. Er bat Alice in den Salon und gerade in dem Moment, als sie Platz genommen hatten, hörten sie ein ziemlich unwirsches Klopfen an der Tür. Die Hausdame öffnete und aus den Augenwinkeln sah Alice, wie zwei Bobbys das Haus betraten. Ihr rutschte vor Schreck das Herz in die Hose.

„Was wollen die Typen denn hier", fragte sie sich. Aber das war wohl eher eine rhetorische Frage, denn wenn sie ihretwegen da waren, wusste sie genau, warum. War sie etwa aufgeflogen, waren sie schon hinter ihr her? Vielleicht wurde sie schon über Interpol gesucht? Verrückte und Angst machende Gedanken schossen ihr durch den Kopf. Sie geriet total in Panik, ihre Hände zitterten und sie spürte, wie sich in diesem Moment Fluchtgedanken in ihr breitmachten. Sie umklammerte ihre Handtasche, setzte sich aufrecht in den Sessel, um bei Gefahr sofort das Weite zu suchen.

Die Hausdame kam in den Salon, beugte sich zu Lord Archibald herunter und flüsterte ihm etwas ins Ohr. Er entschuldigte sich bei Alice, stand auf und ging zu den immer noch wartenden Bobbys in die Empfangshalle. Aufmerksam beobachtete sie jede ihrer Bewegungen. Nach einem kurzen Gespräch salutierten sie, dann hörte sie, wie einer der Bobbys zu Sir Archibald sagte: „Danke Sir, Sie haben uns sehr geholfen, entschuldigen Sie bitte die Störung."

Völlig entspannt kam Sir Archibald zurück in den Salon und nahm wieder in seinem Sessel Platz.

„Entwarnung", dachte Alice und die Anspannung in ihrem Körper verschwand und machte einem Gefühl großer Erleichterung Platz. Es ging wohl doch nicht um ihre Person. Die Bobbys hatten zwar ein paar Mal zu ihr herüber geschaut, aber das taten sie wohl eher aus Neugier, um noch schnell den Anblick einer attraktiven Frau zu erhaschen.

Sie atmete tief durch und ihr Puls beruhigte sich wieder.

„Puh, das ist ja gerade noch mal gut gegangen", ging es ihr durch den Kopf. Aber sie wusste genau, dass dieses Verfolgungssyndrom noch einige Zeit in ihrem Kopf festsitzen würde. Hin und wieder würde sie auch noch Schweißausbrüche bekommen, aber das war ihr die Sache wert.

„Wissen Sie, Alice, in der letzten Zeit werden in unserer Straße viele Einbrüche verübt, erst vor zwei Tagen wurde drei Häuser weiter wieder eingebrochen. Der Eigentümer ist mit seiner Gattin für vier Wochen nach Australien geflogen, um dort seine Tochter zu besuchen. Am Morgen hatten die Bobbys auf ihrem Streifengang bemerkt, dass die Eingangstür des Hauses aufgebrochen war. Die Diebe haben wohl alle wertvollen Gegenstände mitgenommen. Gemälde und unersetzbare Wandgobelins hatten es ihnen angetan, denn die sind auf Nimmerwiedersehen verschwunden. Eine Unverschämtheit ist das. Wir haben uns jetzt zusammengetan und eine Securityfirma beauftragt, die hier Streife geht. Wir hoffen, dass wir dann unsere Ruhe haben."

Er hatte sich so in Rage geredet, dass er mit hochrotem Kopf in seinem Sessel hin und her rutschte. So hatte sie ihn noch nie erlebt.

„Das ist ja furchtbar Mylord, warum müssen sich diese Menschen immer an dem Eigentum anderer vergreifen?"

„Vielleicht weil sie zu viel davon haben", resümierte Alice und amüsierte sich köstlich, vergaß aber dabei nicht, dem Lord die Empörte vorzuspielen.

„Sir, ich wollte mich noch einmal ganz herzlich für alles bedanken, was Sie für mich getan haben."

Sie stand auf und umarmte ihn.

„Das habe ich doch gerne getan", sagte er und sie konnte spüren, dass es eine ehrliche Antwort war.

„Alice, ich würde mich glücklich schätzen, wenn Sie noch zum Tee bleiben. Bitte machen Sie mir die Freude. James wird sie danach zurück nach Rochester bringen."

„Das tue ich sehr gerne Mylord", erwiderte sie.

„Bitte nennen Sie mich Archibald." Alice fühlte sich sehr geschmeichelt, als er ihr diese Offerte machte. So saßen sie zusammen, plauderten, tranken Tee und Alice labte sich an dem köstlichen Gebäck. Als James vor dem Haus stand und auf sie wartete, verabschiedeten sie sich mit einer herzlichen Umarmung. Archibald begleitete sie bis zur Tür.

„Bevor Sie abreisen, liebe Alice, hoffe ich doch, dass Sie mich zum Abschied noch einmal besuchen. Versprechen Sie mir das?"

„Ich verspreche es", erwiderte sie, stieg in den wartenden Bentley und als sich der Wagen in Bewegung setzte, winkte sie Archibald noch einmal zu.

13. Kapitel

Als Alice am nächsten Morgen erwachte, war für sie der große Tag gekommen. Ascot warf seine Schatten voraus und sie war sehr aufgeregt. Sie hatte in der Nacht nicht besonders gut geschlafen, was ja wohl bei dem bevorstehenden Ereignis auch nicht verwunderlich war. Sie ging ans Fenster, streckte sich und schaute hinaus in den herrlichen Park, der sie mit dem sattesten Grün, das sie jemals gesehen hatte, begrüßte. Die Sonne hatte sich bereits über den Baumwipfeln erhoben, der Himmel zeigte sich von seiner strahlendsten Seite.

Sie beobachtete, wie Andrew mit den beiden Jagdhunden des Lords auf der Wiese herumtollte. Ausgelassen sprangen sie umher, liefen wie wild davon, um Augenblicke später zu ihm zurückzukehren. Das wundervolle Wetter und das ausgelassene Treiben der Drei dort unten auf dem Rasen, zauberten ihr ein fröhliches Lächeln ins Gesicht und sie war erfüllt von einem Glücksgefühl, das ihr Herz und ihre Seele erwärmte. Fröhlich winkte sie Andrew zu, als er zu ihr hinaufschaute. Er blieb stehen und nickte ihr lächelnd zu. Sie kleidete sich an und ging hinunter in den Salon, um gemeinsam mit dem Lord das Frühstück einzunehmen.

Der Lord saß bereits auf seinem Platz und erwartete sie lächelnd.

„Guten Morgen Alice, ich hoffe du hattest eine gute Nacht", begrüßte er sie.

Sie ging auf ihn zu, beugte sich zu ihm herunter und gab ihm, wie sie es jeden Morgen tat, einen Kuss auf die Wange.

„Danke Dad", erwiderte sie, „ich bin doch sehr aufgeregt und die Nacht war für mich etwas unruhig."

Der Lord sah sie verständnisvoll an.

„Das ist immer so mein Kind, aber du wirst sehen, es ist alles halb so schlimm."

„Ich hoffe es, Dad", erwiderte sie. Sie wunderte sich, wie leicht ihr dieses Wort mittlerweile über die Lippen kam und sie staunte über sich selbst, wie schnell sie sich an diese neue Rolle gewöhnt hatte.

Nach einem gemütlichen Frühstück, bei dem er ihr sehr viel über die Geschichte seiner Familie erzählte, hatte sie doch schon einen kleinen Einblick in das Leben des Lords bekommen. Seine Frau, mit der er vierzig Jahre verheiratet war, war vor fünf Jahren an einem Krebsleiden verstorben. Man konnte spüren, wie sehr er noch immer unter dem Verlust litt.

„Sophie und ich haben uns immer eine Tochter gewünscht, aber dieser Wunsch ist leider nie in Erfüllung gegangen."

Er sah sie an und Alice glaubte, ein paar Tränen in seinen Augen zu sehen.

„Glaub mir, mein Kind, sie wäre überglücklich gewesen, wenn sie das noch erlebt hätte und sie hätte dich sofort in ihr Herz geschlossen. Für mich ist es ein wunderbares Gefühl, nicht mehr so einsam zu sein."

In diesem Moment wäre Alice vor lauter Scham am liebsten im Erdboden versunken. Was hatte sie aus lauter Egoismus nicht alles getan, um sich etwas zu erkaufen, was ihr eigentlich gar nicht zustand.

Dieser alte Herr hatte ihr sein Herz geschenkt und sie mit einer Warmherzigkeit und ohne jeden Vorbehalt aufgenommen. Sie war zwar nicht seine leibliche Tochter, aber sie fühlte sich vom ersten Moment an zu ihm hingezogen. Für einen Augenblick vergaß sie, dass es eigentlich nur ein Geschäft war, das Lord Archibald für sie eingefädelt und zu einem erfolgreichen Abschluss gebracht hatte. Sie war zutiefst betroffen und hätte am liebsten vor lauter Rührung losgeheult. Sie hätten noch stundenlang geplaudert, wäre Margret nicht gekommen und hätte sie daran erinnert, dass es nun langsam Zeit wurde, sich auf die Fahrt nach Ascot vorzubereiten.

Alice ging auf ihr Zimmer und setzte sich einen Augenblick in den gemütlichen schweren Sessel, der vor dem Kamin stand und ließ das Geschehene noch einmal an sich vorüberziehen. Sie hatte einfach zu wenig Zeit gehabt, dies mit all ihren Sinnen aufzunehmen und zu verarbeiten. Zu viel war in den letzten Tagen auf sie eingestürzt und hatte sie völlig verwirrt. Immer wieder fragte sie sich, wie sie das Lotterleben die ganze Zeit durchgehalten hatte, immer auf der Flucht zu sein und die Angst, doch eines Tages erwischt zu werden und irgendwo im Knast zu landen. Aber sie kannte es nicht anders und aus lauter Selbsterhaltungstrieb machte sie weiter, ohne sich über die Folgen Gedanken zu machen. Aber jetzt, wo sie die angenehme Seite des Lebens erfuhr, spürte sie, dass es doch nicht so erstrebenswert war, ein solches Leben zu führen. Es war, und das gestand sie sich freimütig ein, es war ein Scheißleben. Sie saß da, mit sich und ihren Gedanken allein, als sie ein leises Klopfen an der Tür vernahm.

„Mylady, es wird höchste Zeit, in einer Stunde ist die Abfahrt nach Ascot." Es war Margret, die das Zimmer betrat.

Noch nie hatte Alice so viel Fürsorge erlebt. Wer sollte sie auch umsorgen, sie war immer allein auf sich gestellt. Das hatte zur Folge, dass sie zusehen musste, wie sie mit ihrem Leben klar kam. Nachts fuhr sie auf irgendeinen Parkplatz, stellte ihren halb vergammelten Chevi ab, holte sich noch schnell einen Snack und etwas zu trinken, meistens war es eine Coke, die sie dann, um ihren Durst zu stillen, in sich hineinschüttete. Sie liebte dieses Gesöff, denn man konnte danach so herrlich rülpsen. Eine Lady war sie nie, warum auch. Sie war allein und niemandem Rechenschaft schuldig. Aber wenn es darauf ankam, konnte sie sich schon benehmen. Das tat sie jedoch nur dann, wenn es die Situation erforderte. Ansonsten ließ sie sich treiben und machte das, was ihr gerade in den Sinn kam. Sie ging sogar in die Truckstopps und duschte bei den Männern, denen fast die Augen aus dem Kopf fielen, wenn sie so nackt unter der Dusche stand. Sie amüsierte sich dann immer köstlich, wenn sie spürte, wie nervös die bei ihrem Anblick wurden. Lachend sagte sie dann: „Na Jungs, was glotzt ihr so blöd, habt ihr noch nie eine nackte Frau gesehen?"

Nackte Männer zu sehen, war für sie immer ein Erlebnis, denn was sie zwischen ihren Beinen entdeckte, war manchmal so mickrig, dass sie Verständnis dafür hatte, dass viele von ihnen so große Autos fuhren. Trotzdem und das musste sie zu deren Ehrenrettung sagen, war ihr nie jemand zu nahe getreten oder hatte sie belästigt. Sie war eine von ihnen, ein Kumpel, der jeden Tag durch die Gegend fuhr und nie wusste, ob er abends sein Ziel erreichte.

Oft saßen sie abends zusammen im Truckstopp, spielten Karten, erzählten sich die neuesten Witze, die auch manchmal etwas schlüpfrig waren, aber das störte sie nicht. Sie war eine „Hardcore Lady", die das Leben in der letzten Zeit nicht gerade verwöhnt hatte. Irgendwie kann sich ja wohl jeder vorstellen, dass sie all diese Dinge, die ihr jetzt widerfuhren, erst lernen musste. Dass sie sich die erste Zeit nur schwer daran gewöhnen konnte, war doch wohl mehr als verständlich. Weil sie jedoch eine gelehrige Schülerin war, hatte sie in kürzester Zeit den Bogen heraus. Außerdem musste sie ja, wenn sie so einem reichen Knacker Geld abknöpfen wollte, schon ein bisschen auf wohlerzogen und vornehm tun.

Wenn sie an Ascot dachte, beschlich sie ein ungutes Gefühl. Ascot, dieses Mekka des Snobismus und der adeligen Dekadenz.

„So eine gottverdammte adelige Scheiße", dachte sie so manches Mal voller Unbehagen, „wo bin ich da bloß reingeraten. Aber ich werde die Rolle meines Lebens spielen und keiner von euch eingebildeten Höflingen wird auf die Idee kommen, dass ich nicht aus einem adeligen Hause stamme, darauf könnt ihr euch verlassen."

Das Leben als Alice auf der einen Seite und das Leben als Alice auf der anderen Seite, das wurde ihr immer bewusster, konnte einfach nicht von Dauer sein. Zwei ist eine zu viel und sie entschloss sich, Alice die Namenlose, von nun an aus ihrem Leben zu streichen. Sie war Alice Abbigal Lady of Blanchfort, die Tochter des Henry Ashton Lord of Blanchfort und damit war alles gesagt, basta.

Margret erinnerte sie erneut, dass es nun doch höchste Zeit wurde, sich umzukleiden.

„Schon gut Margret", erwiderte Alice lachend, sprang mit einem Satz aus dem Sessel hoch und verschwand, vor lauter Nervosität laut singend, im Ankleidezimmer. Die Hausdame folgte ihr auf Schritt und Tritt, legte ihr Kleid und alle erforderlichen Accessoires bereit, die sie extra für diesen Anlass bei den Hoflieferanten Sir Whitehead und Sir Cumberland erworben hatte. Zuerst ging sie ins

Bad und steckte sich die Haare kunstgerecht zu einer Hutfrisur hoch, obwohl, es gab eigentlich nicht viel zu richten, denn Alice sah, wie immer, perfekt gestylt aus.

Sie zog ihre Unterwäsche an, streifte sich die Nylonstrümpfe über und ging dann halb nackt, wie sie war, zu Margret, die schon mit diesem Wunderwerk von Kleid im Raum stand, um ihr beim Anziehen behilflich zu sein. Alice schlüpfte hinein und nachdem ihr Margret den Reißverschluss hochgezogen hatte, betrachtete sie sich wohlwollend im Spiegel.

„Mylady sehen bezaubernd aus", sagte sie voller Bewunderung, „Sie werden einen großen Auftritt in Ascot haben."

Alice war diese Bemerkung einerseits ausgesprochen peinlich, andererseits fühlte sie sich auch geschmeichelt.

„Danke, aber Sie sollten mich nicht so verlegen machen", dann kicherten sie wie zwei Teenager. Alice drehte und wendete sich vor dem Spiegel und rief im Brustton der Überzeugung:

„Ja doch, Sie haben recht, Margret, ich sehe wirklich umwerfend aus."

Sie schauten sich an und beide mussten von Herzen lachen.

Lord Henry kam gerade von einem ausgedehnten Spaziergang zurück und als er die Empfangshalle betrat und das herzliche Lachen von Alice und seiner Hausdame aus dem oberen Stockwerk hörte, nahm er dies mit äußerstem Wohlwollen zur Kenntnis.

„Wie lange ist es her, dass in diesem Haus das letzte Mal so von Herzen gelacht wurde?" Er wusste keine Antwort darauf. Und nun kommt so ein junges bezauberndes Ding ins Haus und stellt seine ganze Welt auf den Kopf.

Er genoss ihr Lachen, ihre Fröhlichkeit und ihre Jugend und er spürte, wie plötzlich neue Lebenskraft seinen alternden Körper durchströmte, die er nach dem Tod seiner geliebten Frau, nie mehr gefühlt hatte. Nicht dass man jetzt glauben könnte, er wäre ein seniler alter Liebeskasper, der sich mit diesem jungen Ding eine zweite Jugend verschaffen wollte, nein, das war ein Irrtum. Er liebte sie wie eine Tochter, die er sich immer gewünscht hatte und er war dem da oben dankbar, dass dieser Wunsch endlich in Erfüllung gegangen war.

Er dachte an seinen guten alten Freund Archibald und war ihm von ganzem Herzen dankbar, dass er ihm dieses bezaubernde Geschöpf ins Haus geschickt hatte. Er hatte mit einem untrüglichen Instinkt die richtige Wahl getroffen. Was zu Anfang wie eine finanzielle Transaktion anmutete, hatte sich zu einer Herzensangelegenheit entwickelt.

Stolz stand er vor dem Bild seiner Frau Sophie: „Siehst du meine Liebste", flüsterte er, „dein Wunsch nach einer Tochter ist doch noch in Erfüllung gegangen."

Er stand da und seine Augen füllten sich mit Tränen. „Ich weiß, dass du sie von da oben siehst und ich weiß, dass du dich mit mir freust und sie genauso liebst wie ich."

Er wischte sich verstohlen die Tränen aus den Augen und schnäuzte hörbar in sein Taschentuch. Er sah Alice nur als seine Tochter und wer etwas anderes denkt, dem sei gesagt, nicht alle alten Knacker glauben sie seien einem Jungbrunnen entsprungen, wenn ihnen eine junge Frau über den Weg läuft. Spätestens dann, wenn sie sich morgens aus dem Bett erheben, spüren sie, wie klapprig sie geworden sind und wer diese Signale übersieht, wird es einmal bitter bereuen.

Andrew wartete bereits vor dem Eingangsportal, als sie die Treppe hinunterkam. Sie trug dieses Kleid, das ihren Körper umschmeichelte und eine außergewöhnliche Kreation von einem Hut zierte ihren Kopf. Lord Henry empfing sie in der Halle und fast hätte er die Contenance verloren, als er sie vor sich stehen sah. Etwas Geheimnisvolles und Unnahbares umgab sie. Sie konnte Stolz und Freude in den Augen des Lords erkennen. Über dem Arm trug er ein Cape aus edlem Nerz und überreichte es Alice mit den Worten: „Alice, bitte nimm es und trage es in Ascot, es gehörte meiner Frau."

Dankbar nahm sie es an und warf es über ihre Schultern. Sie würde es sicherlich tragen können, denn es war ein sonniger aber trotzdem kühler Tag. Dann setzte sich der Bentley in Bewegung und sie fuhren in Richtung Ascot. Schweigend saßen sie nebeneinander. Alice bemerkte, dass der Lord in aller Gemütsruhe vornübergebeugt dasaß und ein kleines erholsames Nickerchen hielt. Dies wurde zwischendurch von einigen ungewollten aristokratischen Schnarchern begleitet.

Der kleine Ort Ascot liegt in der Grafschaft Berkshire rund fünfzig Kilometer westlich von London. Von Weitem sah sie das riesige Gelände der königlichen Galopprennbahn. Sie hatte noch nie so viele Nobelkarossen auf einem Haufen gesehen wie auf diesem Parkplatz. Er lag in der Nähe der Haupttribüne, auf der die königliche Familie neben allen Ehrengästen während des Rennens in ihrer Loge residierte.

Die feinen Damen der Gesellschaft flanierten an ihnen vorbei, trugen die imposantesten und ausgefallensten Hüte zur Schau, die man sich nur vorstellen konnte. Schließlich musste man ja zeigen, was man hat. Die Herren in ihren dunkelgrauen Cuts und den schwarzen Zylindern waren die richtige Staffage für die elegant gekleideten Damen. Immer wieder wurde Lord Henry von Menschen begrüßt, die ihn offensichtlich näher kannten. Hier ein Small Talk, dort ein unverbindliches Lächeln und alle schauten auf die Frau an seiner Seite, die schweigend und zurückhaltend neben ihm stand. Seinen Freunden und Bekannten stellte er Alice als seine Tochter vor, die aus den Vereinigten Staaten zu Besuch gekommen war und hier ihren Urlaub verbringen wollte.

Alice war nicht ganz sicher, ob man ihm das auch wirklich glaubte, vor allem die Ladys schauten immer wieder prüfend zu ihr herüber. In ihrem Gesichtsausdruck war eine gewisse Skepsis zu erkennen. Sicher wieder so ein raffiniertes Luder, das sich an einen alten Knaben mit viel Geld herangemacht hatte. Genau diesen Ausdruck in den Gesichtern neidischer und missgünstiger Frauen kannte sie zur Genüge. Dann waren sie in der „Royal Enclosure" angekommen, diesem kleinen, elitären Bereich auf der Rennbahn, in dem sich auch die Mitglieder der königlichen Familie, sowie andere geladene Ehrengäste aus Wirtschaft, Politik und Adel während des Rennens aufhielten. Sie stiegen die Stufen hinauf, bis sie zu den Plätzen kamen, die ihnen von einem livrierten Diener zugewiesen wurden. Henry Ashton Lord of Blanchfort und Alice Abbigal Lady of Blanchfort stand auf den gedruckten Platzkarten, die auf ihren Sitzen lagen.

Nachdem er einige der prominenten Gäste begrüßt hatte, zu ihnen gehörte auch der Prime Minister nebst Gattin, wurde Alice das erste Mal so richtig bewusst, welch hohen gesellschaftlichen Rang Lord Henry hatte. Aber er schien es nicht lange ohne sie auszuhalten.

Schon nach kurzer Zeit kam er zurück und setzte sich neben sie, beugte sich zu ihr herüber und sagte leise zu ihr: „Schau dort drüben sitzt unser Prime Minister David Hawkins mit Gattin, seine Frau ist die Dame mit dem großen weißen Hut, siehst du sie?"

„Ja Dad, ich sehe sie und was machen wir dann hier?" Bevor sie hier angekommen waren, war sie völlig ahnungslos und hatte nicht die geringste Vorstellung, dass sie zu dieser erlesenen Auswahl von Ehrengästen gehörte.

„Wir sind hier, weil wir Freunde des Königshauses sind, verstehst du?"

„Nein, das verstehe ich nicht", sagte sie wahrheitsgemäß. Er lächelte und streichelte verständnisvoll ihre Hand.

Überall tummelten sich Fotografen der großen Londoner Tageszeitungen. Wie jedes Jahr würde am nächsten Tag, auf den Titelseiten, von diesem royalen Großereignis in aller Ausführlichkeit berichtet werden. Ein Fotograf bewegte sich auf die beiden zu und machte einige Fotos von Alice und Lord Henry.

„Warum hast du das nicht abgelehnt?", fragte sie noch einigermaßen verwirrt.

„Das gehört einfach zu einem solch wichtigen Ereignis dazu", erwiderte er mit einem Lächeln, „die Leute wollen es morgen in ihren Zeitungen lesen und ich finde, darauf haben sie ein Recht."

„Ach so", antwortete Alice immer noch zweifelnd, „die Presse macht also Werbung für die Adeligen in England?"

„Ja, so ist es, mein Kind, und weißt du warum?" Er beantwortete diese Frage mit einem gewissen Stolz.

„Die Briten lieben das Königshaus und sind stolz in einer Monarchie zu leben, mit all ihrem Pomp und jahrhundertealter Tradition."

Plötzlich kam Bewegung in die wartende Menge. Alice sah sich verwundert um und dann sah sie den Grund für die Unruhe, die alle Anwesenden erfasste. Die Queen und ihr Gatte, der Prinzgemahl, fuhren in einer offenen Kutsche vor und es ertönte Beifall, den beide mit einem königlichen Winken quittierten.

Lächelnd stiegen sie aus und schritten die Stufen zu ihrer Loge empor. Alle wandten sich ihnen ehrfurchtsvoll zu. Die Herren zogen zur Begrüßung ihre Zylinder und die anwesenden Damen machten artig einen Hofknicks. „So läuft also ein königliches Zeremoniell ab." Sie schmunzelte über den doch etwas antiquierten und für sie ungewohnten Untertanengeist der Briten. „Aber sei's drum", dachte sie und wusste, dass sie sich an diese strengen Sitten bei Hofe erst noch gewöhnen musste. Aber der Hofknicks, den sie da hingelegt hatte, war aller Ehren wert und der Lord quittierte es mit einem wohlwollenden Lächeln, so als wollte er sagen: „Du bist angekommen Alice, Respekt."

Zwischendurch schaute sie immer wieder zu der königlichen Loge hinüber. Die Queen hatte Platz genommen und lächelte ihnen freundlich zu. Sie war, und das musste Alice trotz aller Vorbehalte anerkennen, eine ausgesprochen sympathische Dame, die ohne große Gesten und mit einem gütigen Lächeln im Gesicht, das Geschehen zu ihren Ehren beobachtete.

Sie trug ein hellblaues Kostüm und ihren Hals zierte eine wertvolle Perlenkette. Auf dem Kopf trug sie einen eleganten Hut, passend zu der Farbe ihres Kostüms. Unter ihrem Hut lugten fast schlohweiße Haare hervor und verliehen ihrem Gesicht etwas Mütterliches. Zwischendurch erhob sie immer wieder die Hand und grüßte, mit einem königlichen Winken, die anwesenden Ehrengäste.

Der Prinzgemahl, ebenfalls im dunkelgrauen Cut und mit schwarzem Zylinder, hatte sich eine weiße Nelke an das Revers geheftet und schien sich sichtlich wohlzufühlen, denn er drehte sich immer wieder zur Seite und scherzte mit den Gästen in seiner unmittelbaren Nähe.

„Irgendwie", dachte sie, „ist das ein unglaublich lockerer und netter Typ."

Dann musste er Alice wohl erspäht haben, denn er warf ihr einen etwas längeren Blick zu, der ihr trotz ihres ausgeprägten Selbstbewusstseins eine leichte Schamröte ins Gesicht zauberte. Sehr zu ihrem Leidwesen hatte der Lord dieses kleine Geplänkel beobachtet, sagte aber nichts, sondern schaute sie mit einem Anflug von Genugtuung an und lächelte.

„Nun guck dir diesen alten Schwerenöter an, sogar im Beisein seiner Chefin kann er es nicht lassen." Sie hatte gehört, dass der Prinzgemahl schon immer ein richtiger Hallodri gewesen war und mit seinem Charme und seiner Männlichkeit, so manche Frau betört hatte. Es kostete ihn anscheinend immer große Überwindung, die Rockzipfel der Damen in Ruhe zu lassen. Ob er deswegen Ärger mit der Queen hatte, ist zwar sehr wahrscheinlich, aber leider nicht überliefert.

Alice beobachtete interessiert, was gleich passieren würde. Die edlen Rennpferde wurden zu der Box geführt, die direkt vor der königlichen Loge stand. Als sie sich zufällig umdrehte, bemerkte sie, wie die Queen auf ihrem Sessel unruhig hin und her rutschte.

„Warum ist sie so nervös?", flüsterte sie dem Lord zu.

„Sie ist eine fanatische Pferdenärrin, musst du wissen, und heute nimmt eines ihrer besten Pferde an diesem Rennen teil. Sein Name ist „Royal King" und ist ein Geschenk des Scheichs von Bahrain. Verstehst du nun ihre Nervosität?"

„Oh ja, ich verstehe", erwiderte Alice.

Dann waren alle Pferde in der Box versammelt. Die Queen erhob sich und eröffnete mit einem Handzeichen das Rennen. Die Lampen der Box sprangen auf Grün und ein Pulk wilder, edler Pferdekörper verließ die Startbox. Der Kampf um die Siegestrophäe hatte begonnen. Der Rennbahnsprecher hielt die anwesenden Gäste ständig über den Rennverlauf auf dem Laufenden und als er, mit sich überschlagender Stimme, den Namen des königlichen Pferdes nannte, das an der Spitze lag, ertönte von überall tosender Beifall. Als die um den Sieg kämpfenden Pferde in die Zielgerade einbogen, konnte die Queen niemand mehr aufhalten. Sie sprang auf und eilte mit Riesenschritten zu der Balustrade, die die Königsloge von den übrigen Plätzen trennte und fuchtelte, mit wilden Handbewegungen, in der Luft herum.

„Come on, go, go, go", rief sie mit lauter Stimme und setzte für einen Moment das höfische Protokoll außer Kraft. Wie ein Derwisch sprang sie von einem Bein aufs andere und als ihr Pferd als erstes durchs Ziel galoppierte, gingen ihr im wahrsten Sinne des Wortes die Pferde durch. Sie, die sonst so majestätisch zurückhaltend auftrat, riss die Arme empor und hatte wohl mit der Hand ihren ausladenden Hut berührt, der mit einer eleganten Kurve völlig protokollwidrig zu Boden segelte. Selbstverständlich stand neben ihr ein Leibwächter, der sich sofort bückte, den Hut aufhob und ihn ihrer Majestät mit einer tiefen Verbeugung überreichte. Sie war noch so von dem Sieg ihres Pferdes überwältigt, dass sie den Hut ergriff und völlig unprätentiös auf ihr königliches Haupt stülpte.

Als dann das endgültige Rennergebnis bekannt gegeben wurde und der Sieg des königlichen Pferdes feststand, brandete erneut begeisterter Beifall auf, den die Queen, nun wieder ganz Majestät, mit einer jovialen Handbewegung zur Kenntnis nahm.

Die Stimme des Rennbahnsprechers ertönte erneut: „Ladys und Gentlemen, die Siegerehrung findet in 30 Minuten statt."

Zeit genug also für die Queen, die wichtigsten Ehrengäste persönlich zu begrüßen. Dann lief alles, wie gewohnt, nach dem üblichen höfischen Protokoll ab. Die Ehrengäste, die der königlichen Loge am nächsten waren, hatten als Erste die Ehre, von der Queen begrüßt zu werden.

„Alice, wir sind gleich dran", raunte ihr der Lord zu.

„Oh mein Gott, muss das sein?" Sie spürte, wie die Nervosität in ihr aufstieg. Sie hakte sich bei ihm unter, während sie mit langsamen Schritten die Stufen emporstiegen. Als sie dann endlich vor der königlichen Loge standen, schlotterten ihre Knie so stark, dass sie sich kaum noch auf den Beinen halten konnte. Der Lord spürte ihre Unsicherheit, berührte ihren Arm und beruhigte sie mit einem väterlichen Lächeln. Er verbeugte sich und gab der Queen einen vollendeten Handkuss, wechselte mit ihr einige Worte, die aber anscheinend sehr privat waren, denn sie sprachen mit sehr leiser Stimme.

Dann schaute die Queen Alice mit einem milden Lächeln an.

„Sie sind also die verlorene Tochter des Lords, ich freue mich, dass Sie sich wieder gefunden haben."

„Danke, Majestät", erwiderte Alice mit hochrotem Kopf, denn sie konnte ihre Nervosität kaum verbergen.

„Als ich meinen ersten öffentlichen Auftritt hatte, bin ich fast vor Angst gestorben, aber wie Sie sehen habe ich es überlebt", lächelte die Queen und schaute Alice mit gütigen Augen an. In ihrer Stimme lag so viel Mitgefühl, dass ihre Angst plötzlich verschwunden war.

„Sie können stolz sein, einen solchen Vater zu haben, er ist ein wunderbarer Mensch und einer meiner treuesten Freunde."

„Danke Majestät", erwiderte Alice gerührt. Mit einem Hofknicks verabschiedete sie sich und ging mit dem Lord zu ihrem Platz zurück.

Dann verließ die Queen, huldvoll lächelnd, die Königsloge. Die anwesenden Ehrengäste wandten sich ihr zu und verneigten sich, als sie an ihnen vorbei ging und die Ehrentribüne verließ.

„Wir müssen so lange hier anwesend sein, bis die Queen in ihrer Kutsche das Gelände von Ascot verlassen hat", flüsterte ihr der Lord zu.

„Mein Gott", dachte Alice voller Ungeduld, „dieses Getue geht mir langsam auf die Nerven. Das muss ich aber auch nicht jeden Tag haben, aber ... schön war es doch."

Sie setzten sich, wie es das Hofprotokoll vorschrieb, wieder auf ihre Plätze und warteten geduldig, bis die Siegerehrung vorüber war. Dann fuhr die königliche Kutsche vor, die Queen stieg ein, lächelte und grüßte zum Abschied, mit einer jovialen Handbewegung, die geladenen Gäste. Dann entfernte sie sich und verließ das Gelände, um in ihren Rolls Royce, der etwas abseits der Haupttribüne parkte, zu steigen und in Richtung Buckingham Palace davonzufahren.

Nachdem sie die Ehrentribüne verlassen hatten, glaubte Alice, dass nun alles vorbei war. Aber da ging, zu ihrer

Überraschung, die ganze Geschichte erst richtig los. Eine ganze Meute von Fotografen stürmte auf sie zu und ein wahres Blitzlichtgewitter prasselte auf sie ein. Es war eine ganze Horde Fotografen, die sie wild rufend umkreisten. Sie schaute den Lord entsetzt an.

„Was soll das hier?", rief sie ihm zu.

„Das wirst du morgen in den Zeitungen sehen", sagte er lachend, legte seinen Arm um ihre Hüfte und stellte sich in Positur.

Nach ein paar Minuten schaute sie ihn genervt an.

„Dad, ich will das nicht mehr. Komm, lass uns bitte nach Hause fahren."

Ihm schien die Geschichte ein riesiges Vergnügen zu bereiten, aber als er bemerkte, dass sie langsam unruhig wurde, hob er abwehrend die Hand und augenblicklich waren die Fotografen, die wie lästige Fliegen über sie hergefallen waren, verschwunden und stürzten sich auf die nächsten Opfer.

14. Kapitel

Alice war von den Ereignissen des vergangenen Tages noch so beeindruckt, dass sie lange nicht einschlafen konnte. Sie hatte sich in der Zwischenzeit gefühlte hundert Mal in den Arm gezwickt, weil sie einfach nicht glauben konnte, was sie erlebt hatte. Von der Queen persönlich begrüßt zu werden, erschien ihr genauso unwahrscheinlich, als würde sie in Fort Knox Goldbarren klauen. „Meine Güte", dachte sie, „welch eine Ehre." Vor einer Woche noch eine kleine unbekannte Diebin und jetzt ...

„Tolle Karriere hast du gemacht, meine Liebe, erst eine junge Herumtreiberin, die sich mit Gaunereien über Wasser gehalten hat und nun eine Lady Blanchfort, die in einem pompösen Herrenhaus wohnt. Wenn ich es Jonny erzähle, fällt er vor lauter Schreck aus seiner Hose, das glaubt der mir nie und nimmer." Mit diesen Gedanken in ihrem hübschen Kopf lag sie im Bett und wälzte sich hin und her, bis sie endlich eingeschlafen war.

Der nächste Morgen war gekommen und es war wieder so ein für England untypisch schöner Tag und sogar der Lord meinte, dass dies sehr ungewöhnlich sei und nur deshalb so sei wie es ist, weil Alice den Sonnenschein mitgebracht hatte. „Seltsame Logik", dachte sie. Aber sie hatte dem Lord in die Augen geschaut und diesen schelmischen Blick gesehen, den er immer hatte, wenn er sie ein wenig auf den Arm nehmen wollte.

Ihr noch etwas verschlafener Blick ging zum Fenster ihres Zimmers. Die Sonne blinzelte durch die sich im Wind wiegenden Baumkronen. Sie reckte und streckte sich genüsslich, rieb sich die Augen und wollte gerade voller

Tatendrang aus ihrem Bett hüpfen, als es an ihrer Tür klopfte. Es war Margret, die durch einen Spalt der halb geöffneten Tür schaute.

„Mylady, ich habe eine Überraschung für Sie." Sie trat ein und war mit einem Stapel Zeitungen bewaffnet. Neugierig erhob sich Alice und ging eilig auf den Tisch zu, auf dem Margret die Zeitungen ausgebreitet hatte. Ihr fielen fast die Augen aus dem Kopf, als sie die Titelseiten betrachtete. Da lagen der Daily Telegraph, The Guardian, The Mirror, The Sun und last but not least, The Times und überall prangte ein Bild von ihr und dem Lord, wie sie da standen und in die Kamera lächelten.

„Margret, sagen Sie, dass das nicht wahr ist, was ich da sehe."

„Doch, es ist wahr Mylady", lächelte sie und man konnte sehen, dass sie vor lauter Stolz Tränen in den Augen hatte.

„Henry Ashton Lord of Blanchfort und seine wunderschöne Tochter Alice Abbigal waren das Highlight des gestrigen Rennens in Ascot", stand in großen Lettern auf der Titelseite der Times. Darunter ein Bild von ihr und dem Lord, der mit einem zufriedenen Schmunzeln in die Kamera schaute.

The Daily Telegraph titelte sogar mit den Worten: „Warum hat uns der Lord dieses hübsche Ding so lange vorenthalten?" Und The Sun, die im Allgemeinen für den Klatsch und Tratsch in London zuständig war, verstieg sich sogar in der Vermutung: „Tochter oder Geliebte? Welches Geheimnis gibt es im Hause Blanchfort?"

„Papperlapapp, sollen sie doch schreiben, was sie wollen", fügte Margret hinzu und quittierte diese Taktlosigkeit mit einem missbilligenden Blick. Ein anderes Bild wiederum zeigte, wie Alice von der Queen begrüßt wurde. Dann ließ man sich noch über ihr Kleid aus, das alles in den Schatten stellte, was in Ascot zu sehen war.

Lobeshymnen über Lobeshymnen, in allen Zeitungen zierte sie die Titelseiten. Sie bekam einen Schreck, als sie daran dachte, wie die anderen Societyladys wohl über diese Schmeicheleien denken würden, wo sie doch diesmal nur unter ‚ferner liefen' zu finden waren. Nun ja, ihr sollte es egal sein und als sie in den Spiegel schaute, ungeschminkt wie sie war, stellte sie fest, dass sie trotzdem attraktiver aussah, als diese aufgebrezelten Damen aus der adeligen Upperclass, sogar wenn sie ihre Gesichter mit Make-up und Lippenstift zugekleistert hatten.

Während Alice unter der Dusche stand, ging der Lord fröhlich pfeifend mit seinen beiden Jagdhunden durch den Park. Die Schönheit dieses sonnigen Tages bereitete ihm große Freude. Das war jedoch nicht der einzige Grund, warum er so ausgesprochen guter Laune war. Jahrelang war er, nach dem Tod seiner Frau, in der Versenkung des gesellschaftlichen Lebens verschwunden und jetzt kam dieses junge Wesen und krempelte sein ganzes Leben um. Sie hatte ihm den Sonnenschein zurückgebracht und ihn zu neuem Leben erweckt. Welch eine Gnade!

Er war ein Frühaufsteher und hatte natürlich mit größtem Interesse alle Tageszeitungen gelesen, die ihm Andrew besorgt hatte. Immer und immer wieder las er die Zeilen, die die Schreiberlinge in einem Anflug von Euphorie niedergeschrieben hatten. Alice war das Tagesgespräch und das nicht nur in adeligen Kreisen, sondern in der gesamten Upperclass Londons. Alle rätselten um die Wette, wer sie war und warum der Lord sie ohne Ankündigung wie ein Kaninchen aus dem Hut gezaubert hatte.

Befriedigt schmunzelnd saß er im Salon und erwartete sie zum Frühstück.

Jason Kennedy war in seinem Büro angekommen, sah die tägliche Post durch und wollte gerade einen Blick in die von seiner Sekretärin bereitgelegten Zeitungen werfen, als er ganz zufällig die Times entdeckte, die etwas abseits lag. Er hatte und das muss man zur Erklärung sagen, seit jeher ein Faible für die Londoner Times. Plötzlich stutzte er ungläubig, griff hastig nach der Zeitung und traute seinen Augen nicht. Irrte er sich oder war sie es wirklich, seine Alice auf der Titelseite! Als er die Headline las, wäre er fast vor Schreck vom Stuhl gefallen. Nun war er ja einiges gewohnt, aber was er da las, brachte ihn doch einigermaßen aus der Fassung.

„Henry Ashton Lord of Blanchfort und seine wunderschöne Tochter Alice Abbigal waren das Highlight des gestrigen Rennens in Ascot", las er und ihm wurde fast schwindelig. „Nein", beruhigte er sich, „das kann nicht sein, vielleicht habe ich mich geirrt." Aber das Bild setzte sich so hartnäckig in seinem Kopf fest, dass er es nicht mehr loswurde. Immer wieder starrte er auf die Titelseite und dann wurde es für ihn zur Gewissheit. Sie musste es sein, denn er erkannte die süßen Grübchen auf ihren Wangen. „Hat mich dieses kleine Biest so vorgeführt und ich Esel bin darauf reingefallen. Von wegen Alice Simpson."

Hastig griff er zum Telefon, denn das ließ ihm keine Ruhe mehr. Er wollte es jetzt genau wissen. Er wählte ihre Nummer und wartete. Es klingelte eine geraume Zeit und niemand nahm das Gespräch entgegen. Er wollte schon auflegen, als sich eine weibliche Stimme meldete.

„Hier bei Lord Blanchfort." Es war Margret, die sich gerade in Alice' Zimmer befand und das Gespräch ausnahmsweise entgegennahm. Jason war so überrascht, dass er wie ein kleiner Junge, den man bei einem Dummejungenstreich ertappt hatte, das Gespräch, ohne zu antworten, beendete. Also war sie es doch und kein Hirngespinst, wie er im ersten Moment geglaubt hatte. Das war diesem hartgesottenen Burschen doch ganz schön in die Knochen gefahren. Er stand auf und goss sich erst einmal eine Tasse Kaffee ein, ging zurück zu seinem Schreibtisch und schaute abermals ungläubig in die Zeitung.

Seine Sekretärin betrat sein Büro, schaute ihn an und spürte ganz deutlich seine Nervosität. Aber sie wusste nichts von seiner Philadelphia-Affäre mit Alice, hatte sie niemals im Leben gesehen und konnte ihm somit auch nicht behilflich sein, seine letzten Zweifel zu zerstreuen.

„Ich werde es halt später noch mal versuchen, wenn ich mich wieder einigermaßen beruhigt habe", sagte er zu sich und widmete sich wieder den wichtigen Dingen des Tages. Obwohl, so unwichtig war die ganze Geschichte nun auch wieder nicht. Immerhin hatte sie ihn ganz schön an der Nase herum geführt. Er hätte doch zu gerne den Grund dafür gewusst.

So gesehen war das Ganze doch von einer nicht zu unterschätzenden Brisanz. Er konnte im Moment keinen plausiblen Grund dafür finden, warum sie ihm ihren richtigen Namen verschwiegen hatte.

„Wird sich schon alles aufklären", tröstete er sich. Er hatte sich gerade von seinem Schreibtisch erhoben, um einen kleinen Rundgang durch die Geschäftsräume zu machen, als das Telefon schellte.

Seine Sekretärin hatte das Gespräch entgegengenommen.

„Sir, hier ist ein Gespräch aus London für Sie, eine Dame ist am Apparat. Leider habe ich den Namen nicht richtig verstanden, denn die Verbindung ist nicht besonders gut."

„Es ist gut, Lesley, stellen Sie bitte durch." In diesem Moment begann sein Herz wie wild zu schlagen, und er fühlte sich wie ein Teenager, der sich zum ersten Mal in ein Mädchen aus seiner Klasse verliebt hatte.

„Kennedy", meldete er sich. Keine Antwort nur ein Knacken in der Leitung.

„Alice, bist du es?", rief er und von Weitem hörte er ihre Stimme.

„Ja Jason, ich bin's. Ich kann dich sehr schlecht verstehen."

„So eine Scheiße", fluchte er, „ausgerechnet jetzt!" Dann war das Gespräch unterbrochen und er hörte nur noch dieses nervtötende Piepen in der Leitung. Alice hatte ihn über das Festnetz angerufen, weil der Akku ihres iPhones leer war und sie wieder mal vergessen hatte, ihn aufzuladen.

„Warum habe ich Blödmann vorhin nur aufgelegt?" Er war stocksauer über seine Dummheit, aber das ließ sich ja nun mal nicht mehr ändern. Jetzt hieß es Abwarten und Tee trinken, ob ihm das nun passte oder nicht.

Er konnte keinen klaren Gedanken fassen, rannte die ganze Zeit wie ein Löwe im Käfig umher und wartete sehnsüchtig auf ihren Anruf. Aber sie meldete sich nicht. Er, der sonst so coole Geschäftsmann, der mit eisernem Willen seine Geschäfte führte, zeigte Nerven und in diesem Moment wurde ihm klar, dass er sich Hals über Kopf in sie verliebt hatte. Endlich fasste er sich ein Herz, griff erneut zum Telefon und wählte die Nummer, die er schon zwei Stunden zuvor gewählt hatte, dann aber zu feige war, sich zu melden. Der Ruf ging raus, es dauerte wieder eine Weile, bis der Hörer abgenommen wurde und wieder meldete sich die Stimme, die er schon beim letzten Mal gehört hatte.

„Hier bei Lord Blanchfort, mit wem spreche ich?"

Jason räusperte sich verlegen, nahm seinen ganzen Mut zusammen und sagte: „Hier ist Jason Kennedy, kann ich bitte Alice sprechen."

Die Person am anderen Ende machte eine kurze Pause, um dann belehrend die Stimme mit einem leicht vorwurfsvollen Unterton zu erheben: „Sie meinen sicherlich Lady Blanchfort, mein Herr. Es tut mir sehr leid, aber die Lady ist zum Shopping in die City gefahren. Kann ich ihr etwas ausrichten?"

„Ja, das können Sie", und man hörte seine Enttäuschung heraus, weil er sie wieder nicht erreicht hatte.

„Bitte sagen Sie ihr, dass ich angerufen habe."

„Und wie ist Ihr werter Name?", unterbrach ihn Margret erneut.

„Jason Kennedy", und seine Stimme klang schon etwas genervt, denn so etwas kannte er nicht. In ganz Houston brauchte man nur seinen Namen hören und jeder wusste, wer er war. Hier gab es niemanden, der ihm schon jemals eine so blöde Frage gestellt hatte.

„Meinetwegen", dachte er, „wir sind hier halt in den Staaten und in England ticken die Uhren wohl etwas anders."

Er bedankte sich und legte den Hörer auf. Als er sich in seinem Sessel zurücklehnte, wurde ihm erst die ganze

Tragweite seines Gesprächs bewusst. Lady Blanchfort war also Alice? Das konnte doch nicht wahr sein. Sie hatte ihn also die ganze Zeit in Philadelphia an einem Nasenring durch die Manege geführt und er war so blöd und hatte es nicht einmal gemerkt?

„Na warte, du kleines Miststück, das wirst du mir büßen." Er war einigermaßen in seiner Ehre gekränkt und sein sonst so ausgeprägtes Selbstbewusstsein hatte doch ziemlich gelitten, als ihm bewusst wurde, dass sie mit ihm Katz und Maus gespielt hatte. Seine Laune wurde verständlicherweise nicht besser und er hatte nur noch das Bedürfnis, seinem Büro für ein paar Stunden den Rücken zu kehren.

„Lesley, ich fahre zum Lunch in den Golfclub, wenn irgendetwas sein sollte, rufen Sie mich bitte an."

Sie sah ihn verständnisvoll an, denn sie hatte schon an seiner Miene gesehen, dass irgendetwas nicht nach seinen Vorstellungen gelaufen war. Sekretärinnen sind allwissend und können sofort jede Unpässlichkeit ihres Chefs psychisch nachvollziehen. Na ja, und es kommt noch hinzu, dass die meisten auch ein wenig in ihren Chef verliebt sind. So gesehen, wären sie die idealen Ehefrauen für diese Spezies Mann. Wenn man ganz ehrlich sein will, sind sie, mit Verlaub gesagt, doch schon sehr speziell.

Dies aber würden gute Sekretärinnen um Gottes willen niemals laut sagen. Allerdings schlug Jason da ein bisschen aus der Art und das schätzte Lesley so an ihm. Er war immer freundlich und zuvorkommend, machte ihr zwischendurch kleine Geschenke. Er ließ aber nie einen Zweifel daran aufkommen, dass er als Mann absolut nicht an ihr interessiert war, obwohl sie durchaus attraktiv war und sehr viel Charme besaß. Sie hatte sich damit abgefunden und nach anfänglichen Schwierigkeiten, die ihr gesamtes Gefühlsleben auf den Kopf stellten, hatte sie begriffen, dass sie nur seine Sekretärin war.

Rasant fuhr Andrew auf die Zufahrt des Herrenhauses zu, stoppte lachend mit einer gekonnten Vollbremsung vor dem Eingangsportal, sprang aus dem Bentley und öffnete Alice mit einer ausladenden Handbewegung die Wagentür. Es hatte ihm großen Spaß gemacht, sie auf ihrer ausgiebigen Shoppingtour in London zu begleiten. Seitdem sie im Hause des Lords wohnte, hatte sich sein ganzes Leben verändert. Sie hatte alle mit ihrer Fröhlichkeit und ihrer Spontanität angesteckt und ihnen gezeigt, dass man auch im richtigen Leben eine gehörige Menge Spaß haben konnte. Seitdem war eine ausgesprochen lockere Atmosphäre im Hause Blanchfort eingezogen. Mit einem Schmunzeln erinnerte sie sich an eine Begegnung mit einer sehr feinen älteren Dame.

Als sie gerade in der Parfümabteilung bei Harrods stand und diverse köstliche Düfte ausprobierte, stand diese besagte Dame plötzlich lächelnd neben ihr, schaute sie aus funkelnden Augen an und sagte mit einem leicht süffisanten Unterton: „Sagen Sie mal, Kindchen, waren Sie nicht die Begleitung von Lord Blanchfort in Ascot?"

Als Alice zustimmend nickte, fuhr diese Dame mit dem gleichen süffisanten Unterton fort: „Mal ganz ehrlich, Kindchen, sind Sie wirklich seine Tochter oder hat sich der Lord eine junge Freundin gesucht, damit seine morschen Knochen nicht ganz einrosten?"

Im ersten Moment war sie völlig überrascht, denn das hätte sie von dieser Dame um nichts in der Welt erwartet. So kann man sich irren. Auch die Damen der besseren Gesellschaft sind genauso neugierig wie die alten Tratschweiber in den Slums, die den ganzen Tag aus dem Fenster hängen, damit ihnen ja nichts entgeht.

Nun war ja Alice so einiges gewohnt und bestimmt nicht auf den Mund gefallen.

Sie schaute die Dame mit einem Lächeln an und erwiderte: „Was würden Sie sagen, meine Liebe, wenn es so wäre?" Die Dame hatte mit dieser Antwort bestimmt nicht gerechnet, denn sie schaute Alice mit einem entgeisterten und zugleich strafenden Blick an. Sie hatte inzwischen großen Gefallen daran gefunden, sie ein bisschen auf den Arm zu nehmen, sinnbildlich gesprochen natürlich.

Sie beugte sich zu der Lady herunter und flüsterte ihr ins Ohr: „Finden Sie nicht, dass dies besser ist, als ein ganzer Schrank voller Tabletten und Heilwässerchen?"

Dann drehte sie sich um und ging lachend davon. Sie hörte nur noch, wie die Lady ihr ein dreifaches „Phh" hinterherzischte und kopfschüttelnd mit den Worten: „Also diese Jugend von heute, das hätten wir uns früher nicht erlaubt", davon ging. Aber diese kleine Anekdote sei hier nur am Rande erwähnt, denn es gab ja für sie eine wichtige Nachricht, von der sie in diesem Moment allerdings noch nichts wusste.

Als Andrew die diversen Einkaufstüten in der Empfangshalle abgestellt hatte, staunte Alice selbst über ihre Verschwendungssucht. Ein schlechtes Gewissen hatte sie allerdings nicht, denn Papa Lord würde die Einkäufe, ohne mit der Wimper zu zucken, bezahlen. Schließlich hatte er ja überall uneingeschränkte Bonität, so glaubte sie zumindest. Würde man ihn heute fragen, wieso er auf die Idee mit der Adoption gekommen war, würde er sicherlich antworten, dass er dies aus einer Laune heraus getan hatte, um seiner Einsamkeit zu entfliehen, denn seine finanzielle

Situation kannte nur er und er würde sicherlich niemandem auf die Nase binden, dass er sich im Moment in einer Notlage befand. Wenn sie überlegte, was sie noch vor einiger Zeit für Klimmzüge gemacht hatte, um an so ein paar lumpige Klamotten von Gucci zu kommen, war sie doch jetzt in einer beneidenswerten Situation. Als sie die Treppe hinaufging, kam ihr Margret entgegen, blieb vor ihr auf der Treppe stehen und schaute sie an, als hätte sie den Schatz der Nibelungen gefunden.

„Was ist los Margret, ist irgendetwas passiert?"

„Nein, Mylady, es ist nichts passiert. Es hat nur während ihrer Abwesenheit jemand zweimal für Sie angerufen."

Alice stockte vor lauter Aufregung der Atem, und ihr Herz schlug wie wild. Das konnte nur Jason gewesen sein.

„Es war ein gewisser Jason Kennedy, der nach Ihnen verlangt hat."

Der Schreck fuhr ihr in die Knochen. „Ach du Scheiße und was jetzt?"

Sollte sie ihm schon wieder eine ihrer vielen Lügengeschichten auftischen? Nach näherer Betrachtung blieb ihr ja nichts anderes übrig, aber dann, das hatte sie sich geschworen, würde sie immer ehrlich und aufrichtig zu ihm sein, so wahr ihr Gott helfe.

„Lass den lieben Gott aus dem Spiel", mahnte sie ihre innere Stimme."

„Okay, wird gemacht", aber sie wusste nur nicht wie.

„Kommt Zeit, kommt Rat. Wenn es soweit ist, wird mir schon das Richtige einfallen."

Damit war im Moment dieses Thema für sie erledigt. Außerdem war sie schon immer ein Weltmeister im Verdrängen. Sie genoss den Augenblick und dieser Augenblick war Jason.

15. Kapitel

Mit schnellen Schritten ging Alice die Treppe hinauf und verschwand schnurstracks in ihrem Zimmer. Da lag ihr iPhone gemütlich auf ihrem Bett und rührte sich nicht. Ausgerechnet als Jason sie angerufen hatte, ließ sie dieses blöde Ding auf ihrem Bett liegen, obwohl sie es eigentlich immer bei sich in ihrer Handtasche trug. Sie nahm es zur Hand, setzte sich in den Sessel vor dem Kamin und tippte seine Telefonnummer ein. Der Ruf ging raus und nach einer kurzen Zeit meldete sich Jason.

„Da bist du ja endlich", sagte er und man konnte die Erleichterung in seiner Stimme hören.

„Sag mal, was hast du mir eigentlich für einen Bären aufgebunden? Ich habe heute Morgen die Times gelesen und war doch einigermaßen überrascht, dich auf der Titelseite zu sehen. Was sollte das, kannst du mir das bitte mal erklären? Wie bist du eigentlich auf die Idee gekommen, mir deinen richtigen Namen zu verschweigen? Als ich dich gefragt habe, wie du heißt, hast du gelacht und gesagt: „Ich heiße Alice, meinst du, ich hätte dir den Kopf abgerissen, wenn du mir gesagt hättest, wer du in Wirklichkeit bist?"

Sie unterbrach seinen Redeschwall mit einem verlegenen Lachen.

„Jason, jetzt hör mir bitte mal zu", erwiderte sie ein wenig unwirsch und in diesem Moment fühlte sie sich nicht besonders wohl, denn sie tischte ihm schon wieder die nächste Lügengeschichte auf.

„Ich wusste doch nicht, ob es dir wirklich ernst mit mir war und ich wollte meine wahre Identität noch nicht preisgeben, kannst du das nicht verstehen?"

So, jetzt war es raus und nun wollte sie doch mal hören wie er darauf reagierte.

Seine Stimme wurde in diesem Moment ganz weich und zärtlich.

„Du warst für mich von Anfang an kein flüchtiges Abenteuer. Das musst du mir glauben. Und als du dann plötzlich weg warst, habe ich gespürt, wie sehr du mir fehlst und wie viel du mir bedeutest."

„Aber das habe ich doch nicht gewusst", erwiderte Alice, „ich habe geglaubt, dass ich für dich nur ein flüchtiges Abenteuer bin. Du hast ja auch nie meine ID Card gesehen und darum habe ich dir, um mich selbst zu schützen, nur meinen Vornamen gesagt. Und der war ja wohl auch richtig oder nicht?"

„Aber", gab er zu bedenken, „du hast doch unter dem Namen Alice Simpson im Hotel eingecheckt oder stimmt das etwa nicht?"

Ihr fiel fast vor lauter Schreck das Telefon aus der Hand. Ganz sicherlich hatte ihm dieser Mistkerl an der Rezeption diese Information gegeben. Natürlich gegen ein fürstliches Trinkgeld versteht sich. Sie schwieg für einen Moment und in ihrem Kopf rasten tausend Gedanken. Was sollte sie ihm darauf antworten?

„Man hat halt seine Beziehungen und nun frag nicht weiter."

Ihr war klar, dass dies eine saublöde Antwort war, aber ihr fiel im Moment nichts Besseres ein. Gott sei Dank ließ Jason die Geschichte auf sich beruhen und fragte nicht weiter.

„Das sollte ihm doch auch völlig egal sein, wie ich heiße, schließlich bin ich ja immer noch dieselbe Person wie vorher", dachte Alice.

„So", erwiderte sie mit unbekümmerter Stimme, „jetzt weißt du, wer ich bin und du kennst meinen richtigen Namen. Ich hoffe, es hat sich zwischen uns nichts geändert, oder?"

In ihrer Stimme war eine leichte Unsicherheit zu hören, die er aber mit einem „Nein, es hat sich gar nichts geändert, im Gegenteil" zerstreute. Alice atmete erleichtert auf und lehnte sich schon etwas entspannter in ihren Sessel zurück. Die erste Hürde war genommen, ohne dass er den Verdacht hatte, dass da irgendetwas nicht mit rechten Dingen zuging.

„Übrigens, du siehst wunderschön aus auf diesem Bild und dein Dad ist mir sehr sympathisch. Ich hoffe, dass ich ihn recht bald kennenlernen darf, Alice Abbigal Lady of Blanchfort", fügte er scherzend hinzu.

Sie konnte förmlich sehen, wie sich sein Gesicht zu einem breiten süffisanten Grinsen verzog.

„Es war schön, deine Stimme zu hören", sagte er zum Schluss, nachdem sie fast eine Stunde über alles Mögliche, Wichtiges und Unwichtiges geplaudert hatten. Nur das Wort Liebe kam während der ganzen Zeit in ihrem Gespräch nicht vor. Und dann hörte sie doch diese drei magischen Worte, die ihr Jason zuflüsterte, bevor sie das Gespräch beendeten. „Ich liebe dich."

Sie hielt das Telefon in der Hand und streichelte es zärtlich. „Ich liebe dich auch", flüsterte sie leise und hätte am liebsten die ganze Welt umarmt.

Sie legte sich auf ihr Bett, schloss ihre Augen und hatte für einen Moment das Gefühl, im siebten Himmel zu sein. Noch nie in ihrem Leben hatte ihr jemand eine Liebeserklärung gemacht. Vielleicht war es aber doch geschehen, und sie konnte sich nur nicht mehr daran erinnern. Mit diesen Gedanken schlief sie ein. Am nächsten Morgen wurde sie durch das laute Wiehern eines Pferdes vor ihrem Fenster geweckt. Sie stand auf, um nachzuschauen, öffnete das Fenster und da stand der Lord hoch zu Ross. Er winkte zu ihr herauf und ließ sich dann vom Rücken seines Pferdes zu Boden gleiten, gerade so behände, wie es seine alten morschen Knochen erlaubten.

„It`s breakfast time, mein Kind, ich erwarte dich in einer halben Stunde zum Frühstück."

Andrew eilte herbei, ergriff die Zügel des Pferdes und führte es in den Stall, wo er es absattelte, striegelte und mit einem frischen Haufen Heu und einem Eimer Wasser versorgte. Der Lord, also ihr Dad, richtete noch einmal seine Kleidung, warf ihr einen letzten Blick zu und verschwand dann im Haus, um sich umzukleiden.

Ihre Überraschung war groß, als sie den Salon betrat und der Lord durch Abwesenheit glänzte.

„Was ist los", ging es ihr durch den Kopf, „sonst sitzt er doch schon immer auf seinem Platz und erwartet mich."

Sie ging auf den Stuhl zu, auf dem sie jeden Morgen saß, wollte sich gerade hinsetzen, als sie etwas auf der Sitzfläche des Stuhles bemerkte. Es war eine kleine braune Mappe, die ihre Aufmerksamkeit weckte. Auf der Mappe war ein goldener Aufdruck, den sie im ersten Moment nicht zuordnen konnte. Barcleys PLC London stand darauf.

„Verdammt noch mal", schoss es ihr durch den Kopf, „was hat das zu bedeuten?" Und dann fiel ihr plötzlich ein, dass sie diesen Namen schon einmal gehört hatte.

„Das ist doch die Bank, auf die Jason die 100.000 Pfund überwiesen hat."

Für einen Moment wurde ihr ganz flau im Magen, doch dann siegte ihre weibliche Neugier. Vorsichtig hob sie die

Mappe empor, betrachtete sie argwöhnisch von allen Seiten und konnte es nicht lassen, die Mappe ein wenig zu öffnen, um einen verstohlenen Blick hineinzuwerfen. Sie traute ihren Augen nicht und hatte im ersten Moment das Gefühl, ihr Verstand würde sie im Stich lassen. In der Mappe war fein säuberlich ein Kontoauszug besagter Bank abgeheftet, der auf ihren Namen lautete. Und als sie dann die Summe sah, die auf der Habenseite des Kontoauszugs stand, ließ sie die Mappe samt ihrem Inhalt vor lauter Schreck zu Boden fallen, plumpste in den Sessel und blieb, völlig sprachlos und mit einem ungläubigen Ausdruck in ihrem Gesicht, wie festgenagelt sitzen.

Dann bückte sie sich blitzschnell, hob die Mappe auf, um sich zu vergewissern, ob sie sich vielleicht geirrt hatte. Doch da stand es schwarz auf weiß, 100.000 Pfund zu ihren Gunsten. Das war exakt die Summe, die Jason auf genau dieses Konto überwiesen hatte, um den angeblichen finanziellen Engpass ihres Vaters zu beheben. Dann vernahm sie hinter sich ein dezentes Lachen, dann ein Hüsteln. Es war der Lord, der sie auf seine Anwesenheit aufmerksam machen wollte. Er hatte aber schon eine geraume Zeit in der Tür gestanden und sie beobachtet, ohne dass sie ihn bemerkt hatte. Der Lord kam auf sie zu, gab ihr den üblichen Gutenmorgenkuss auf die Stirn, setzte sich auf seinen Platz und schaute sie erwartungsvoll an. Im ersten Moment wich sie seinem Blick aus. Es war ihr sehr unangenehm, bereits am frühen Morgen mit Derartigem, wenn auch äußerst Erfreulichem, konfrontiert zu werden.

„Na was sagst du, mein Kind", sagte er frohlockend, „ist das eine Überraschung?"

„Das kann man wohl sagen", erwiderte sie noch völlig sprachlos.

„Das sind die 100.000 Pfund, die du Lord Archibald für die Adoption überwiesen hast. Dieses Geld möchte ich dir zurückgeben, denn du bist für mich wie eine richtige Tochter. Ich würde niemals mein gewonnenes Glück mit Geld erkaufen wollen. Behalte es zu deiner eigenen Verfügung und betrachte es als ein kleines Dankeschön für deine Anwesenheit, die mich sehr glücklich macht."

Und wieder sah sie den Glanz in seinen Augen und sie wusste, dass seine Worte von Herzen kamen.

Sie umarmte den Lord voller Dankbarkeit und ging mit beschwingten Schritten in ihr Zimmer, um mit ihrem Glück für einen Moment allein zu sein. 100.000 Pfund, eine für sie unvorstellbare Summe, die sie jetzt in ihren Händen hielt. Ein auf Papier gedruckter Reichtum, der ihr ab sofort für die nahe Zukunft ein sorgenfreies und entspanntes Leben ermöglichte. Geld ist nicht alles, sagen nur die Leute, die genug davon haben. Aber wenn man ein so hartes Leben hinter sich hatte wie Alice, wusste man, was Geld bedeutet, wenn man es nicht hat. Dieser Mann hatte sie zutiefst beeindruckt.

Er hatte ihr gezeigt, dass man trotz oder gerade wegen seines Reichtums, immer noch ein mitfühlender und gebender Mensch sein kann. Sie hatte noch nie so oft über diese Dinge nachgedacht und eigentlich widersprach es ihrer Einstellung zum Leben und darüber wunderte sie sich in diesem Augenblick doch sehr.

Kurz darauf stand Andrew vor der Tür, zog seinen verbeulten Hut, den er immer trug, wenn er den Stall ausgemistet hat, und bot ihr an, mit ihm auszureiten.

„Andrew, sind Sie von allen guten Geistern verlassen. Ich und reiten, nie im Leben." Sie wollte sich gerade umdrehen, um in ihrem Zimmer zu verschwinden, als er ihren Arm ergriff und sie festhielt.

„Sie werden sehen Mylady, es ist ganz einfach, Sie brauchen keine Angst zu haben. Kommen Sie."

Widerwillig trottete sie hinter ihm her und verschwand mit ihm im Stall. Ein rassiger Brauner stand schon fertig gesattelt bereit. Als Alice neben ihn trat, drehte er sich um und schaute sie aus seinen dunkelbraunen großen Augen an und sie hatte das Gefühl, als würde er ihr zuzwinkern.

Sie ergriff die Zügel, führte ihn nach draußen, nahm einen kurzen Anlauf und mit einem eleganten Schwung saß sie im Sattel. Fast wäre sie vor Schreck über das Gelingen dieser Aktion auf der anderen Seite wieder herunter gefallen. Im nächsten Moment wunderte sie sich, wunderte sich darüber, woher sie das konnte. Sie hatte doch noch nie in ihrem Leben auf einem Pferderücken gesessen. Andrew stand mit weit aufgerissenem Mund neben ihr und schnalzte anerkennend mit der Zunge.

„Mylady, Sie wollen mir doch wohl nicht erzählen, dass Sie noch nie auf einem Pferd gesessen haben. Das war doch wohl wieder einer ihrer kleinen Scherze am Vormittag."

„Nein, ehrlich Andrew, hab ich noch nie." Aber ganz so sicher war sie jetzt nicht mehr. Oder hatte sie doch?

Er schwang sich ebenfalls in den Sattel und beide stoben davon, als würde gerade irgendwo in Texas ein Wildwestfilm gedreht. Mit einem wilden Jauchzer feuerte Alice ihren Braunen an, erhob sich aus dem Sattel, legte den Kopf an seinen Hals und galoppierte davon, als wäre der leibhaftige Teufel hinter ihr her. Er konnte ihr kaum folgen und als sie einen kurzen Halt machten, sah er sie an und mit einem Augenzwinkern gab er ihr zu verstehen, dass er ihr kein Wort glaubte und sie ... sie glaubte es wohl selber nicht.

„Sie sind eine Schwindlerin, Mylady", rief ihr Andrew lachend zu. Allerdings wusste er nicht, wie recht er hatte und das war auch gut so. Als sie von diesem Ausritt zurückkamen, ging sie in Gedanken versunken auf ihr Zimmer. Sie grübelte, versuchte sich zu erinnern, aber es gelang ihr nicht. Es musste eine Zeit in ihrem Leben gegeben haben, in der sie das Reiten erlernt hatte, aber die Erinnerung daran war wie ausgelöscht.

Als sie ihr Zimmer betrat und sich mit einem kühlen Duschbad von diesem wilden Ausritt erfrischte, spukten diese Gedanken immer noch in ihrem Kopf herum. Es musste doch eine Erklärung dafür geben? Aber je länger sie darüber nachdachte, umso mehr verwirrte es sie, und sie entschloss sich, diesen trüben Gedanken nicht länger nachzuhängen.

Nackt wie sie war, legte sie sich auf ihr Bett, schloss die Augen und genoss den kühlen Wind, der durch das geöffnete Fenster hereinwehte und sanft ihren Körper streichelte. Sie dachte immer wieder an ihre Zeit in den Staaten zurück, dachte daran, wie sie manchmal tagelang ziellos durch die Gegend fuhr und in irgendeinem verkommenen Kaff, in einem Store ein Sandwich und eine Coke klaute und beides im Ausschnitt ihres T-Shirts verschwinden ließ. Dann suchte sie sich ein ruhiges Plätzchen und genoss dieses halb vertrocknete Sandwich, als wäre es ein Dinner in einem First-Class-Restaurant, in der nobelsten Gegend von Manhattan. Man konnte nicht behaupten, dass sie während dieser Zeit auf Rosen gebettet war. Jeder Tag war ein Kampf ums Überleben und das war weiß Gott nicht immer einfach. Und nun lernte sie das Leben von einer Seite kennen, die ihr bis zu ihrer Ankunft in London völlig fremd war.

Sicher hatte sie schon einen kleinen Vorgeschmack bekommen, als sie in Philadelphia mit Jason zusammen war und sie hatte jede Minute genossen. Aber was sie jetzt erlebte, versetzte sie in eine nie gekannte Panik und sie hatte Angst, dass sie irgendwann aufwachen würde und alles nur ein schöner Traum war. Sie hing noch ihren Gedanken nach, als sie durch ein Klopfen an der Tür gestört wurde.

„Einen Moment bitte", rief sie, erhob sich eilig von ihrem Bett, ging mit schnellen Schritten ins Bad und zog sich ihren Bademantel über. Margret öffnete die Tür und trat ein. Alice wandte sich ihr zu und schaute sie fragend an, denn sie hätte doch gerne gewusst, was diese veranlasste, sie zu dieser ungewöhnlichen Zeit zu stören.

„Mylady, Sie haben Besuch." Blitzschnell sprang sie zurück ins Bad und wie auf Kommando regte sich bei ihr sofort das schlechte Gewissen.

Sie stand hinter der Tür und sie zitterte am ganzen Körper vor Aufregung.

„Jetzt ist alles vorbei", dachte sie und Schweißperlen traten ihr auf die Stirn, „sie haben mich endgültig geschnappt."

Sie malte sich schon aus, wie sie in einer kargen Gefängniszelle ihr Dasein fristete. Aber die Stimme des Mannes, mit dem Margret sprach, kam ihr so seltsam vertraut vor.

Wie ein Blitz durchfuhr es ihren Körper. „War es Jason? Nein, das konnte nicht sein. Er war doch in Houston." Und als sich die Tür öffnete, wurde es zur Gewissheit.

Er stand leibhaftig vor ihr und sah sie aus strahlenden Augen an.

„Hallo, Mylady, darf ich Sie stören?"

„Oh mein Gott, Jason, das darf doch nicht wahr sein", stotterte sie.

„Wo kommst du denn her?" Sie lief auf ihn zu und fiel ihm mit einem Freudenschrei um den Hals. Mit einem verlegenen Lächeln zog sich Margret zurück, schloss leise die

Tür hinter sich und überließ die beiden Liebenden ihrem Glück. Sie wollte in diesem Moment der Zweisamkeit gar nicht wissen, welcher Teufel Jason geritten hatte, so unvermittelt und überraschend bei ihr aufzukreuzen. Sie gaben sich nur ihrem Verlangen hin, das nachzuholen, wonach sie sich seit ihrer Trennung jeden Tag gesehnt hatten.

16. Kapitel

Als beide Hand in Hand die Treppe herunterkamen, wurden sie schon von Lord Henry voller Ungeduld in der Empfangshalle erwartet. Margret hatte den Lord natürlich sofort nach Jasons Ankunft über dessen unerwarteten Besuch informiert und er war gespannt, wie der Kerl aussah, der Alice' Herz erobert hatte. Misstrauisch beäugte er Jason und war in diesem Moment ausgesprochen reserviert. Als sie sich gegenüber standen und der Lord in das glückliche Gesicht von Alice schaute, warf er alle seine Bedenken über Bord. Jason sah aber auch ausgesprochen weltmännisch aus, das musste er zugeben. Er hatte ein interessantes Gesicht, trug einen maßgeschneiderten Anzug und erweckte keinen Augenblick den Eindruck, dass er aus ärmlichen Verhältnissen stammte.

Als sie dann zum gemeinsamen Lunch im Salon Platz nahmen, hatte Margret, trotz des unerwarteten Besuchs, ein komplettes Menü gezaubert. So saßen sie zusammen, aßen und plauderten in einer entspannten Atmosphäre und der Lord war erstaunt, dass Jason die Benimmregeln bei Tisch perfekt beherrschte. Und Manieren hatte er, Donnerwetter. Seine Diskretion und sein vollendetes Gespür für Etikette nötigten dem Lord allen Respekt ab. Er hatte Charme und Witz und wenn es darum ging, sich über weltwirtschaftliche Dinge zu unterhalten, war Jason ein durchaus kompetenter Gesprächspartner.

„Ich glaube, ich mag diesen Burschen", dachte der Lord, obwohl er ihn noch vor einer Stunde als unwillkommenen Eindringling betrachtet hatte. Sein Blick ging zu Alice hinüber und schmunzelnd beobachtete er, wie sie zärtlich Jasons Hand streichelte.

„Sie muss unglaublich in ihn verknallt sein", resümierte er und in diesem Moment war er versöhnt. Nach dem Lunch, es mochten inzwischen zwei Stunden vergangen sein, bat er Jason, ihm in sein Arbeitszimmer zu folgen. Er wollte mehr über ihn erfahren, wollte mit ihm ein Gespräch unter Männern führen. Alice zog sich in ihr Zimmer zurück, denn sie musste sich erst einmal von diesem Schreck erholen, der ihr noch immer spürbar in den Knochen saß. Außerdem wollte sie schon mal ihre Predigt vorbereiten, die sie ihm unweigerlich halten würde, wenn sie mit ihm alleine war.

Die beiden Männer hingegen setzten sich entspannt in die großen Ledersessel, die einladend in Lord Henrys Arbeitszimmer standen. Er ging zu einer Vitrine, öffnete die obere Schublade und griff nach einer Kiste mit den feinsten Havannas und hielt Jason die Zigarrenschatulle hin und bot ihm an, sich doch zu bedienen. Doch dieser lehnte dankend ab.

„Nein danke Sir, ich rauche nicht", was dieser mit den Worten quittierte: „Recht so, mein Sohn und fangen Sie bloß nicht damit an, denn gesund ist das beileibe nicht. Aber ich alter Knabe komme auf meine alten Tage nicht mehr davon los, warum sollte ich auch."

Er knipste gekonnt das Mundstück der Zigarre ab, damit sie beim Anzünden den richtigen Zug bekam und setzte sie mit einem wahren Flammenwerfer von Feuerzeug in Brand, dann lehnte er sich zurück und blies den Qualm genüsslich in die Luft.

Er löste seine Krawatte, krempelte seine Ärmel hoch und signalisierte Jason damit, dass es jetzt ruhig gemütlich werden durfte.

„Wie wär's denn mit einem edlen Cognac", fragte er, „oder gehören sie auch zu den langweiligen Antialkoholikern, die den ganzen Tag nur Mineralwasser und Fruchtsäfte trinken?"

„Nein", erwiderte Jason, „so schlimm ist es nun auch wieder nicht. Natürlich trinke ich gerne einen Cognac."

Lord Henry erhob sich erneut, ging zu einem Bücherregal, drückte auf einen Knopf, der am unteren Ende eines Buches verborgen war und es öffnete sich, zu Jasons Überraschung, eine Bücherattrappe, hinter der eine Flasche französischer Cognac und eine Flasche irischer Whisky standen.

Er nahm zwei Cognacschwenker heraus, die sich ebenfalls in diesem Geheimfach befanden und goss den edlen Tropfen in die Gläser. Er reichte Jason eines der Gläser, drückte erneut auf den Knopf und das „Sesam öffne dich" war für Nicht-Eingeweihte verschlossen. Jason hatte diese Zeremonie mit Interesse und einem verständnisvollen Lächeln beobachtet.

„Dieser alte Schwerenöter", dachte er, denn er fand es ausgesprochen lustig, wie dieser alte Mann immer noch versuchte, etwas zu verbergen, wo es doch eigentlich nichts zu verbergen gab.

„Bei einem guten Cognac und einer vorzüglichen Zigarre lässt es sich entspannter plaudern, finden Sie nicht, Mr Kennedy? Ach lassen wir das, darf ich Jason sagen?"

„Selbstverständlich, Mylord, ich bitte sogar darum", erwiderte er ganz gentlemanlike.

Wenn der Lord so etwas sagte, war das schon eine halbe Liebeserklärung, denn er ging eigentlich mit derartigen Angeboten sehr sparsam um. Deshalb durfte sich Jason schon einiges darauf einbilden.

Lord Henry schaute ihn erwartungsvoll an, machte eine Handbewegung, die wohl nicht anderes bedeuten sollte als: „Nun kommen Sie junger Freund, erzählen mir ein bisschen von sich, schließlich will ich ja wissen, mit wem ich es zu tun habe."

Jason war allerdings gar nicht so sehr davon begeistert, vor fremden Menschen sein Leben auszubreiten. In Texas kannte ihn jeder. Da musste er nicht viel erklären, denn der Name Kennedy allein war schon ein Markenzeichen. Aber das hatte sich anscheinend noch nicht bis nach England herumgesprochen. Als Jason ihm erzählte, dass er aus Houston in Texas stammt, rümpfte der Lord erst mal die Nase, denn er hatte gehört, dass diese Halbwilden keinerlei Manieren hatten. Aber was will man schon von einem Amerikaner verlangen, noch dazu wenn er aus Texas kommt.

Jason hingegen hob sich wohltuend von den üblichen Klischeevorstellungen eines rüpelhaften Texaners ab, der den ganzen Tag in Westernstiefeln herumlief und seinen Stetson sogar beim Schlafen auf dem Kopf behielt und dann dieser lächerliche Krawattenersatz, der aussieht, als hätte man ihm eine Goldmedaille, wofür auch immer, auf eine Kordel gezogen und um den Hals gehängt.

„Aber was noch schlimmer war", der Lord schüttelte sich in Gedanken innerlich vor Entsetzen, „sie hatten ja wohl den lieben, langen Tag ihre Füße auf irgendwelchen Tischen liegen und das, obwohl sie vorher stundenlang durch die Kuhscheiße auf ihrer Ranch gelaufen waren. Das ist ja einfach nur dekadent und wenn man sich daran erinnert, dass diese Menschen aus Europa und sogar aus England stammten, fragte man sich allen Ernstes: „Hat eigentlich nie jemand daran gedacht, diesen Leuten gutes Benehmen beizubringen?"

Texaner sind großspurig und angeberisch, hatte der Lord einmal irgendwo gelesen. Aber ob es in Wirklichkeit so ist, ist bis zum heutigen Tag durch nichts bewiesen. Was allerdings einmal an Vorurteilen in den Köpfen der Menschen herumgeistert, lässt sich so schnell nicht mehr revidieren. Das ist ungefähr genauso abwegig wie die Behauptung, dass alle Deutschen nur Sauerkraut fressen.

Dieser Jason, den er hier vor sich hatte, war lobenswerterweise das genaue Gegenteil. Nun ja, seine Vorfahren kamen ja wohl aus Irland, wie er im Laufe des Gesprächs erfuhr und die hatten ganz offensichtlich, die herausragenden Tugenden der europäischen Auswanderer, an die folgenden Generationen weitergegeben. Dann hielt Lord Henry in seiner gedanklichen Betrachtung der Dinge inne und schaute Jason an.

„Ich habe die ganze Zeit überlegt, woher ich Ihren Namen kenne und jetzt erinnere ich mich, dass ich vor nicht allzu langer Zeit, einen Bericht in der Financial Times gelesen habe, in dem, so glaube ich, auch Ihr Name erwähnt wurde, und zwar im Zusammenhang mit der Situation auf dem globalen Erdölmarkt. Dann stutzte er und sah Jason an.

„Nun sagen Sie bloß junger Freund, Ihnen gehört die Emmerson Mobile Oil in Houston?" Er nickte zustimmend. „Sie sind also der Präsident dieses Unternehmens?" Jason nickte erneut, aber man konnte spüren, dass ihm die Situation ausgesprochen unangenehm war.

Er prahlte ungern mit seinem Erfolg und dem Riesenvermögen, das sich im Laufe der Jahre angehäuft hatte.

„Ja das bin ich", erwiderte er mit einer Bescheidenheit, die den Lord in Erstaunen versetze. Als er sich von dem ersten Schreck erholt hatte, erwiderte er mit einer spürbaren Hochachtung in der Stimme: „Mein Lieber, da klettern Sie ja bei mir in der Beliebtheitsskala gleich ganz nach oben."

Er lächelte Jason an, fügte aber gleichzeitig hinzu, dass er dies bitte als kleinen sarkastischen Nebensatz verstehen möge, denn für diese Art von Humor, seien ja die Briten in aller Welt bekannt. Trotzdem tanzten in diesem Moment tausende von Pfundnoten vor seinem geistigen Auge, genau wie in Walt Disneys Filmen von „Dagobert Duck" und er lehnte sich mit einem Gefühl absoluter Zufriedenheit in seinem Sessel zurück.

„Das ist genau der Richtige für meine Alice, möge es das Schicksal gut mit ihr meinen."

Alice traf Jason, als sie gerade auf dem Weg in den Pferdestall war. Sie wollte nach den lieben Tierchen schauen, die friedlich kauend in ihren Boxen standen und sich durch ihre Anwesenheit überhaupt nicht stören ließen. Als sie an die Box des Braunen herantrat, drehte dieser den Kopf und wieherte fröhlich, so als wollte er sie begrüßen. Dann drehte er sich um und kam langsam auf sie zu. Sie hatte schon, seit sie am Morgen mit ihm ausgeritten war, einen Narren an ihm gefressen. Der Name „Brown Sugar" gefiel ihr so gut, dass sie ihn schon allein deswegen liebte. Als sie sich vor dem Ausritt einmal zu Andrew umdrehte, trat er einen Schritt auf sie zu und stupste neckisch mit seinem Kopf gegen ihr hübsches Hinterteil, was sie mit einem Lachen quittierte. Er steckte seinen Kopf über die Tür seiner Box und sah sie aus seinen braunen großen Augen an.

Sie streichelte sanft über seinen Kopf, was ihm ganz offensichtlich großes Wohlbehagen bereitete, denn er hielt inne und ließ ihre Zärtlichkeit geduldig über sich ergehen. Als Belohnung für seine Freundlichkeiten, kramte sie aus ihrer Hosentasche ein paar Stück Zucker hervor und reichte sie ihm auf der flachen Hand entgegen. Sie musste ihn gar nicht erst lange bitten, denn er hatte den Zucker mit einer blitzschnellen Bewegung seiner Zunge aufgenommen und ließ diese Leckerei in seinem Magen verschwinden. Dann hatte er wohl erreicht, was er wollte. Er schaute Alice noch einmal an und ging zurück zu seinem Fresstrog, vergaß aber nicht, sich noch einmal umzudrehen und sich mit einem fröhlichen Wiehern von ihr zu verabschieden.

Jason stand im Hintergrund und beobachtete diese Szenerie mit einem Lächeln, ging auf sie zu, legte seine Arme um ihre Hüften und sah ihr in die Augen.

„Er liebt dich, spürst du das? Und ich liebe dich auch. Gibt es überhaupt jemanden, der dich nicht liebt?"

Sie schaute ihn an und für einen Moment spürte sie, wie die Verlegenheit in ihr aufstieg. So viele Komplimente auf einmal konnte sie nicht verkraften. Aber was sollte sie dagegen tun? Sie umarmte ihn, schloss ihre Augen und küsste ihn. Es war die einzige und schönste Möglichkeit, um ihn abzulenken. Wenn sie das nicht getan hätte, hätte sie sicherlich einen knallroten Kopf bekommen. Arm in Arm gingen sie zurück ins Haus. Der Ärger über sein plötzliches Auftauchen war verflogen und die Gardinenpredigt, die sie sich schon zurechtgelegt hatte, verschwand aus ihren Gedanken, so als wäre sie nie da gewesen.

17. Kapitel

Es war 9.00 abends, das Dinner war bereits beendet und Alice schlug Jason vor, noch einen kleinen Abendspaziergang durch den Park zu machen. Die Sonne versank langsam am Horizont und tauchte alles in das diffuse Licht des zur Neige gehenden Tages. Am Firmament malten die letzten Sonnenstrahlen bizarre Lichtspiele, in die über das Land ziehenden Wolken. Es war ein wunderschönes Farbenspiel, das sich den beiden darbot, als sie munter plaudernd Arm in Arm über die breiten Wege des Parks spazierten.

Plötzlich blieb Alice wie angewurzelt stehen. War da eben ein Geräusch? Hatte sie sich das nur eingebildet oder hatte sie gerade das Knacken eines Astes gehört?

„Jason, was war das, hast du das auch gehört?"

Er blieb ebenfalls stehen und beide lauschten in die Richtung, aus der das Geräusch gekommen war. Und dann hatte sie wieder dieses untrügliche Gefühl, das sie immer hatte, wenn Gefahr drohte. Sie hatte einen Instinkt für solche Momente bekommen und sie konnte es mit all ihren Sinnen spüren. So war es schon früher, als sie noch allein durch die Lande zog. Immer auf der Hut zu sein, war das oberste Gebot ihres Lebens und sie hatte gut daran getan, auf ihr Gespür zu vertrauen. Plötzlich hörte sie wieder ein Knacken im Unterholz, das immer näher kam und dann tauchte ein Schatten vor ihnen auf, der direkt auf sie zu kam.

Als er sie fast erreicht hatte, sah Alice, dass er einen breitkrempigen Hut trug, den er sich tief ins Gesicht gezogen hatte, so war es unmöglich, sein Gesicht zu erkennen. Bevor Jason reagieren konnte, sprang sie hinter ihm hervor und stürzte wie ein Panther auf ihn zu, ergriff sein Handgelenk und warf ihn mit einem geübten Judogriff zu Boden, dann kniete sie sich über ihn und riss ihm mit einer blitzschnellen Handbewegung den Hut vom Kopf. Plötzlich hörte Jason, der ihr zur Hilfe geeilt war, um sich ebenfalls auf den Eindringling zu stürzen, ein lautes Lachen. Es war Andrew, der wie ein zappelnder Fisch auf dem Boden lag und nicht wusste, wie ihm geschah.

„Mein Gott, Andrew, warum haben Sie uns so erschreckt?"

Langsam rappelte er sich auf und stand lachend, aber doch noch ziemlich verdattert, vor ihnen.

„Es tut mir leid, Mylady, aber ich habe Sie in der Dunkelheit nicht wahrgenommen und als ich sie erkannt habe, war es schon zu spät."

Verlegen stand er da und klopfte sich den Staub von den Kleidern. Jason hatte Andrew natürlich noch nie gesehen und er fand es in dieser Situation schon etwas merkwürdig, dass die beiden sich kannten.

„Woher können Sie so gut Judo?", fragte er, immer noch außer Atem.

„Das", erwiderte sie schmunzelnd, „wird für immer mein Geheimnis bleiben."

Zu dritt gingen sie zurück zum Haus und als sie vor der Tür standen, verabschiedeten sie sich und Alice versprach ihm, über diesen nächtlichen Vorfall Stillschweigen zu wahren. Es wäre für ihn sicherlich sehr peinlich gewesen, zugeben zu müssen, von einer jungen zierlichen Frau aufs Kreuz gelegt worden zu sein.

Wie sich am nächsten Morgen herausstellte, konnte dieses nächtliche Intermezzo doch nicht geheim gehalten werden, denn Andrew hatte, für alle sichtbar, einige Blessuren davongetragen.

Als der Lord ihm auf dem Weg zu den Stallungen begegnete und sein lädiertes Gesicht sah, grinste er anzüglich: „Na Andrew, mit wem haben Sie sich denn heute nacht geprügelt?" Als dieser herumdruckste und nicht so recht mit der Sprache herauswollte, musste er ihm doch seine sehr direkt gestellte Frage mit einem verlegenen Lächeln beantworten.

Der Lord hätte sich am liebsten vor Lachen ausgeschüttet. Aber da er aus Taktgefühl vor seinem Personal, nicht näher darauf eingehen wollte, hatte er wohl seinen Lachanfall erst dann bekommen, als er sich in seinem Büro unbeobachtet fühlte.

Fortan war Alice die Judoqueen des Hauses Blanchfort und dieser Ehrentitel trug immer wieder zur allgemeinen Erheiterung bei. Jason jedenfalls amüsierte sich königlich und war ausgesprochen stolz auf seine „Lebensretterin."

„Wann musst du zurück?", fragte sie mit einem traurigen Blick, als sie gemütlich im Salon zusammen saßen.

„Morgen im Laufe des Tages", erwiderte Jason.

„Und wann geht dein Flug", hakte sie interessiert nach. Lachend ergriff er ihre Hand.

„Ich fliege, wann ich will." Sie spürte seine Zurückhaltung, denn Prahlerei gehörte nicht zu seinen Eigenschaften.

„Was heißt, du fliegst, wann du willst?"

„Das heißt, mein Schatz, dass ich mit meinem Privatflugzeug da bin. Wir haben also noch den ganzen Nachmittag Zeit für uns. Was hältst du davon, wenn wir in die City fahren und eine kleine Shoppingtour machen?"

„Sehr gerne", rief sie erfreut aus, sprang auf und ging mit eiligen Schritten die Treppe hinauf, um sich umzuziehen.

„Bin gleich zurück", rief sie und verschwand in ihrem Zimmer.

Andrew wartete schon auf sie, als sie die Treppe herunterkam. Lächelnd ging sie auf ihn zu.

„Andrew, entschuldigen Sie noch mal, dass ich Ihnen gestern Abend wehgetan habe, es tut mir sehr leid."

„Nicht der Rede wert Mylady, es war meine Schuld."

Er öffnete ihr die Tür des Bentley und sie stieg ein, aber diesmal auf der linken Seite, denn sie wollte nicht schon wieder erschreckt werden, wie an dem Tag, an dem sie zum ersten Mal den englischen Linksverkehr genießen durfte. Das war wahrlich kein besonderes Vergnügen.

Jason setzte sich neben sie und Händchen haltend fuhren sie in die Londoner City. Wie auch bei ihrem vergangenen Einkaufsbummel, war Harrods erneut ihr Ziel. Nie hätte sie gedacht, dass sie sich in dieser noblen Umgebung wohlfühlen würde. Aber wie das nun mal so ist, gewöhnt man sich sehr schnell an die angenehmen Dinge des Lebens und Alice war da sicherlich keine Ausnahme. Solange sie sich erinnern konnte, hatte sie Spaß an schönen Dingen.

Weil sie sich aber so etwas Extravagantes nicht erlauben konnte, hatte sie es einfach geklaut. Ob es Parfüm oder eine schöne Halskette war, die ihr gefiel. Mit ihren flinken Fingern war es kein Problem für sie, diese Souvenirs, wie sie es immer zu nennen pflegte, blitzschnell in ihren Taschen verschwinden zu lassen. Bei größeren Coups, die sie immer wieder mit List und einer gehörigen Portion Fantasie erfolgreich beendete, machte sie sich schon vorher

Gedanken darüber, wie das strategisch abzulaufen hatte. So auch bei ihrem Besuch im Hause Gucci in New York, wo sie alle Register ihrer unerschöpflichen Wandlungsfähigkeit zog.

Mit diesen Gedanken in ihrem Kopf und Jason an ihrer Seite, landeten sie schließlich bei Harrods in der Parfümabteilung. Es gab ein Parfüm, das sie über alles liebte und das war Chanel No. 19. Wenn sie es haben wollte und kein Geld hatte, dann klaute sie es einfach. Sie ergriff einen Flacon und sprühte sich einen Hauch auf die Innenseiten ihrer Handgelenke und obwohl sie diesen Duft schon hundert Mal gerochen hatte, war sie immer wieder aufs Neue fasziniert.

Während sie nach Make-up, Lippenstift und anderen Utensilien schaute, die eine Frau noch schöner machten, war Jason in der Herrenabteilung verschwunden, um sich dort die exklusiven Angebote anzuschauen. Sie war gerade damit beschäftigt, die Farbe eines Lippenstiftes auf ihrem Handrücken zu testen, als plötzlich ein eleganter Herr in schwarzem Anzug neben ihr stand. Erschrocken schaute sie ihn an. Er lächelte, machte eine Handbewegung, die Alice bekunden sollte, dass er sie nur einen Moment stören wolle.

„Mylady, entschuldigen Sie bitte, dass ich Sie anspreche, aber sind Sie nicht Lady Blanchfort?"

„Ja, das bin ich", erwiderte sie erstaunt, „aber woher wissen Sie das?"

„Mylady, wenn man bei Harrods beschäftigt ist, weiß man alles", gab er ihr mit einem charmanten Lächeln zu verstehen.

„Ich habe Sie am Sonntag in Ascot gesehen und ich darf Ihnen, wenn Sie es mir gestatten, sagen, dass sie ganz bezaubernd ausgesehen haben ... und auch heute wieder aussehen", fügte er noch schnell hinzu.

„Ich möchte Sie und ihren Gatten zu einem Glas Champagner in unsere Lounge einladen, denn es ist uns eine große Ehre, Sie bei uns begrüßen zu dürfen."

„Schon wieder so ein penetranter Speichellecker", dachte sie, ließ sich aber nichts anmerken und schaute zu Jason herüber, der gerade damit beschäftigt war, einen eleganten dunkelblauen Anzug anzuprobieren.

„Wir nehmen Ihre Einladung sehr gerne an."

„Gut Mylady, ich werde Sie dann, wenn Sie ihre Einkäufe getätigt haben, hier abholen."

Ihre Begeisterung hielt sich allerdings in Grenzen, denn sie wäre viel lieber in ein nobles Restaurant gegangen, um eine dieser vielen Köstlichkeiten, die es in den höheren Preisklassen gibt, zu genießen. Nur gesättigt war man meistens von solch einer Mahlzeit nicht.

Sie ging zu Jason hinüber, der noch eine passende Krawatte zu dem eleganten Anzug suchte. Schnell und sicher hatte er wieder die richtige Wahl getroffen. Das musste sie ihm lassen, er hatte Geschmack und ein untrügliches Gespür für Noblesse. Jason hielt inne und sah sie mit fragendem Blick an. „Wer war das?", fragte er.

„Der Geschäftsführer von Harrods, der uns zu einem Glas Champagner eingeladen hat."

Etwas misstrauisch zwar, aber trotzdem erleichtert, atmete Jason auf. Er drehte sich zu ihr um und raunte ihr leise zu: „Ich dachte schon, du hast irgendetwas geklaut."

Sie warf ihm einen empörten Blick zu. „Wie kommst du denn auf so eine Idee, meinst du, ich habe so etwas nötig?", forschte sie weiter, denn irgendwie kam ihr diese Bemerkung merkwürdig vor.

Wusste er von ihren Gaunereien, wusste er, wer sie wirklich war?

Aber sie ging über diese peinliche Bemerkung, mit ihrem berühmten entwaffnenden Lächeln hinweg. Es hatte schon bei so vielen Männern gewirkt, warum sollte es nicht auch bei Jason klappen.

Nachdem die Verlegenheit aus ihrem Gesicht gewichen war, schaute sie ihn mit einem harmlosen Lächeln an: „Hast du schon mal geklaut?"

„Klar", erwiderte er, „als ich ein Junge war, haben wir bei unserem Kolonialwarenhändler öfter mal was mitgehen lassen und uns diebisch gefreut, dass er es nicht gemerkt hatte. Das war so eine Art Mutprobe, die jeder von uns machen musste, wenn er in die Jugendbande aufgenommen werden wollte. Irgendwann, als ich schon ein junger Mann war, hat mir dann Mr Anderson gesagt, dass er es immer beobachtet hatte, wenn sich einer von uns etwas in die Taschen stopfte. Aber er hat nie etwas gesagt, weil er sich erinnerte, dass auch er vor den Augen seiner Freunde etwas geklaut hatte, um sich wichtig zu machen. Er war ein gütiger und freundlicher Mensch, denn er hatte es immer als Jugendstreich gesehen und nie großes Aufsehen darum gemacht."

Sie schauten sich lachend an und da kam auch schon der Herr im schwarzen Anzug auf sie zu und führte sie in die Lounge. Er erhob das Glas mit Champagner und prostete ihnen zu. „Auf die schönste Frau in Ascot." Dies schmeichelte ihr ungemein und Jason bekräftigte diese Aussage voller Stolz.

„Jawohl, auf die schönste Frau, die mir je begegnet ist", dann trat er an sie heran und küsste zärtlich ihre Wange. Nach einem Smalltalk verabschiedeten sie sich und traten leicht beschwingt den Heimweg an.

18. Kapitel

Das bisherige Leben von Alice war, bei näherer Betrachtung, ein chaotisches Vielerlei. Kuriose Begegnungen, gegen den Strom des Lebens schwimmen, immer auf der Hut sein, um nicht irgendwann als Leiche in einem Straßengraben oder in einer verlassenen Hausruine zu landen. Sie war eine Einzelkämpferin und hatte nie daran gedacht, dass ihr so etwas passieren könnte. Oder hatte sie das alles nur verdrängt? Es war wohl reiner Selbsterhaltungstrieb, denn hätte sie das nicht aus ihren Gedanken verbannt, wäre sie wohl von einer Angst in die andere getrieben worden. Wie viel beschützter war sie jetzt in einem Leben voller Geborgenheit und Zuversicht. Sie spürte von Tag zu Tag deutlicher, dass sie nicht immer auf der Straße gelebt haben konnte.

Es war zwar nur so ein Gefühl, aber es nahm ständig an Intensität zu. Immer wieder stellte sie sich die Frage nach ihrer Vergangenheit, aber übrig geblieben war nur der Name Alice. Wer zum Teufel war Alice, woher kannte sie diesen Namen? Fragen über Fragen. Es war wie verhext, sie konnte sich an nichts erinnern. Nicht den geringsten Anhaltspunkt gab es, der ihr auf die Sprünge half. Doch plötzlich, wie aus heiterem Himmel kam ein Teil ihrer Erinnerung zurück. Sie erinnerte sich an einen Traum, den sie vor ein paar Nächten hatte. Ganz dunkel zwar, aber je mehr sie ihr Gedächtnis anstrengte, umso deutlicher wurden die Bilder, die sie plötzlich vor Augen hatte.

Sie sah ein prächtiges Haus inmitten eines wunderschönen Parks gelegen. Erst in Bruchstücken und schemenhaft, dann immer ein wenig deutlicher. Wie ein Puzzle setzten sich diese Erinnerungen vor ihrem geistigen Auge zu einem Ganzen zusammen. Auf der vor dem Haus gelegenen Wiese spielte ein kleines Mädchen, tollte herum, hüpfte wie ein bunter Gummiball und ihr Lachen war so ansteckend, dass man sich ihrer Fröhlichkeit nur schwer entziehen konnte. Doch dann verschwamm ihre Erinnerung erneut und verschwand in der Dunkelheit, ohne noch einmal zurückzukehren. Es war ein langer Weg zurück zu ihrer wahren Identität. Das wusste sie, aber sie war beseelt von dem unbändigen Willen, dieses Geheimnis zu lüften und den Schleier der Ungewissheit zu zerreißen.

Am nächsten Morgen hörte sie eine vertraute Stimme vor ihrer Tür, dann ein leises Klopfen.

„Alice, bist du schon wach?"

Mit verschlafener Stimme erwiderte sie: „Ja ich bin wach, komm doch rein."

Die Tür öffnete sich und Jason stand mit einem Blumenstrauß mitten im Raum. Sie schlüpfte in ihren Morgenmantel und ging langsam auf ihn zu.

„Oh mein Gott, welch ein zauberhafter Strauß, ist der für mich?"

„Für wen denn sonst", erwiderte er lachend, „oder siehst du hier sonst noch jemanden."

Als sie ihn umarmte, rutsche ihr Morgenmantel wie durch Zufall von ihren Schultern und Jason sah diese wunderschöne Frau vor sich stehen und ihre zarte weiche Haut glänzte, in dem hereinfallenden Licht, wie eine makellose Statue aus feinstem Marmor. Das Geschenk, das Alice ihm machte, war ihrem Abschied angemessen. Sie liebten sich leidenschaftlich und sie versprach ihm, bald zu ihm nach Houston zurückzukehren. Obwohl Jason versuchte, sie zu einer gemeinsamen Rückkehr in die Staaten zu bewegen, entschloss sie sich, noch einige Zeit hier in London zu bleiben. Nach einem üppigen Abschiedslunch verabschiedete Lord Henry Jason mit großer Herzlichkeit.

„Ich hoffe wir sehen uns bald wieder", sagte er und drückte ihm fest die Hand. Er sah ihm in die Augen und Jason erwiderte seinen Blick.

„Enttäuschen Sie mich nicht, mein Sohn und seien Sie Alice ein guter Partner, denn sie ist eine wunderbare Frau und hat es wirklich verdient."

„Ich verspreche es Ihnen Mylord." Sie umarmten sich wie zwei alte Freunde, die sich schon seit ewigen Zeiten kannten.

Andrew wartete geduldig vor dem Eingangsportal des Herrenhauses, stieg aus, als Alice und Jason das Haus verließen, und nahm Jasons Gepäck auf, um es im Kofferraum zu verstauen. Er hatte gestern bei Harrods sehr viel Geld ausgegeben und sich komplett eingekleidet. Schuhe, Hemden, zwei Anzüge, diverse Krawatten, einen eleganten Trenchcoat aus feinstem sandfarbenem Gabardine hatte er ausgewählt. Er liebte die elegante englische Herrenmode, die nicht nur einen vorzüglichen Schnitt hatte, sondern auch aus den edelsten Stoffen gefertigt war und die handgefertigten Schuhe aus feinstem Leder waren an Qualität nicht zu überbieten.

Sicher hätte er sich all diese Sachen auch in den Staaten kaufen können. Aber hier in London bei Harrods einzukaufen, war ein besonderes Erlebnis, geprägt von jahrhundertalter Tradition und britischem Sinn für das Besondere, wie man es nur hier fand. Nach einer längeren Fahrt durch das Verkehrschaos dieser Millionenmetropole erreichten sie den London City Airport, wo Jason seinen

Flieger, in einem eigens dafür gemieteten Hangar, für die Zeit seines Aufenthaltes geparkt hatte.

In der Abflughalle kam plötzlich eine ganze Delegation von elegant gekleideten Herren auf sie zu. Verdutzt schaute Alice zu Jason herüber, weil er auf diese geballte Ladung Männer zuging und einen nach dem anderen mit Handschlag begrüßte. Dann schwirrten sie auch schon um sie herum, wie Motten um das Licht.

„Darf ich Ihnen meine Lebensgefährtin Alice Lady of Blanchfort vorstellen?"

Sie war erstaunt, wie flüssig ihm ihr Name über die Lippen kam. Hatte sie doch selbst noch Schwierigkeiten, sich an diesen Namen zu gewöhnen. Die Herren, die allesamt aus den besseren Kreisen der texanischen Gesellschaft stammten, war eine zwanzigköpfige Wirtschaftsdelegation, die in London an einem Kongress teilnahm. Sie hatten sich noch einen Tag nach diesem Kongress in London aufgehalten, um die Stadt kennenzulernen. Man musste wahrlich kein Prophet sein, wenn man den Verdacht hegte, dass sie sich auch anderen entspannenden Gelüsten hingegeben hatten. Sei's drum.

Ihre Devise war: „Wer hart arbeiten muss, hat auch das Recht, sich nach getaner Arbeit ein wenig zu entspannen. Ein Schelm, wer Böses dabei denkt."

Diese Herren waren schon mit Jason nach London geflogen und kehrten nun auf demselben Weg nach Houston zurück. Nach einem langen innigen Abschiedskuss, den die anwesenden Herren mit einem eifersüchtigen Gemurmel begleiteten, gingen sie geschlossen durch das Gate. Nachdem jeder Einzelne von ihnen, aufgrund der herrschenden strengen Sicherheitsmaßnahmen kontrolliert worden war, bestiegen sie das Flugzeug von Jason, einen Boeing Business Jet, der mit laufenden Turbinen und geöffneter Einstiegsluke zum Abflug bereit stand. Sie beobachtete die Szene mit ein wenig Wehmut und Abschiedstränen füllten ihre Augen. Jason drehte sich noch einmal um und winkte ihr zu. Dann sah sie ihn durch den Einstieg gehen und im Innern des Fliegers verschwinden. Die Tür wurde geschlossen und ein gelbes Lotsenfahrzeug geleitete die Maschine zu der vorgesehenen Startbahn. Die Maschine nahm Fahrt auf, erhob sich in die Lüfte und verschwand kurze Zeit später am Himmel über London.

Als sie vom Flughafen zurückkehrte, war nichts mehr von ihrer Fröhlichkeit und Ausgelassenheit zu spüren. Sie musste die ganze Zeit an die zärtlichen Berührungen von Jason denken und fühlte sich plötzlich einsam und alleingelassen. Nach dem Dinner mit Lord Henry zog sie sich auf ihr Zimmer zurück und schaute traurig auf das wundervolle Blumenbukett, das ihr Jason zum Abschied geschenkt hatte. Sie war glücklich und ausgelassen, als er bei ihr war. Umso schmerzlicher vermisste sie ihn jetzt, da er in die Staaten zurückkehrte.

Als sie sich auf ihr Bett legte und die Augen schloss, tauchten wieder diese Fragmente der Erinnerung vor ihrem geistigen Auge auf, um im nächsten Moment erneut im Nebel des Vergessenen unterzutauchen. Es waren immer nur kurze Augenblicke, in denen sie spielende Kinder sah, die fröhlich herumtobten. Sie sah fröhliche Erwachsene, die sich an der Ausgelassenheit der Kinder erfreuten. Und immer wieder tauchte das Gesicht einer wunderschönen Frau auf, die in den Armen eines eleganten dunkelhaarigen Mannes lag. Vor deren Füßen spielte ein kleines Mädchen selbstvergessen mit ihren Puppen. Dann waren da noch diese für Alice unerklärlichen Impressionen, die wie in einem Traum an ihr vorüberzogen und sich wie ein erlöschendes Feuer aus der Realität ihrer Gedanken zurückzogen und sie hilflos und unwissend zurückließen. Waren es wirklich nur Träume oder war es die Erinnerung, die langsam, ganz langsam zur Wirklichkeit wurde und in ihr Leben zurückkehrte? Sie wusste es nicht und niemand auf dieser Welt, so glaubte sie, konnte ihr darauf eine Antwort geben.

Die wunderbare Zeit im Hause des Lords ging langsam zu Ende und voller Dankbarkeit dachte Alice an die Zeit, die sie hier, sorglos und behütet, verlebt hatte. Sie war auf einem Weg der unvergesslich und prägend für ihr weiteres Leben war und den sie konsequent und zielstrebig weitergehen würde. Heraus aus der Ungewissheit des Lebens und hinein in eine bessere Zukunft. Stundenlang ging sie allein durch den Park, versuchte ihre Gedanken zu ordnen und hatte nur den einen Wunsch, der Tristesse, die sie so plötzlich befallen hatte, zu entfliehen. Sie stattete Lord Archibald einen letzten Besuch ab, bevor sie am nächsten Tag ihre Heimreise antrat. Aber sie war sich nicht mehr sicher, ob es tatsächlich eine Heimreise war oder ob sie ihre Heimat verließ, die sie hier gefunden hatte.

Ein letztes Mal wollte sie das pulsierende Leben dieser herrlichen Stadt in sich aufnehmen, bevor sie ihr für längere Zeit den Rücken kehrte. Als sie gerade gedankenverloren über den Trafalgar Square schlenderte und in einem Pub einen kleinen Imbiss zu sich nahm, trat ein hoch aufgeschossener Schwarzer auf sie zu, der sie schon eine geraume Zeit auf der Straße verfolgt hatte, ohne dass sie es bemerkte.

„Alice, mein Gott, bist du's wirklich?" Sie schaute erstaunt auf und blickte in ein paar funkelnde Augen, die sie überrascht anstarrten. Er trug einen dunkelgrauen Anzug und sein weißes, makelloses Hemd zierte eine edle Krawatte, die sie sehr stark an den außergewöhnlichen Geschmack von Jason erinnerte und plötzlich hatte sie erkannt, wer da vor ihr stand.

„Verdammt Jonny, ich glaub es nicht, wo kommst du denn her?" Vor überschäumender Freude sprang sie auf, trat auf ihn zu, umarmte ihn und gab ihm einen wenig damenhaften Schmatzer auf die Wange.

„Sag mal, du alter Ganove, wie siehst du denn aus? Im edlen Zwirn und rasiert, hast du etwa in der Lotterie gewonnen? Und überhaupt, wie kommst du nach London?"

„Langsam, Süße, immer schön der Reihe nach", erwiderte er grinsend und setzte sich zu ihr an den Tisch.

„Du hast es", erwiderte er mit einem tiefgründigen Lächeln, „mit einem reichen Mann zu tun, ein bisschen mehr Respekt, wenn ich bitten darf."

Als er lachte, sah sie wieder diese süßen Grübchen und seine weißen, blitzenden Zähne, die sie, seit sie sich in dieser Bar in der Bronx begegnet waren, so sehr liebte.

„Ach komm", sagte sie und er spürte, dass sie ihm kein Wort glaubte, „du hast bestimmt einen Herrenausstatter ausgeraubt, samt seiner Kasse und dich vorsichtshalber nach London verdrückt. Hoffentlich sind die Bullen nicht schon hinter dir her, denn die sind ganz scharf auf diese kleinen, süßen Ganoven wie du einer bist."

Wobei der Begriff kleiner Ganove absolut nichts, aber auch gar nichts mit seiner Körpergröße zu tun hatte, denn er war ein stattlicher Kerl mit einer Größe, die nahe an die Zweimetergrenze reichte.

„Immer noch die alte Alice, eine große Klappe und um keine Antwort verlegen."

„Das war ich schon immer, wenn du dich freundlicherweise mal daran erinnerst", und sie lachte, wie nur seine alte Freundin Alice lachen konnte.

Sie saßen zusammen, plauderten über vergangene Zeiten und im Laufe des Gesprächs erfuhr sie, dass er nun ganz seriös geworden war und im Auftrag seines neuen Chefs, des Inhabers einer Computerfirma, hier in London einige Geschäfte erledigen musste. Ganz nebenbei erzählte er ihr, dass er sogar Teilhaber dieser Firma war. Und da er immer ehrlich zu ihr war, vertraute er ihr sogar an, dass er seine Teilhaberschaft von dem Geld finanziert hatte, das er sich im Laufe der Jahre ergaunert hatte. Clever angelegtes Geld, was ihm gut tat und keiner vermisste, weil diese Typen genug davon hatten. Ein gerechter Deal, wie er fand. Er hatte sich wirklich gemausert. Aus dem leicht verkommenen Typen aus der New Yorker Bronx war ein gut aussehender, gepflegter junger Mann geworden.

„Hast wohl auch den großen Preis gewonnen und einen reichen Macker an Land gezogen", entgegnete er ein wenig respektlos.

„Kann man so sagen", strahlte sie ihn an.

Aber mehr bekam er nicht aus ihr heraus, obwohl er ihre Zurückhaltung nicht verstand. Sie war schon immer sehr zugeknöpft gewesen, wenn es darum ging, Geheimnisse für sich zu behalten, vor allem, wenn es ihre waren. Also beließen sie es dabei und Jonny fragte auch nicht weiter. Es hätte auch nichts genützt, denn Alice hätte ihm diese Fragen sowieso nicht beantwortet.

So sprachen sie lieber über die Zeit, in der sie New York unsicher gemacht hatten. Irgendwie hatte sie Jonny vermisst, seine schnoddrigen Sprüche, die er von Zeit zu Zeit zum Besten gab, brachten sie mehr als einmal zum Lachen und taten ihrer Seele gut. Und nun hatte sie ihn wieder getroffen. Unter Millionen Menschen war er ihr erneut über den Weg gelaufen. Zufall oder Schicksal? Wer wollte diese Frage beantworten? Die Erinnerung an ihr vergangenes Leben war auf eine Weise zurückgekehrt, die sie noch vor ein paar Stunden ins Reich der Fantasie verbannt hätte. Es war keine Fantasie, denn er saß leibhaftig vor ihr und lauschte schmunzelnd ihren Anekdoten, die sie, mit einer herzerfrischenden Fröhlichkeit, erzählte. Sie sprach über ihre erste nächtliche Begegnung mit den Cops in Santa Barbara und amüsierte sich köstlich über diese skurrilen Typen, die sie dort getroffen hatte.

Am meisten allerdings hatte es ihr dieser hoch aufgeschossene weibliche Cop angetan, deren Gesicht sie an eine Bergziege aus Montana erinnerte und die alles Mögliche unternahm, sie in den Knast zu stecken. Aber die Spuren, die sie verfolgte, gingen alle ins Leere, sodass sie letztendlich, sehr zu ihrem Leidwesen, resigniert aufgeben musste. Und dann dieser kleine verschwitzte Beamte, der sich als Alfred Hitchcock vorstellte und in ihr fast einen Lachkrampf ausgelöst hatte, weil er ihm so ähnlich war, dass er glatt als sein Zwillingsbruder durchgegangen wäre.

Sie hätte noch stundenlang mit ihm plaudern können, aber die Zeit drängte, denn sie musste sich noch für ihren Rückflug in die Staaten vorbereiten. Jonny begleitete sie noch ein Stück, verabschiedete sich dann und schaute sie aus etwas traurigen Augen an.

„Vergiss mich nicht ganz Alice. Es war schön, dich wiederzusehen."

„Irgendwann", erwiderte sie, „werden wir uns bestimmt wiedersehen. Mach´s gut Jonny."

Sie gab ihm einen Abschiedskuss auf die Wange und ging dann in Richtung Harrods, wo sie mit Andrew verabredet war. Jonny schaute ihr nach und plötzlich sah er, dass eine hagere Männergestalt auf Alice zuging und gestikulierend vor ihr stehen blieb. Alice sah diesen Unbekannten erschreckt an.

„Na, Lady, kennen Sie mich noch?", fragte er sie mit einem provozierenden Lächeln im Gesicht und schaute sie dabei durchdringend an.

„Es tut mir sehr leid, mein Herr, woher sollte ich Sie kennen?" Sie betrachtete ihn von oben bis unten und stellte fest, dass es eine sehr gepflegte Erscheinung war, die da vor ihr stand.

„Ach, Sie können sich nicht mehr an mich erinnern? Na, dann werde ich Ihnen mal ein bisschen auf die Sprünge helfen."

Ihr wurde unbehaglich und sie spürte, wie Panik in ihr aufstieg. War das nicht der Typ, dem sie in den Staaten in einem Drive In die Kreditkarten geklaut hatte?

„Verdammte Scheiße, wie kam der hier nach London und musste ausgerechnet ihr über den Weg laufen?", schoss es Alice durch den Kopf.

„Es tut mir leid, mein Herr, ich kenne Sie nicht", gab sie zur Antwort.

Er ergriff ihr Handgelenk und versuchte so, seiner Aussage den nötigen Nachdruck zu verleihen.

„Lassen Sie mich sofort los, Sie müssen mich mit jemandem verwechseln", zischte sie.

„Nein", sagte er im Brustton der Überzeugung, „ich verwechsele Sie nicht, Sie haben mir in einem Drive In meine Kreditkarten geklaut und sich dann aus dem Staub gemacht. Wir werden jetzt in die nächste Polizeistation gehen und dort werde ich Anzeige gegen Sie erstatten."

Für einen Augenblick war Alice einer Ohnmacht nahe, doch dann besann sie sich auf ihre alten Tugenden. Solche Situationen hatte sie schon mehrmals gemeistert und das nur, weil sie überlegt und völlig cool reagierte.

„Ich lasse mir doch von diesem Typ nicht meine Zukunft versauen", dachte sie und reagierte in diesem Moment so wie sie immer reagiert hatte, wenn brenzlige Situationen auf sie zukamen.

Cool, aber innerlich bebend erwiderte sie: „Nun gut, gehen wir."

Jonny hatte diese Szene aus respektvoller Entfernung beobachtet, hielt sich aber wohlweislich zurück, da er nicht wusste was geschehen würde, wenn er sich einmischte. Er stand aber für den Ernstfall bereit, um Alice bei drohender Gefahr zu helfen. Alice sah zwei Bobbys auf sich zukommen, die ganz offensichtlich ihre Auseinandersetzung mit diesem Typ beobachtet hatten.

„Können wir Ihnen behilflich sein, Mylady?", fragte einer der Bobbys.

„Dieser Herr verwechselt mich mit einer Person, die er zu kennen glaubt, behauptet aber felsenfest, dass ich diese Person bin."

„Sergeant, ich kenne diesen Mann nicht", erwidert Alice mit leisen Worten, die einer Dame ihres Standes angemessen waren. Allerdings fragte sie sich die ganze Zeit, wo Andrew mit dem Bentley blieb, denn er hätte sie sicherlich rehabilitieren können. Aber der stand wahrscheinlich noch bei Harrods und wartete auf sie. Plötzlich sah der Sergeant sie an.

„Entschuldigen Sie Mylady, sind Sie nicht Lady Blanchfort? Es tut mir sehr leid, dass ich Sie nicht sofort erkannt habe, dürfte ich aber trotzdem Ihre Papiere sehen."

„Aber selbstverständlich", erwiderte sie.

Sie nahm ihren Ausweis aus ihrer Handtasche und reichte ihn dem Sergeant. Innerlich bebte sie, aber was sollte schon passieren, beruhigte sie sich. Die Papiere waren echt und die Relikte ihrer Vergangenheit waren im Reißwolf verschwunden. Nach eingehender Prüfung, bei der der Sergeant die Echtheit des Dokuments erkannte, gab er ihn Alice mit einem Ausdruck des Bedauerns zurück. Jetzt wandte er sich diesem Typ zu, der nun schon recht kleinlaut neben ihr stand.

„Was führt Sie nach London, Sir?", fragte der Bobby in einem höflichen Ton.

„Ich habe in London geschäftlich zu tun", erwiderte der Kerl wahrheitsgemäß.

„Darf ich auch um Ihren Ausweis bitten."

Widerwillig zog er seinen Ausweis aus seiner Brieftasche. Nachdem dieser die Papiere eingehend geprüft hatte, wandte er sich ihm erneut zu.

„Bitte lassen Sie die Lady in Ruhe und verschwinden Sie, bevor ich es mir anders überlege und sie mit in die Polizeiwache nehme. Dort werde ich dann Ihre Personalien aufnehmen und die Lady wird zur Befragung sicherlich in Begleitung ihres Anwalts auftauchen. Sie wollen doch als amerikanischer Staatsbürger keinen Ärger mit unseren Behörden haben, oder?"

Dann fügte er mit einem strengen Blick hinzu: „Schließlich handelt es sich bei der Lady um eine Persönlichkeit unserer Stadt."

„Schon in Ordnung", erwiderte der Typ ziemlich kleinlaut, „da habe ich mich wohl geirrt."

Den Vorwurf, Alice hätte ihm seine Kreditkarten geklaut, verschwieg er vorsorglich, denn er wollte unter allen Umständen verhindern, dass er hier in die Mühlen der Justiz geriet, denn er wusste in diesem Moment, dass eine Anzeige, außer Ärger, nichts bringen würde. Er drehte sich ohne ein weiteres Wort zu sagen um und ging mit schnellen Schritten davon, um in der nächsten Seitenstraße zu verschwinden.

Alice stand einen Augenblick wie erstarrt da und musste diesen Schreck erst einmal verdauen, als Jonny neben ihr auftauchte.

„Was war das denn?", fragte er mit sorgenvoller Miene.

„Eine Verwechslung", erwiderte sie kurz und bündig ohne weiter darauf einzugehen, griff in ihre Handtasche, nahm ihr iPhone heraus und wählte die Nummer von Andrew, der schon die ganze Zeit auf sie gewartet hatte. Augenblicke später fuhr ein Bentley vor und hielt am Straßenrand. Als Alice auf den Wagen zuging, schaute Jonny sie mit weit aufgerissenen Augen an.

„Das glaub ich jetzt nicht", war sein einziger Kommentar, den er stotternd von sich gab.

Die Tür öffnete sich und ein Chauffeur, mit Mütze und dunklem Anzug, verließ das Fahrzeug und öffnete ihr die Tür. In diesem Moment hatte Jonny ein Déjà-vu. Er erinnerte sich an ihren grandiosen Coup in New York, als sie den Guccis einen erfolgreichen Besuch abstatteten und wo er mit Alice eine Show abgerissen hatte, die kaum zu überbieten war. Er als Chauffeur und sie als die feine Lady und jetzt spielte sich die gleiche Szene in London ab, nur dass sie jetzt wirklich eine feine Lady war. Und auch der

Chauffeur war echt und trug ganz sicherlich keinen Anzug aus dem Kostümverleih.

Nun gab es ja in England ein ungeschriebenes Gesetz, dass alle Bediensteten über Dinge, die sie sahen, absolutes Stillschweigen zu wahren hatten. Trotzdem war es nicht verwunderlich, dass Andrew sich seine eigenen Gedanken über diese seltsame Begegnung machte, aber aus Gründen der Diskretion, niemals einen Kommentar dazu abgeben würde. Alice jedenfalls war froh darüber, dass ihr statt eines nicht gerade eleganten Typs aus der New Yorker Bronx, den sie nur mit zerknittertem T-Shirt und einer schmuddeligen Jeans kannte, ein eleganter, gut aussehender Mann, der aussah wie ein erfolgreicher, dynamischer Geschäftsmann, gegenüberstand.

So gesehen, war es eine ausgesprochen unverfängliche Situation, in der sich beide befanden. Außerdem wäre es ja nicht das erste Mal, dass man irgendwo auf dieser Welt zufällig einem Menschen begegnet, den man aus seiner Heimat kennt. Sie musste sich also keine Gedanken darüber machen, dass diese Begegnung zu irgendwelchen Spekulationen Anlass gab. Sie verabschiedeten sich ausgesprochen herzlich. Sie stieg wie immer in den Fond des Wagens und als Andrew losfuhr, drehte sie sich noch einmal um und winkte Jonny ein letztes Mal zu. Er stand, immer noch mit einer erstaunten und ungläubigen Miene im Gesicht auf der Straße und schaute ihr nach, bis der Bentley im Verkehrschaos dieser Stadt verschwunden war.

Sie saß in Gedanken versunken da, ließ dieses unangenehme Vorkommnis noch einmal Revue passieren. Sie hatte wieder mal Glück gehabt und war dieser erneuten Konfrontation mit ihrer jüngsten Vergangenheit noch einmal entkommen. Sie drehte sich um und winkte Jonny ein letztes Mal zu, der noch immer, völlig verwirrt, am Straßenrand stand. Insgeheim freute sie sich darüber, dass auch Jonny den Absprung in ein normales Leben gefunden hatte. Sie war ihm auch jetzt noch in Freundschaft verbunden. Er war ein echter Verbündeter für sie geworden. Obwohl sie ihn erst so kurze Zeit kannte, hatte er sie, wenn auch nur ein kleines Stück, auf ihrem, manchmal nicht sehr leichten, Lebensweg begleitet.

Er war für sie da, wenn sie ihn brauchte und da es ihm nie an Erfindungsreichtum mangelte, hatte er in mancher brenzligen Situation dafür gesorgt, dass sie nie erwischt wurden und immer heil aus der Geschichte herauskamen. Vielleicht lag es auch daran, dass sie das gleiche Schicksal hatten und das schweißt bekanntlich zusammen. Wie auch in diesem Fall, hatte ihnen dieses Gefühl der Zusammengehörigkeit, Kraft zum Überleben gegeben. Es war keine Dankbarkeit, die sie empfand, sondern eine innere Verbundenheit, die sie immer dann besonders zu schätzen wusste, wenn sie sich einsam und allein gelassen fühlte.

Sie waren auf dem Weg nach Rochester. Alice saß im Fond des Bentley, in ihrem Kopf herrschte ein heilloses Chaos, und urplötzlich überfiel sie eine nie gekannte Melancholie. Welch ein Scheißleben, ein Leben ohne Vergangenheit und ein Leben ohne Zukunft. Zum ersten Mal hatte sie Zweifel. Würde sie jemals wieder ein normales Leben führen können? Ein Leben ohne Angst, ohne das Gefühl zu haben, überall verfolgt zu werden. Musste sie jetzt dafür büßen, dass sie nicht mehr wusste, welche Umstände sie in diese Situation gebracht hatten? Zusammengekauert und in ihre Gedanken versunken saß sie da, sah nicht die tiefstehende Abendsonne, die sich einen Weg durch den wolkenverhangenen Himmel bahnte und sich nun triumphierend am Himmel zeigte. Sie tauchte die liebliche Landschaft in ein malerisches Licht. Sie sah nicht die saftigen grünen Wiesen, die ihren Weg säumten, sah nicht die Bäume, deren Äste sich im Wind bewegten. Sie schaute in das Innerste ihrer Seele und sah nur Finsternis.

Leise surrte der Motor des Bentley. Andrew spürte nichts von ihrer Unruhe, ihren Selbstzweifeln, die sie plagten. Er sah nur, dass Alice ganz ruhig dasaß, und hatte das Gefühl, dass sie schlief. Seine Chauffeursmütze hatte er noch immer auf seinem Kopf, denn es ziemte sich nicht diese abzusetzen. Er saß da steif und unbeweglich, wie erstarrt, konzentrierte sich nur darauf, was vor ihm auf der Straße nach Rochester geschah. Andrew brachte sie zurück in eine Welt, die sie in diesem Augenblick, trotz aller Annehmlichkeiten die sie genoss, daran zweifeln ließ, ob es ihre Welt war, die ihr doch eigentlich im Tiefsten ihres Inneren so unglaublich fremd war. Sie fuhren vorbei an grünen Hügeln, in deren Mulden sich kleine Cottages Schutz suchend hinter Bäumen und Schutzwällen aus Steinen versteckten.

Plötzlich spürte Alice wie Andrew immer wieder in den Rückspiegel sah. Alice drehte sich um und sah ein schwarzes Auto, das in einem gebührenden Abstand hinter ihnen herfuhr. Andrew verlangsamte seine Fahrt und forderte mit einem Handzeichen das hinter ihm fahrende Fahrzeug auf, ihn zu überholen, doch nichts geschah. Alice hatte Andrew von dem Vorfall bei Harrods erzählt und jetzt vermutete sie, dass dieser Typ die ganze Zeit hinter ihr hergeschlichen war und sie beobachtet hatte, als sie zu Andrew in den Wagen gestiegen war. Augenblicklich bekam sie wieder dieses mulmige Gefühl, ein untrügliches Zeichen dafür, dass er sich in ein Taxi gesetzt hatte und sie verfolgte. Andrew drehte sich für einen Augenblick um.

„Festhalten, Mylady." Dann trat er auf das Gaspedal und der Bentley schoss mit aufheulendem Motor davon und ließ eine Staubwolke hinter sich. Kurz darauf war von dem hinter ihnen fahrenden Taxi nichts mehr zu sehen. Alice' Knie zitterten vor Aufregung, auf ihrer Stirn hatten sich kleine Schweißperlen gebildet und sie spürte wie sie schwitzige Hände bekam. Ausgerechnet hier in London musste ihr dieser Typ begegnen. Eine Begegnung, die unter Millionen vielleicht einmal vorkommt. Zufall oder die Strafe für ihre Betrügereien?

Plötzlich riss Andrew das Steuer des Bentley herum und fuhr in einen kleinen Waldweg, der von der Hauptstraße in ein Waldstück führte, fuhr ein Stück hinein, bis sich im Dickicht der Sträucher und Bäume die Konturen des Autos verloren. Er stellte den Motor ab und dann warteten sie. Es mochten ungefähr zwei Minuten vergangen sein, als das Taxi an der Waldschneise vorbei fuhr, kurz abstoppte, so als ob sie den Bentley entdeckt hatten.

Alice faltete die Hände und flüsterte angstvoll: „Bitte lass ihn weiterfahren, bitte, bitte."

Ihre Finger verkrampften sich in die Armlehnen des Wagens, das Herz schlug ihr bis zum Hals, dann war alles vorbei. Das Taxi setzte seine Fahrt fort. Erleichtert atmete sie auf.

„Mylady, wir müssen noch warten bis wir weiterfahren, vielleicht lauert er irgendwo und dann tappen wir direkt in die Falle."

Alice sagte kein Wort, ließ alles mit sich geschehen, schaute nur immer wieder zu Andrew hinüber, der ihr aufmunternd zunickte. Er sah die Angst in ihren Augen, konnte sich nicht erklären, wie es zu dieser unerfreulichen Begegnung gekommen war. Es musste etwas Schwerwiegendes vorgefallen sein. Eine Erklärung hierfür konnte nur Alice geben, aber die schwieg lieber. Sollte sie ihm beichten, dass es der Typ war, dem sie in den Staaten die Kreditkarten geklaut hatte? Ihre ganze Geschichte würde wie ein Kartenhaus zusammenstürzen und sie hätte für alle Zeiten ihre Glaubwürdigkeit verloren. Nach einer geraumen Zeit des Wartens und Schweigens fuhr Andrew langsam bis zur Einmündung des Waldweges und als er feststellte, dass weit und breit kein Taxi zu sehen war, setzte er die Fahrt fort.

19. Kapitel

Die Nebel des herannahenden Herbstes zogen über das Land, legten sich wie ein Tuch des Vergessens über die Täler und Wiesen. Die Dunkelheit kroch langsam über die Hügel der Grafschaft, das Grau der wabernden Nebelschwaden vermischte sich mit der Dunkelheit zu einem endlos schwarzen Horizont. Ganz weit in der Ferne blitzten die letzten Sonnenstrahlen durch das Dickicht aus Wolken und Nebel. Sie waren kurz vor Rochester. Die Scheinwerfer des Bentley stachen in die Luft, die inzwischen zu einer fast undurchdringlichen Wand geworden war. Schemenhaft flogen Bäume und Sträucher vorbei. Alice saß im Fond des Wagens und war ein wenig erschöpft, der Blick aus dem Fenster auf die vorbeifliegenden Nebel hatte sie schläfrig gemacht.

Immer noch mit dem beschäftigt, was in der letzten Stunde geschehen war, erreichten sie das Anwesen des Lords und als sie vor dem Eingangsportal hielten, schreckte sie auf und ihr blieb fast der Atem stehen. Das Tor war verschlossen, uniformierte Polizisten standen mit Maschinenpistolen bewaffnet vor dem Tor und sicherten das Grundstück ab. Alice schaute fassungslos auf dieses gespenstische Szenario. Ihr Körper rebellierte und sie spürte, wie Übelkeit in ihr aufstieg. „Nimmt denn diese Horrorgeschichte überhaupt kein Ende?", dachte sie und zitterte am ganzen Körper. Ein Beamter kam auf den Wagen zu und forderte Andrew auf, mit erhobenen Händen das Fahrzeug zu verlassen.

„Drehen Sie sich um und legen sie die Hände auf das Dach", er sagte dies in einem Ton, der alles andere als freundlich war. Währenddessen saß Alice zusammengekauert im Fond des Wagens und schaute ängstlich auf das, was vor ihren Augen geschah.

„Jeder Traum vom neuen Glück geht einmal zu Ende", dachte sie und wollte sich in ihr Schicksal fügen.

Immer diese Angst, immer die Sorge irgendwann entdeckt und überführt zu werden, ständig auf der Flucht zu sein, all dies zermürbte sie innerlich und immer öfter spielte sie mit dem Gedanken aufzugeben, sich einfach der Polizei zu stellen und die gerechte Strafe für ihre Untaten in Kauf zu nehmen. Sie spürte in diesem Moment wie alle Kraft aus ihrem Körper wich, sie wollte nur noch ihre Ruhe haben, ob in Freiheit oder im Gefängnis, das war ihr inzwischen egal. Tränen der Hilflosigkeit benetzten ihre Augen, als sie ein Klopfen an der Schreibe vernahm. Der grelle Schein einer Taschenlampe blendete sie und Augenblicke später sah sie das Gesicht eines Polizisten, der in das Innere des Wagens schaute, die Tür mit einem Ruck aufriss und sie aufforderte, mit erhobenen Händen aus dem Wagen auszusteigen. Immer noch am ganzen Körper zitternd folgte sie der Anweisung des Beamten und blieb ängstlich mit gesenktem Kopf vor ihm stehen.

„Ich möchte gerne ihre Papiere sehen, Mylady", sagte er und sein Ton klang schon eine Spur freundlicher.

Mit zitternden Händen nestelte Alice in ihrer Handtasche herum, bis sie ihre Ausweispapiere gefunden hatte und dem Beamten mit einem schuldbewussten Gesicht übergab. Sie hatte sich in diesem Moment ihrem Schicksal ergeben.

„Sollen sie mich doch in den Knast stecken", sinnierte sie und ein resignierendes Lächeln huschte über ihr Gesicht. Der Beamte überprüfte im Schein seiner Taschenlampe ihre Papiere, ging dann zu einem Streifenwagen, der in unmittelbarer Nähe stand und verschwand im Innern des Wagens.

„Wo ist Andrew?", schoss es ihr durch den Kopf. Ängstlich schaute sie umher, aber sie sah ihn nicht. Panik ergriff sie und in diesem Augenblick schien sie einer Ohnmacht nahe, sie lehnte sich an das Autodach und übergab sich. Dies musste einer der Beamten beobachtet haben, denn er lief auf sie zu und konnte sie gerade noch stützen, bevor sie ohnmächtig zu Boden sank.

„Mylady, kann ich Ihnen helfen, ist Ihnen nicht gut, soll ich einen Krankenwagen rufen?"

Zu viele Fragen auf einmal, sie wusste nur, dass ihr speiübel war und sie sich am liebsten in ein Mauseloch verkrochen hätte.

Augenblicke später sah sie, wie der Beamte, dem sie ihre Ausweispapiere gegeben hatte, aus dem Streifenwagen ausstieg und mit schnellen Schritten auf sie zukam.

„Mylady, es tut mir furchtbar leid, aber die Kontrolle musste sein."

„Was ist geschehen, Chief Inspector?", fragte Alice so unverfänglich, wie es ihre augenblickliche Verfassung zu ließ.

Sie versuchte ihm zu schmeicheln, indem sie ihn mit seinem Dienstgrad ansprach. Nicht, dass sie sich mit der englischen Polizei und deren Dienstgraden beschäftigt hätte, nein das lag ihr wirklich fern, denn sie sah diese Art von Staatsdienern lieber zwanzig mal von hinten als einmal von vorn und außerdem hatte sie mit der Staatsgewalt in der letzten Zeit genug Erfahrungen gemacht und die waren nicht immer erfreulich.

Der Chief Inspector schaute sie freundlich an.

„Lady Blanchfort, ich bitte Sie nochmals um Entschuldigung für diese Unannehmlichkeiten, aber wir haben vom CI5 Hinweise bekommen, dass eine militante Gruppe von Gegnern der Monarchie in diesen Tagen Terroranschläge auf adelige Kreise verüben will."

„Das ist ja furchtbar, Chief Inspector. Wie können diese Menschen nur so etwas tun?"

„Darauf, Mylady, kann ich Ihnen leider keine Antwort geben. Sie dürfen passieren."

Er winkte einem Posten zu, der das Tor sicherte, und dieser gab den Zugang zum Grundstück des Lords frei. Inzwischen hatte sich auch Andrew, nachdem er einige unangenehme Kontrollen über sich ergehen lassen musste, wieder eingefunden. Er nahm diese ganze Prozedur aber mit einer Gelassenheit hin, die Alice in Erstaunen versetzte. Vielleicht lag es ja daran, dass er eine blütenweiße Weste hatte, was man von Alice nicht gerade behaupten konnte.

Als sie spürte, dass dieser Kelch wieder einmal an ihr vorüber gegangen war, beruhigten sich ihre Nerven. Andrew setzte sich hinter das Steuer und fuhr den Bentley langsam durch das jetzt geöffnete Tor und hielt vor dem Eingangsportal. Der Lord hatte von diesem Vorkommnis anscheinend nichts mitbekommen, denn er war noch nicht einmal vor das Haus getreten. Man hatte ihn lediglich darüber informiert, dass man, um Schaden von ihm abzuwenden, das Grundstück in den nächsten Tagen bewachen würde.

Er hatte das, ohne eine Spur von Aufregung, zur Kenntnis genommen und war zur Tagesordnung zurückgekehrt. Alice hatte mal wieder tausend Schutzengel und war, wie schon so oft in der letzten Zeit, mit einem blauen Auge und einer gehörigen Portion Angst davongekommen. Als sie die Tür der Empfangshalle öffnete traute sie ihren Augen nicht.

Der Raum war gefüllt mit einer unübersehbaren Menge festlich gekleideter Menschen, die munter plaudernd umherstanden und sich anscheinend köstlich amüsierten. Als sie eintrat, verstummte jegliches Gespräch und alle schauten neugierig und gleichzeitig interessiert zu ihr herüber.

„Typisch für diese Briten. Draußen ist Terroralarm und hier drinnen feiern sie in aller Seelenruhe eine Party."

Verständnislos schüttelte Alice den Kopf. Nie und nimmer wäre dies in den Staaten möglich gewesen, im Gegenteil. Man hätte innerhalb kürzester Zeit alle zur Verfügung stehenden Sicherheitskräfte vor Ort gehabt und sogar die Nationalgarde mobilisiert. Die Menschen hätten sich in ihren Häusern verschanzt und sicherlich keine Party gefeiert.

„Was ist hier los", schoss es ihr durch dem Kopf, „bin ich etwa im falschen Haus gelandet? Hat denn keiner gemerkt, was da draußen los ist?"

Doch ihre erste Unsicherheit verflog, als Lord Henry ihr lachend entgegenkam und ihr einen Begrüßungskuss gab.

„Dad", flüsterte sie, „was wird das hier? Was wollen die ganzen Menschen hier? Hast du nicht mitbekommen, was da draußen passiert ist? Ich habe eine halbe Stunde wie eine Terroristin vor der Tür gestanden und musste mich ausweisen. Kannst du dir vorstellen wie groß meine Angst war?" Voller Mitleid schaute er sie an.

„Es tut mir sehr leid mein Schatz, wenn ich das gewusst hätte, wäre ich dir selbstverständlich zur Hilfe gekommen."

„Bist du aber nicht", und aus ihren Worten konnte er ihre Enttäuschung über dieses Versäumnis hören.

„Nun komm", sagte er, „sei nicht mehr böse auf mich. Es tut mir sehr leid."

„Das sollte dir auch leidtun", erwiderte sie, noch immer ein wenig beleidigt.

Er schaute sie mit großen Augen an, so wie er es immer tat, wenn er ein schlechtes Gewissen hatte.

„Komm", flüsterte er ihr zu, „ich habe eine Überraschung für dich", entgegnete er geheimnisvoll.

Er nahm Alice in den Arm und ging mit ihr in die Mitte der Halle, wandte sich den anwesenden Gästen zu und bat um Aufmerksamkeit. Alle waren gespannt auf das, was nun folgen würde. Alice stand neben ihm und blickte gespannt in die Runde.

„Meine lieben Freunde", begann er seine Ansprache, hüstelte ein wenig und fuhr dann fort, „darf ich euch meine Tochter Alice vorstellen, die ich so lange vermisst und jetzt endlich wiedergefunden habe."

Man konnte währenddessen eine Stecknadel zu Boden fallen hören und spüren, dass die Anwesenden, jedes seiner Worte, intensiv in sich aufnahmen, zum einen aus Neugier und zum anderen trauten sie der ganzen Geschichte noch nicht so recht, obwohl sie dies ihm gegenüber niemals äußern würden. Als er geendet hatte, begann die Begrüßung, was Alice vollends aus der Fassung brachte. Junge Damen aus bestem Hause kamen auf sie zu und umarmten sie, als würden sie sich schon seit ewigen Zeiten kennen. Junge Männer reihten sich ein und begrüßten sie mit einem eleganten Handkuss, so wie es sich für aristokratische Sprösslinge gehörte. Sie waren alle in eleganten Anzügen erschienen und einige von ihnen trugen sogar Uniformen der königlichen Garde. Es waren, und das stellte sie mit einem Blick fest, durchweg ausgesprochen hübsche Burschen, die da vor ihr standen und trotz aller Diskretion nicht vergaßen, einen Blick in ihren Ausschnitt zu werfen.

Die älteren Damen fixierten sie mit Blicken, sagten aber nichts, ganz offensichtlich, weil ihre Jugend bereits an ihnen vorübergezogen war und die Alterspatina in ihren Gesichtern mehr als sichtbar wurde. Sie, die charmante junge Tochter des Lords, stahl ihnen natürlich die Show und machte ihnen mehr als deutlich, dass sie den Zenit ihres Lebens bereits seit längerer Zeit überschritten hatten.

Die alten Herren waren von einer ausgesprochen charmanten Zurückhaltung und mit jedem Wort, das sie sagten, gaben sie Alice das Gefühl, etwas ganz Besonderes zu sein. Sie war umlagert von einer Horde junger Sirs und Lords und bemerkte, dass die anfängliche Freundlichkeit der jungen aristokratischen Damen allmählich in Eifersucht umschlug. Sie schauten mehr als einmal mit strafendem Blick zu ihr herüber.

Aber all dies störte sie nicht. Sie genoss, nachdem sie ihre anfängliche Befangenheit abgelegt hatte, diese zu ihren Ehren inszenierte Abschiedsfeier. Plötzlich entdeckte sie Lord Archibald, der mit einigen anderen honorigen Herren zusammenstand und sich angeregt über offensichtlich sehr wichtige Dinge unterhielt. Sie ging auf ihn zu und begrüßte ihn.

„Hallo Archibald, schön Sie zu sehen."

„Ich freue mich auch mein Kind."

Er nahm sie in die Arme und drückte sie fest an seine kräftige Aristokratenbrust. Kurze Zeit darauf bat der Lord zu Tisch und als sie alle Platz genommen hatten, liefen livrierte Diener geschäftig umher, um die vorbereiteten Speisen aufzutragen.

Als Vorspeise gab es eine Variante der Turtle Soup mit Namen Lady Curzon, die mit Schlagsahne gekrönt war, mit Curry gewürzt und kurz gratiniert. Nun sollte man aber nicht glauben, dass Alice in dieser kurzen Zeit zu einer Kennerin der adeligen Küche mutiert war, diese Kenntnisse entnahm sie den auf der stilvoll gedeckten Tafel ausgelegten Menükarten, die eigens für diesen Anlass gedruckt worden waren.

All dies hatte Margret in aller Stille vorbereitet, ohne dass sie auch nur das Geringste davon mitbekommen hatte. Danach gab es Rehrücken mit schwarzen Trüffeln und dazu einen vorzüglichen roten Dom Pérignon. Grund genug also, jeden dieser köstlichen Bissen, mit allen Sinnen zu genießen. Um die ganze Sache abzurunden, wurde zum Schluss noch eine leckere Strawberry Icecream gereicht. Alice war begeistert und dankbar zugleich, denn nie im Leben hatte sie an eine derart überwältigende Überraschung gedacht. Lord Henry kam auf sie zu, rundherum zufrieden und glücklich über das, was Margret und ihre fleißigen Helfer da gezaubert hatten. Der Abend plätscherte in einer fröhlichen und angenehmen Atmosphäre dahin. Man kam ins Gespräch, lachte und tanzte ausgelassen und so kam man sich näher und kurz darauf, wurden bereits die ersten Einladungen der jungen Aristokraten ausgesprochen, die sie mit ehrlichem Bedauern ablehnen musste, da sie ja am nächsten Tag zurück in die Staaten fliegen würde.

Als die letzten Gäste gegangen waren, saßen der Lord und sie noch gemütlich im Salon und man sah ihm an, dass es ihm schwerfiel Abschied zunehmen.

„Alice bist du ganz sicher, dass du morgen wieder zurück musst?", fragte er mit schon fast flehender Stimme.

„Bleib doch noch einige Zeit hier bei mir und genieße das Leben. Jason kann dich doch jederzeit besuchen. Du weißt, dass ich ihn sehr mag und er immer herzlich willkommen ist."

„Ich weiß, Dad", erwiderte sie, den Tränen nahe, „aber ich muss zurück, Jason wartet auf mich."

Im nächsten Moment fiel ihr aber ein, dass sie noch gar nicht wusste, wohin sie ihr Weg führte. Nach Houston, wo sie niemand kannte? Sie als Fremde im Garten Eden, der ihr so fremd war. Hier, und das wurde ihr immer klarer, hatte sie ihre neue Heimat gefunden, war glücklich und zufrieden und es war das erste Mal, dass sie nicht mehr davonlaufen wollte. Sie war angekommen in ihrer Welt. Und als sie in seine traurigen Augen sah, brachte sie es nicht übers Herz, ihn so plötzlich im Stich zu lassen.

Kurz entschlossen rief sie in Heathrow an und sagte mit dem Ausdruck des Bedauerns den Flug für den nächsten Tag ab. Sie sei leider verhindert und müsse wichtige Dinge erledigen, die keinen Aufschub duldeten.

Sie wusste, dass ihre Zeit, die sie in London verlebte, nicht von Dauer sein konnte, irgendwann in naher Zukunft würde sie Abschied nehmen müssen, würde zurückkehren in das Land, in dem der Mann lebte, den sie von ganzem Herzen liebte. Nur über das Wann und Wie war sie sich noch nicht im Klaren. Doch dann geschah etwas, das ihre Unsicherheit ins Wanken brachte.

Zwei Tage nachdem Jason zurück in die Staaten gekehrt war, las Alice in der New York Times, dass er bei einem Verkehrsunfall schwer verletzt worden war und seit diesem Tag im „Memorial Hermann Southwest Hospital" in Houston auf der Intensivstation lag.

Verzweifelt und kaum in der Lage, einen klaren Gedanken zu fassen, las sie immer wieder diese Schreckensmeldung: „Jason Kennedy, Präsident der Emmerson Mobile Oil Company, bei einem Verkehrsunfall schwer verletzt."

Kopflos lief sie in Lord Henrys Arbeitszimmer. Er musste diese Meldung ebenfalls gelesen haben, denn er saß mit versteinerter Miene hinter seinem Schreibtisch. Das Lächeln war aus seinem sonst so fröhlichen Gesicht gewichen. Mühsam erhob er sich von seinem Schreibtisch und ging mit schweren Schritten auf sie zu. Weinend umarmte sie ihn und schluchzte.

„Oh Dad, ich verstehe es nicht, wie konnte das passieren?"

Achselzuckend stand er da und wusste keine Antwort, sah nur den Schmerz und die Verzweiflung in ihren Augen.

„Ich muss zurück Dad, muss zu ihm und ganz nah bei ihm sein."

„Ja, mein Kind, das musst du! Geh zurück zu ihm und sei in seiner Nähe, das wird ihm sicherlich helfen."

„Soll ich dich begleiten?", fragte er plötzlich und unerwartet und sah sie fragend an. Er glaubte in diesem Moment, einen Funken Hoffnung in ihren Augen zu sehen.

„Oh Dad", erwiderte sie noch ganz überwältigt von diesem Angebot, „das wäre wunderbar", und er spürte, wie sie am ganzen Körper zitternd vor ihm stand und ihn nicht mehr loslassen wollte. In diesem Moment war sie wieder das kleine schutzbedürftige Mädchen, das Trost und Geborgenheit suchte und nun all das, was sie schon eine geraume Zeit vermisst hatte, endlich in den starken Armen dieses Mannes gefunden hatte.

Der Lord rief umgehend in Heathrow an und reservierte bei der British Airways London einen Nonstop-Flug nach

Houston für den nächsten Tag. Margret war von dieser Hiobsbotschaft geschockt. Sie, die immer so beherrscht und souverän wirkte, hatte für einen Moment die Fassung verloren und schlug die Hände vor das Gesicht, um ihr Entsetzen zu verbergen. Ohne zu zögern ging sie in Lord Henrys Schlafzimmer und packte alles, was er für seinen Amerikaaufenthalt benötigte, in einen großen Lederkoffer. Währenddessen saß Alice schluchzend auf ihrem Bett und ließ ihren Gefühlen freien Lauf. Verzweifelt wählte sie mehrmals hintereinander seine Nummer, doch niemand meldete sich. Beim letzten Versuch, den sie unternahm, hörte sie plötzlich ein Knacken in der Leitung und eine weibliche Stimme meldete sich.

„Büro Jason Kennedy, was kann ich für Sie tun?"

„Hier ist Alice Blanchfort, ich weiß nicht, ob Sie mich kennen?"

Einen Augenblick war Schweigen auf der anderen Seite.

„Doch Mylady, ich kenne Sie, Sie sind doch die Freundin von Mr Kennedy."

Und trotz dieses traurigen Ereignisses spürte Alice die Zurückhaltung und Rivalität in Lesleys Stimme.

Doch dann hatte sie sich besonnen, und begegnete ihr mit einer weitaus freundlicheren Stimme.

„Hören Sie, Lesley, ich will es kurz machen, wären Sie so nett und würden für meinen Dad und mich für morgen Zimmer reservieren?"

Erstaunt legte Lesley eine Pause ein, denn damit hatte sie nun wirklich nicht gerechnet, aber sie hatte auch nicht den Mut nach dem Grund ihres Besuchs zu fragen, denn Jason schätzte derart indiskrete Fragen nicht und konnte sehr ungehalten werden.

„Selbstverständlich Mylady, das wird sofort erledigt."

„Wir landen morgen Abend gegen 6.30 Uhr mit dem Flug 5413 der British Airways in Houston und ich wären Ihnen sehr dankbar, wenn Sie uns abholen ließen."

„Kein Problem Mylady, selbstverständlich."

Damit war das Gespräch zwischen den beiden beendet und Alice verabschiedete sich mit den Worten „Danke Lesley, das ist sehr freundlich von Ihnen, dann bis morgen."

Wer allerdings glaubte, dass das Knistern in der Leitung von der schlechten Verbindung herrührte, musste sich eines anderen belehren lassen. Dieses Knistern waren atmosphärische Störungen, die während des Gesprächs zwischen den beiden rivalisierenden Damen ausgetauscht wurden. Ganz einfach ausgedrückt, Lesley war immer noch bis über beide Ohren in Jason verliebt, obwohl sie genau wusste, dass sie bei ihm nie eine Chance haben würde. Das hatte er ihr auch schon in aller Deutlichkeit gesagt. Aber Frauen sind ja, wie wohl jeder weiß, sehr hartnäckig, wenn es darum geht, sich auch aussichtslosen Situationen zu stellen. In sehr vielen Fällen ist dann die Devise „die Hoffnung stirbt zuletzt" der imaginäre Rettungsanker, der sie am Leben erhält.

Lesley war zum Glück allein in ihrem Büro, denn was sie nach Beendigung dieses Gesprächs von sich gab, sei hier verschwiegen. Es gehörte ganz sicherlich nicht in den Mund einer kultivierten Dame. Alice aber wusste nichts von dieser Rivalität und war deshalb eher mit der Sorge um Jasons Gesundheit beschäftigt.

Margret klopfte an ihre Tür und betrat das Zimmer, um ihr beim Packen zu helfen. Sorgfältig wählte sie die Kleidungsstücke aus, die sie auf die Reise mitnehmen wollte. Nachdem sie den ersten Schreck überwunden hatte und alles wieder in einigermaßen geordneten Bahnen verlief, hatte sie das dringende Bedürfnis, sich mit einem Bad zu erfrischen. Margret bereitete es ihr, ließ das sprudelnde Wasser in die Wanne laufen, gab erfrischende und beruhigende Essenzen dazu. Als Alice in die Wanne schlüpfte, streckte sie sich und der Duft und die wohltuende Wärme des Wassers taten ihr so gut, dass sie die Augen schloss und spürte, wie die Ruhe in ihren Körper zurückkehrte.

20. Kapitel

Sie hatte wieder einmal eine unruhige Nacht verbracht. Immer wieder schreckte sie aus dem Schlaf auf. Sie war in großer Sorge um den Gesundheitszustand von Jason und konnte es kaum erwarten bei ihm zu sein. Es muss so gegen 7.00 Uhr morgens gewesen sein, als sie sich erhob und aus dem Fenster ihres Zimmers in den Park schaute, der ruhig und beschaulich den Morgen begrüßte. Ihr Blick fiel auf die Stallungen, als sie plötzlich eine Gestalt bemerkte, die aus der Tür trat und in Richtung Hauptgebäude ging. „Schon so früh auf den Beinen?", sie erkannte den Lord, der es wohl nicht mehr im Bett ausgehalten hatte und seine Unruhe auf diese Art zu überwinden versuchte.

Langsam und mit gebeugtem Haupt ging er auf den Eingang zu, schaute zu ihr empor und mit einem müden Lächeln nickte er ihr zu und verschwand im Haus. Der Unfall Jasons schien ihn doch mehr mitgenommen zu haben, als er zugeben wollte.

„Armer alter Dad", dachte Alice und hätte ihn in diesem Moment am liebsten in die Arme genommen, um ihn zu trösten. Sie zog sich an und ging hinunter in den Salon, wo der Lord schon mit dem Frühstück auf sie wartete. Sie saßen da, keiner sprach ein Wort und jeder von ihnen war mit seinen Gedanken allein.

Die Fröhlichkeit, die sonst immer bei Tisch zu Gast war, war verschwunden und Hilflosigkeit und Sorge über das Geschehene hatten ihren Einzug gehalten. Endlich beendete sie das Schweigen und schaute ihn an.

„Dad, sei nicht traurig, es wird alles gut, das weiß ich", und aus ihren Worten konnte er Hoffnung und Zuversicht entnehmen. Als sie aufstand, zu ihm ging und ihn umarmte, sah er sie aus müden Augen an.

„Wir müssen einfach daran glauben, verstehst du?"

„Ja mein Kind", erwiderte er und bewunderte Alice' Mut und Zuversicht, mit denen sie sich dieser Situation stellte.

„Weißt du, ich bin ein alter Mann und das war einfach alles ein bisschen viel für mich."

Zart streichelten seine Hände über ihren Arm und sie spürte, wie seine Lebensgeister langsam zurückkehrten.

„Wir werden es schaffen, gemeinsam werden wir es schaffen."

„Ja Dad, wir werden es schaffen." Trotzdem war sie in diesem Moment nicht sicher, ob es nur Hoffnung oder Gewissheit war.

Alice verabschiedete sich von Margret, die sie noch einmal wie eine liebgewordene Freundin umarmte und sie zum Wagen begleitete, als Andrew vorfuhr, um das Gepäck einzuladen. Als sie davonfuhren, stand die Hausdame noch lange mutterseelenallein vor dem Eingang und winkte ihnen nach, bis sie ihren Blicken entschwunden waren. Nach einer längeren Fahrt durch London, in der zu jeder Tageszeit ein heilloses Verkehrschaos herrschte, erreichten sie um 10.45 Uhr den Flughafen Heathrow. Während Andrew einen Parkplatz suchte und mit dem Reisegepäck nachkam, gingen der Lord und Alice in die Abflughalle, checkten dort ein und warteten auf Andrew, der kurze Zeit später, mit einem Baggage cart eintraf, auf dem sich ihr Reisegepäck befand.

Nachdem alle Formalitäten erledigt waren und sich ihr Gepäck auf dem Band der Gepäckstation befand, verabschiedete sich Andrew, wünschte beiden einen angenehmen Flug und verschwand. Als sie sich in die Wartezone begaben und gerade an einem Tisch Platz nahmen, um ein Getränk und ein Sandwich zu sich zu nehmen, hörte Alice hinter sich den entsetzten Schrei einer schon ziemlich betagten Lady. Ein junger, etwas heruntergekommener Typ, versuchte, ihr die Tasche aus der Hand zu reißen. Natürlich war er der Stärkere und hatte ihr nach kurzem Gerangel die Tasche entrissen und war gerade im Begriff, mit Riesenschritten im Getümmel der Fluggäste zu verschwinden, als Alice wie eine Gazelle aus ihren Pumps sprang und auf Strümpfen hinter ihm herrannte.

Kurze Zeit später hatte sie ihn eingeholt. Mit einem Hechtsprung erwischte sie seine Schultern und warf ihn zu Boden. Er lag vor ihr auf dem Bauch und zappelte wild umher. Als sie seinen Arm auf den Rücken drehte, schrie er vor Schmerz auf.

„Na du kleines Arschloch", rief sie ihm zu, „du hast wohl geglaubt, so eine feine Lady wie ich kann das nicht."

Nicht nur, dass er erwischt worden war, war schlimm für ihn. Viel schlimmer war es, dass so eine vornehme Kuh ihn zur Strecke gebracht hatte. Er quittierte diesen Umstand mit einem bitterbösen Fluch. Na jedenfalls hockte Alice auf seinem Rücken, wie ein Gladiator, der gerade einen wilden Löwen erlegt hatte und tat dies mit einer nie für möglich gehaltenen Ausdauer, bis zwei Bobbys angelaufen kamen und diesen Bösewicht in Gewahrsam nahmen.

Sie erhob sich, ergriff die Tasche und ging, unter tosendem Beifall der anderen Fluggäste, zu der Dame und gab ihr mit einem Lächeln die Tasche zurück. Mit vor Aufregung zitternden Händen ergriff die alte Dame die Tasche, kramte in ihr herum und wollte ihr tatsächlich eine Zwanzigpfundnote in die Hand drücken. Alice schaute sie an und entdeckte auf dem Geldschein das Porträt ihrer

Majestät der Königin und für einen Moment hatte sie das Gefühl, als hätte sie ihr zugezwinkert.

„Gut gemacht Alice, ich wusste gleich nach unserer ersten Begegnung, dass du was Besonderes bist." „Hirngespinste", ging es ihr durch den Kopf. Sie nahm den Schein und gab ihn der alten Lady zurück.

„Ich glaube, Sie brauchen das Geld nötiger als ich."

„Haben Sie vielen Dank, das werde ich Ihnen nie vergessen."

„Hab ich gerne getan", erwiderte sie und ging zu ihrem Platz zurück, streifte ihre Pumps über und setzte sich, als ob nichts geschehen wäre, auf ihren Platz neben dem Lord, der diesen Zwischenfall mit Stolz und gespanntem Interesse beobachtet hatte.

Amüsiert erinnerte er sich, wie sie Andrew vor ein paar Tagen nach allen Regeln der Judokunst aufs Kreuz gelegt hatte, und sie daraufhin zur Judoqueen von Blanchfort gekürt wurde.

„Mein Kind, das hast du mit sehr viel Courage gemeistert. Ich habe das Gefühl, du warst mal bei einer Eliteeinheit der amerikanischen Polizei."

Aber verständlicherweise gab sie ihm darauf keine Antwort. Dann hätte sie ihm auch erzählen müssen, dass sie jahrelang auf der Straße gelebt hatte, und dieses einsame Leben ein reiner Überlebenskampf war. Das wollte sie nicht, noch nicht. Vielleicht später einmal, wenn der richtige Zeitpunkt dafür gekommen war.

Der Flug 5413 nach Houston wurde aufgerufen. Sie begaben sich mit ihrem Handgepäck zur Sicherheitsschleuse und überstanden ohne Probleme die Kontrolle, bevor sie den inneren Teil der Abflugzone erreichten und sich auf den Weg zur Gangway machten, die direkt zu dem bereits geöffneten Einstieg führte. Nach einigen Augenblicken des Wartens, betraten sie den Innenraum des Airbus 380 und wurden von zwei freundlichen Stewardessen zu ihren Plätzen in der First-Class begleitet. Es war 12.31 Uhr, als sich das Flugzeug in Richtung Startbahn bewegte, dann erhob es sich in die Luft und flog mit brüllenden Triebwerken auf die vorgeschriebene Flughöhe, um dann den Kurs nach Houston einzuschlagen.

Immer wieder kreisten ihre Gedanken um Jason.

„Wie mag es ihm wohl heute gehen, wird er wieder ganz gesund werden?" Es waren tausend Fragen, die in ihrem Kopf umherschwirrten, aber auf die sie in diesen Momenten der Unsicherheit und Sorge keine Antwort bekam. Das monotone Geräusch der Triebwerke machte sie schläfrig und sie dämmerte hinüber in einen Halbschlaf. Aber sie schreckte zwischendurch immer wieder auf, weil Szenen an ihrem geistigen Auge vorbeizogen, die sie nicht gerade beruhigten. Jason saß blutverschmiert und leblos in seinem fast zertrümmerten Fahrzeug, die Airbags waren geplatzt und vergruben seinen nach vorne gebeugten Kopf unter sich. Die Sirenen der Polizeifahrzeuge heulten und die Lichter ihrer Warnleuchten blitzten in den Himmel der herannahenden Nacht.

Ein Schreckensszenario, wie es beängstigender nicht sein konnte. Erschrocken fuhr sie hoch, als sie eine Hand an ihrer Schulter spürte. Es war der Lord, der sie schon die ganze Zeit beobachtet hatte und sah, wie ihre Glieder zuckten und sie ihren Kopf hin und her warf.

„Alice", flüsterte er mit beschwichtigender Stimme, „es war alles nur ein Traum, beruhige dich."

Immer noch halb im Schlaf richtete sie sich auf und sah ihn aus weit aufgerissen Augen an.

„Es war furchtbar Dad, ich habe Jason gesehen, wie er so hilflos und blutüberströmt in seinem Auto saß."

Allmählich beruhigte sie sich wieder, konnte aber diese Bilder nicht ganz aus ihren Gedanken verscheuchen. Sie saß ruhig und in sich gekehrt da und dachte immer wieder, mit einem Gefühl der Hilflosigkeit, an die Dinge, die sie erwarteten.

Es war am frühen Abend kurz vor 6.30 Uhr, als der Flughafen von Houston in Sicht kam und sie kurze Zeit später landeten. Alice spürte, wie die Aufregung ihr den Magen zusammenzog, als sie das Gate verließen und ihr Reisegepäck entgegennahmen. Als sie sich umschaute, entdeckte sie in der wartenden Menge eine junge Frau, die ein Schild, auf dem ihr Name geschrieben stand, in die Höhe hielt. Es war Lesley, die persönlich zum Flughafen gekommen war, um die beiden in Empfang zu nehmen.

Sie war nett, hübsch, schlank und sehr charmant. Das war zumindest der erste Eindruck, den Alice von ihr hatte. Allerdings war eine gewisse Zurückhaltung und Distanz nicht zu übersehen. Aber das war ja wohl auch nicht verwunderlich, wenn man eine Rivalin vor sich hatte. Alice hingegen war sehr aufgeräumt und freundlich, begegnete ihr ohne jegliche Arroganz und Häme. Es kam ihr auch keine Sekunde in den Sinn, die Favoritenrolle gegen Lesley auszuspielen.

Als sie im Hyatt Regency Hotel in Houston angekommen waren, hatten sie schon eine gute Stunde gebraucht, um endlich dem Verkehrschaos dieser Stadt zu entkommen. Sie checkten ein und ein Page brachte sie zu ihrer Suite, die im 10. Stock lag. Eilig zog sie sich um und wartete ungeduldig auf den Lord, der sich noch ein wenig frisch machen wollte.

Nun ist es ja so, dass diese Prozedur bei Herren in seinem Alter schon etwas länger dauern. Aber dann kam er doch, nachdem eine halbe Stunde vergangen war, zum Fahrstuhl, vor dem Alice bereits ungeduldig umherging und auf ihn wartete. Gemeinsam fuhren sie in die Empfangshalle, vor der schon ein Taxi auf sie wartete. Jetzt ging die gleiche Prozedur von vorne los, verstopfte Straßen, Menschen, die hastig über die Kreuzungen rannten, um in letzter Sekunde noch ihren Bus zu erwischen. Stop and Go, wohin man schaute und die Uhr des Taxidrivers tickte unaufhörlich weiter, ohne dass sie ihrem Ziel wesentlich näher kamen.

Dann endlich waren sie vor dem South Hospital angekommen. Alice nahm ihre Tasche und ging mit eiligen Schritten auf die Eingangstür zu, als plötzlich ihr Telefon schellte.

„Wer um Gottes willen ruft mich denn jetzt an?", dachte sie. Sie schaute auf das Display und sah, dass es Jasons Nummer war. Das Herz schlug ihr bis zum Hals, als sie seine Stimme hörte.

„Jason, mein Gott Jason, bist du es? Ich denke du liegst im Krankenhaus."

„Nein", erwiderte er mit verlegener Stimme, „ich bin nicht im Krankenhaus."

In diesem Moment war sie entsetzt und wütend zugleich. Warum hatte er sie so lange im Unklaren gelassen?

„Sag mal spinnst du eigentlich, ich mache mir die größten Sorgen und du spazierst seelenruhig in der Weltgeschichte herum."

Sie hatte sich so in Rage geredet, dass sich ihre Stimme förmlich überschlug. Lord Henry trat neben sie und legte ihr beschwichtigend seine Hand auf den Arm.

„Darüber müssen wir noch reden", sagte sie und beendete, immer noch voller Wut, das Gespräch. Aber es musste etwas geschehen sein, denn sonst hätte er bestimmt nicht so reagiert. Augenblicke später schellte ihr Telefon erneut. Es war Jason. Er schien es sehr eilig zu haben.

„Alice wo bist du?", rief er aufgeregt und seine Stimme verriet Hektik und Nervosität.

„Ich bin hier in Houston und will dich gerade besuchen. Wo bist du, sag es mir?"

„Später", erwiderte er, „hör jetzt genau zu, was ich dir sage. Du musst für fünfzig Millionen Dollar Aktien unserer Firma kaufen, sonst stürzt der Kurs ins Uferlose. Bitte mach das noch heute."

Sprachlos hörte sie ihm zu und verstand nicht, was er eigentlich von ihr wollte.

„Warum", fragte sie sich, „soll ich plötzlich für eine solch astronomische Summe Aktien kaufen?"

Er spürte wohl ihr Zögern und sprach beschwörend auf sie ein.

„Alice bitte, tu was ich dir gesagt habe, es ist unglaublich wichtig. Alles andere erzähle ich dir später."

Ihr brach der kalte Angstschweiß aus, als sie an unglaubliche Summe dachte.

„Und wovon soll ich die Aktien bezahlen?", fragte sie und sie spürte, wie ihre Nerven fast zu zerreißen drohten.

„Ich gebe dir jetzt eine Kontonummer. Dieses Konto ist bei der Bank of Houston und läuft auf deinen Namen. Auf diesem Konto sind sechzig Millionen Dollar. Nimm fünfzig Millionen und kaufe davon die Aktien. Sie müssen aber auf deinen Namen lauten, verstehst du mich? Ruf bitte Michael Coleman an, er ist Broker an der New Yorker Börse und ein alter Freund von mir, der wird das dann für dich erledigen. Ich gebe dir seine Telefonnummer. Du musst ihn sofort anrufen, hörst du. Ich muss jetzt Schluss machen, mein Schatz, wir telefonieren, wenn sich der Börsenstress gelegt hat."

Sie sagte zwar ja, aber verstanden hatte sie noch immer nichts.

Lord Henry stand völlig sprachlos neben ihr, denn er hatte das Gespräch verfolgt und in ihr aufgeregtes Gesicht geschaut.

„Was ist geschehen, was ist mit Jason?"

Besorgt ergriff er ihre Hände und ließ sie nicht mehr los.

„Dad, bitte versteh das, ich kann im Moment nicht darüber sprechen, aber ich kann dir sagen, dass es Jason gut geht."

Im Hotel angekommen, wählte sie sofort die Nummer von Michael.

„Hi Michael", meldete sie sich, „hier ist Alice."

„Ach Alice, schön, dass du anrufst. Jason hat mich schon informiert und außerdem hat er mir schon so viel von dir erzählt, dass ich das Gefühl habe, dich schon ewig zu kennen."

„Michael, was ist passiert?"

„Ich weiß es auch nicht so genau, aber irgendein Idiot hat den Namen in Zusammenhang mit Jasons Wagen gebracht und du weißt ja, wie diese Zeitungsschmierer sind. Sie lassen keine Gelegenheit aus, um dicke Schlagzeilen zu machen. Das wird noch ein Nachspiel haben, da bin ich ganz sicher."

„Und wie ist das passiert?", hakte sie nach.

„Soweit ich gehört habe, hat einer von Jasons Fahrern den Wagen benutzt und ist wohl aus einer unübersichtlichen Kurve geflogen und vor eine Mauer geprallt. Man hat ihn wohl über das Kennzeichen identifiziert und geglaubt, es sei Jason gewesen."

Alice gab keine Ruhe und wollte natürlich wissen, wo er sich zurzeit aufhielt.

„Er ist wohl für ein paar Tage in sein Haus nach Long Island geflogen und dort hat ihn diese unerfreuliche Nachricht erreicht. Flieg doch einfach zu ihm und verbringe, wenn alles vorbei ist, ein paar schöne Tage mit ihm."

21. Kapitel

Am nächsten Morgen war die gesamte Wall Street in Aufruhr. Jason hatte alle wichtigen Printmedien vor sich liegen und studierte sie aufmerksam. Mit großer Genugtuung betrachtete er den Aktienkurs der Emmerson. Er hatte sein Ziel erreicht. Die Aktie war sogar über den ursprünglichen Stand gestiegen und hatte natürlich Spekulationen in der Finanzwelt ausgelöst. Die Financial Times titelte: „Schlampige Recherche der New York Times führte zum Kursverfall der Emmerson Aktie. Jason Kennedy, Präsident der Emmerson Mobile Oil Company erfreut sich bester Gesundheit und befindet sich in seinem Feriendomizil auf Long Island."

Im Wall Street Journal konnte man lesen: „Unbekannter Investor erwirbt Aktien der Emmerson Mobile Oil in zweistelliger Millionenhöhe und gipfelte in der Frage: „Legitim oder Insiderhandel?" Aber darüber machte sich Jason keine Gedanken. Das Aktiengeschäft war offiziell abgewickelt worden und Alice war nun Inhaberin dieses gewaltigen Aktienpakets, ohne dass er in irgendeiner Form in Erscheinung getreten war.

Sie war wie befreit, nachdem sie erfahren hatte, dass Jason bei bester Gesundheit war. Aber trotz dieser erfreulichen Nachricht konnte sie in der Nacht kein Auge zumachen. Fünfzig Millionen Dollar! In ihrem Kopf schien ein Schwarm Hornissen herumzuschwirren, wenn sie an diese unvorstellbare Summe dachte. Fünfzig Millionen Dollar auf ihrem Aktienkonto.

„Ich werde wahnsinnig", ging es ihr durch den Kopf. War das jetzt nur ein Traum, den sie in der Nacht geträumt hatte, oder war es Realität. Als sie sich mit Lord Henry zum Frühstück traf, saß er, vertieft in die Financial Times, mit hochrotem Kopf am Tisch und hatte vor lauter Aufregung noch keinen Bissen herunterbekommen.

Sie trat zu ihm an den Tisch, begrüßte ihn mit einem Kuss auf die Wange und setzte sich. Ihr Blick fiel auf die Titelseite der FT und dann sah sie, warum der Lord so aufgeregt war.

„Hast du das gelesen", fragte er ungläubig, „die haben Jason doch glatt mit seinem Chauffeur verwechselt, nur weil dieser in seinem Auto gefahren ist. Wie kann denn so etwas passieren?"

Dann blätterte er weiter und landeten auf der Börsenseite, die ihn komplett aus der Fassung brachte. „Schau dir das an."

Er reichte ihr die Zeitung und als ihr Blick auf die Emmerson Aktie fiel, staunte sie nicht schlecht. Sie hatte zwar von Börsengeschäften keine Ahnung, aber so viel konnte sie doch sehen. Der Kurs war nach dem Crash innerhalb einer Stunde von 50,63 Dollar auf die Summe von 64,40 Dollar geklettert.

„Frag jetzt nicht weiter Dad, ich werde dir nichts sagen", dachte sie und es war ihr ausgesprochen unangenehm, dass sie ihn nicht ins Vertrauen ziehen konnte.

Irgendwie hatte er ihre Nervosität bemerkt. Da er diskret und ein Mann von Welt war, schwieg er und machte sich seine eigenen Gedanken und damit lag er goldrichtig.

Kurze Zeit später, sie hatten gerade das Frühstück beendet, schellte Alice' Telefon. Jason war am Apparat.

„Du hast ja sicher schon gelesen, was passiert ist?" Seine Stimme klang keineswegs beunruhigt oder nervös.

„Was haltet ihr davon, wenn Ihr zu mir nach Long Island kommt? Ich habe vor, noch ein paar Tage zu bleiben, und diese Zeit könnten wir doch zusammen verbringen."

Sie konnte gar nicht so schnell denken, wie sie dieses „ja gerne" aussprach.

„Ich reserviere euch für heute Mittag einen Flug, ist das okay?" Alice hätte am liebsten vor lauter Freude über das bevorstehende Wiedersehen losgeheult, beherrschte sich aber im letzten Moment, um ihm nicht allzu deutlich zu zeigen, wie verrückt sie nach ihm war.

„Ich melde mich gleich noch mal", dann beendete er das Gespräch.

Eine halbe Stunde später, sie war nach dem Frühstück mit ihrem Dad noch einmal auf ihr Zimmer gegangen, um vor ihrem Flug nach Long Island noch ein erfrischendes Duschbad zu nehmen. Sie kletterte gerade unter der Dusche hervor, als das Telefon erneut schellte. Splitternackt wie sie war, rannte sie zu ihrem Bett, auf dem ihre Tasche und ihr Telefon lagen.

„Ich war gerade unter der Dusche", meldete sie sich, noch ein wenig außer Atem.

„Wie schön", erwiderte er lachend, „da wäre ich jetzt gerne dabei gewesen."

„Also, es ist jetzt 9.30 Uhr in Houston. Euer Flug geht heute Mittag um 12.30 Uhr vom George Bush International. Die Tickets sind auf deinen Namen am Schalter der American Airlines hinterlegt. Ihr werdet hier heute Abend gegen 7.00 Uhr eintreffen. Ich hole euch dann vom Flughafen ab."

Es klang alles sehr sachlich, was er sagte, aber bevor er sich verabschiedete, kam doch seine romantische Ader durch.

„Ich kann es kaum erwarten, dich wiederzusehen, ich liebe dich."

Glückselig von diesen Worten beendete sie das Gespräch und steckte das Telefon in ihre Tasche zurück, in der sie wahrscheinlich beim nächsten Anruf wieder danach suchen würde.

Vor lauter Vorfreude auf das Wiedersehen mit Jason tanzte sie im Zimmer umher, schlüpfte schnell in ihre Jeans, zog ein Shirt über und lief auf nackten Füßen zu Lord Henry. Sie stürmte in sein Zimmer, um ihm die Neuigkeit zu erzählen.

„Dad", rief sie, „wir müssen uns beeilen! Wir fliegen um 12.30 Uhr nach Long Island zu Jason."

Er kratzte sich am Kopf, machte eine kurze Pause, als müsste er diese Neuigkeit erst einmal verkraften.

„Oh bitte nicht, bitte nicht schon wieder fliegen."

„Doch Dad, Jason hat uns eingeladen, bei ihm ein paar Tage Urlaub zu verbringen."

Er brummelte etwas vor sich hin, sah sie an und hob resignierend die Hände.

„Alice, ich bin ein alter Mann und kein Rennpferd. Ich habe in den letzten Jahren nie so oft in einem Flieger gesessen, wie in den letzten zwei Tagen."

Sie setzte ihr schönstes Lächeln auf, schaute ihn an und seine Proteste lösten sich augenblicklich im Nichts auf. Eilig packten sie ihre Koffer, ein Page holte das Gepäck und brachte es, während sie auscheckten, in die Empfangshalle. Eine Viertelstunde später waren sie bereits auf dem Weg zum Flughafen.

Pünktlich um 12.30 Uhr hob die Maschine vom George Bush International Airport ab und sie waren auf dem Weg nach Long Island, in dieses noble Ferienparadies nahe

New York. Der Lord hatte es sich in seinem Sessel in der ersten Klasse bequem gemacht. Eine freundliche Stewardess brachte ihm eine wärmende Decke und wenige Augenblicke später war er dieser Welt entrückt und hatte sich ins Reich der Träume verabschiedet.

Auch Alice versuchte zu schlafen, aber es gelang ihr nicht. Zu viele Gedanken spukten in ihrem Kopf herum und ihre Spannung stieg, je näher sie dem Ziel ihrer Reise kamen. Der Lord hingegen lag in aller Ruhe in seinem Sessel, hatte sich die Decke bis über die Ohren gezogen und lieferte ein aristokratisches Schnarchkonzert ab, das die anwesenden Fluggäste und alle Stewardessen zu einem amüsierten Lächeln bewegte.

Alice war froh über sein Nickerchen. Wenn sie Long Island erreichten, wäre er mit Sicherheit wieder fit und zu allen Schandtaten bereit. Als sie endlich im Landeanflug waren und der Lord quietschfidel unter seiner Decke hervorlugte, war genau das eingetreten, was sich Alice gewünscht hatte. Er war munter und bester Laune. Der Lord entschuldigte sich vorsichtshalber bei den anderen Fluggästen für eventuelle Unannehmlichkeiten, die er während seines Schlafs verursacht haben könnte. Er bedankte sich bei den Stewardessen für den angenehmen Flug, hakte sich bei Alice unter und ging mit ihr, fröhlich und total entspannt, auf der Gangway hinunter in die Arrival-Zone, wo schon ihr Gepäck auf sie wartete.

Schon von Weitem sah sie Jason, der mit einem Blumenstrauß in der Flughafenhalle stand und auf sie wartete. Sie war wie entfesselt, stürzte auf ihn zu und fiel ihm freudestrahlend um den Hals. Der Lord ging, wie es sich für einen Gentleman gehörte, in einiger Entfernung hinter ihr her, um den beiden Verliebten die Möglichkeit zu geben, sich gebührend zu begrüßen. Sie schlenderten Arm in Arm zum Ausgang des Flughafens, während ein Träger die Koffer auf einen Gepäckwagen stellte und hinter ihnen her marschierte. Jason blieb vor einem silbergrauen Mercedes Cabrio stehen und öffnete den Kofferraum, um dem Träger die Möglichkeit zu geben, das Gepäck unterzubringen.

Bevor sich Lord Henry mit einem Seufzer auf den vorderen Sitz des Wagens fallen ließ, verpasste ihm Jason eine Baseballmütze, die sein Haupthaar vor dem Wind, der in einer steifen Brise vom Meer herüberwehte, schützen sollte. Alice hatte auf dem Rücksitz Platz genommen. Als sie die Küstenstraße entlang fuhren, wehte ihr Haar fröhlich im Wind. Es war ein herrlicher Tag und das hatte nicht nur etwas mit dem Sonnenschein zu tun, der eine besonders fröhliche Atmosphäre zauberte. An diesem Tag passte einfach alles zusammen, die befreiende Nachricht von der Unversehrtheit Jasons, die guten Börsennachrichten am Morgen und das Wiedersehen auf diesem schönen Fleckchen Erde. Sie war rundum glücklich und zufrieden, genoss jeden Augenblick und bewunderte die schönen Villen, die sich, umgeben von gepflegten, üppig bepflanzten Vorgärten, dem Betrachter darboten.

Dann verließ Jason die Uferstraße, bog nach links in eine Seitenstraße ein und dann standen sie vor einem Haus, dessen Anblick ihr förmlich die Sprache verschlug. Inmitten eines riesigen Anwesens mit altem Baumbestand, umgeben von gepflegten Rasenflächen in sattem Grün und wunderschönen Blumenbeeten, die aussahen wie ein Mosaik aus bunten Steinen, stand seine Villa, die ihr wie ein Traum in weiß erschien. Es war fast zu schön, um wahr zu sein. Ein roter Kiesweg führte zu dem riesigen Eingangsportal, das von einem eleganten Vordach geschützt wurde. Die darunterliegende Terrasse war mit Marmor ausgelegt und über allem erhob sich ein mit Schieferplatten gedecktes Dach, auf dessen Vorderseite drei Dachgauben mit Sprossenfenstern das Gesamtbild zu einem Kunstwerk werden ließen.

Als Jason den Wagen vor dem Portal abstellte, öffnete sich die Tür und eine Angestellte, die ihm wohl ganz offensichtlich den Haushalt führte, kam auf sie zu, ergriff das Gepäck, das Jason bereits aus dem Kofferraum genommen hatte und ging zurück ins Haus. Bevor sich Lord Henry aus diesem für ihn inakzeptablen Fahrzeug aus Germany quälte, warf er mit einem verächtlichen Blick die Baseballkappe in den Fond des Wagens, denn dieses Relikt der amerikanischen Kleiderordnung war ihm zutiefst verhasst. Nie im Leben würde er in England eine derart dekadente Kopfbedeckung tragen. Aber nun gut, es war nicht mehr als ein Mittel zum Zweck und hatte letztendlich seine Aufgabe erfüllt. Alice beobachtete ihn amüsiert. Er war wieder der alte, etwas kauzige und auf Tradition bedachte Lord, den sie so liebte und verehrte.

22. Kapitel

Der Tag begann so harmonisch, wie der vergangene Abend geendet hatte. Sie saßen gemütlich zusammen und unterhielten sich angeregt über die Ereignisse des vergangenen Tages.

Zwei Stunden später, es muss so gegen ein Uhr mittags gewesen sein, bat Jason um Verständnis, dass er für einige Stunden abwesend sein würde. Er hatte noch wichtige Gespräche mit Geschäftsfreunden zu führen. „Es tut mir sehr leid", sagte er und schaute Alice an, „wirst du es auch ohne mich aushalten?"

„Mach dir keine Sorgen", erwiderte sie lächelnd und wäre doch viel lieber mit ihm zusammen gewesen.

Aber sie wusste, dass es im Leben Dinge gab, die sich einfach nicht aufschieben ließen. Er gab ihr einen Kuss, setzte sich in seinen Wagen und machte sich auf den Weg ins Prime Restaurant in der 117 New York Ave Huntington. Es war das nobelste Restaurant auf Long Island. Direkt am Wasser gelegen, war es der richtige Rahmen für diese geschäftliche Besprechung, denn als Präsident der Emmerson Mobile Oil konnte er sich nicht lumpen lassen und es wäre ein absolutes No-Go gewesen, hätte er seine Gäste in ein zweitklassiges Steakhouse gebeten.

Als er das Restaurant betrat, wurde er von dem Besitzer an den eigens für ihn und seine Gäste reservierten Tisch geführt, an dem seine Geschäftspartner schon ungeduldig auf ihn warteten.

„Meine Herren, ich bitte um Entschuldigung für die kleine Verspätung. Ich habe noch ein wichtiges Telefongespräch geführt, das sich leider nicht aufschieben ließ."

Verständnisvolles Murmeln machte die Runde und allen Anwesenden konnte man die Erleichterung ansehen, dass er gesund und unversehrt vor ihnen stand. Es waren hochrangige Persönlichkeiten aus Politik und Wirtschaft anwesend, die hierhergekommen waren, um mit ihm über geplante Investitionen zu diskutieren.

Jason erläuterte ihnen seine Vorhaben, erörterte das Für und Wider geplanter Objekte, um schließlich mit ihnen einen gemeinsamen Konsens zu finden, der zumindest dem größten Teil ihrer Vorstellungen entsprach. So waren alle zufriedengestellt und er konnte sich ihrer Loyalität sicher sein. Nach einem mehr als dreistündigen Gespräch und einem vorzüglichen Lunch, begaben sich alle auf die herrliche Seeterrasse und besiegelten dort die Übereinkunft mit einem Glas Champagner.

In der Zwischenzeit hatte sich Alice angekleidet, um einen kleinen Spaziergang in die nähere Umgebung zu machen. Sie ging auf die Terrasse, die hinter dem Haus lag. In einem bequemen Stuhl saß Lord Henry, entspannt und anscheinend mit sich und der Welt im Einklang. Er hob den Kopf, öffnete die Augen und schaute sie an.

„Dad, kann ich dich für eine Stunde allein lassen? Ich möchte gerne einen kleinen Spaziergang machen."

„Geh nur mein Kind, ich bleibe hier und genieße die Ruhe, die mir doch in den letzten Tagen ein wenig gefehlt hat."

„Okay Dad", erwiderte sie, streichelte sein Gesicht und ging mit einem zufriedenen Lächeln aus dem Haus, überquerte die Straße und erreichte kurz darauf den Strand, der ruhig und verlassen vor ihr lag. Nur in der Ferne sah sie ein paar Kinder, die ausgelassen herumtollten.

Bewegungslos stand sie da und genoss den frischen Wind, der vom Meer herüberwehte und kühlend über ihre Haut strich. Es war so wohltuend, dass sie die Augen schloss und dem Geräusch der sich am Strand brechenden Wellen lauschte. Dann setzte sie sich nieder, zog ihre Schuhe aus und vergrub ihre Füße in dem weichen, feuchten Sand. Es war ein herrliches Gefühl, so selbstvergessen dazusitzen und die Stille dieses Moments in sich aufzunehmen.

Die von Menschen gemachte Zeit, hatte in diesem Augenblick jegliche Bedeutung verloren. Sie saß nur da und genoss mit jeder Faser ihres Körpers diese Momente des Losgelöstseins und alles schien sich in der Unendlichkeit des Universums zu verlieren. Aufgeschreckt durch das Geräusch eines dicht neben ihr galoppierenden Pferdes, kehrte sie in die Realität zurück. Die Reiterin schaute zu ihr herüber und winkte ihr fröhlich zu. Aber plötzlich blieb sie stehen, stieg von ihrem Pferd und kam mit eiligen Schritten auf sie zu. Alice blickte erstaunt auf und als die Unbekannte vor ihr stand, erhob sie sich und schaute sie fragend an.

„Alice, bist du es wirklich, mein Gott, wie lange haben wir uns nicht gesehen?"

„Sie müssen sich irren, ich kenne Sie nicht." Aber woher wusste sie ihren Namen? In diesem Moment spürte sie, wie erneut Unsicherheit und Angst in ihr aufstiegen.

„Es tut mir leid, Sie müssen mich verwechseln, ich kenne Sie nicht", erwiderte sie erneut, aber in ihrem Innern brauten sich unheilvolle Gedanken zusammen und ihr wurde klar, dass ihre Vergangenheit sie eingeholt hatte.

Aber welche Vergangenheit? Da kam eine weibliche Person auf sie zu und sprach sie mit genau dem Namen an, der der einzige Beweis ihrer Existenz war. In diesem Moment dachte sie nur noch an Flucht und doch war da etwas, das sie davon abhielt.

„Alice, du musst mich doch kennen, wir waren doch einmal Freundinnen, weißt du das nicht mehr?" Ihre Worte klangen so überzeugend hilflos, dass Alice wie angewurzelt vor ihr stehen blieb.

„Ich bin's doch, Jennifer Clarkson." Sie sprach fast flehend auf sie ein, aber kein Funken der Erinnerung sprang auf Alice über. Hilflosigkeit und Zweifel keimten in ihr auf. Sollte sie sich doch geirrt haben? Doch ihr Gefühl sagte ihr, dass sie sich nicht irrte. Es war Alice, ihre Freundin, die ohne Abschied vor einigen Jahren verschwunden war und nie mehr an diesen Ort zurückgekehrt war. So standen sie sich minutenlang gegenüber, schauten sich an und keine war sich sicher, ob es nicht vielleicht doch ein Irrtum war. Als sie endlich die Initiative ergriff und Alice für den nächsten Tag zu sich in ihr Haus einlud, waren sie sich doch ein kleines Stück nähergekommen. Spätestens dann würde sich herausstellen, ob sich ihre Vermutung bestätigte. Sie verabschiedeten sich und beide gingen, als wäre es ein Déjà-vu mit der Vergangenheit, in verschiedene Richtungen auseinander, genauso wie es damals geschehen war. Aber zum Glück war es kein Abschied für immer.

Ziellos lief Alice durch die Straßen. Immer wieder dachte sie daran, dass es hier einen Menschen gab, der sie zu kennen glaubte. Sie nannte sie Alice und genau das war der Name, der sie seit Jahren begleitete. Immer wieder versuchte sie krampfhaft, sich zu erinnern, was geschehen war. Aber so tief sie auch in ihrem Innern nach einer Antwort suchte, sie fand sie nicht. Jennifer hatte ihren Namen genannt, war felsenfest davon überzeugt, dass sie sich kannten und sogar miteinander befreundet waren. Und sie? Sie tappte im Dunkel ihrer Erinnerungen, fand keinen Anfang, der ihr irgendwelche Anhaltspunkte geben konnte. Wie sehr sehnte sie sich danach, endlich zu wissen, wo ihre Wurzeln waren, endlich zu erfahren, dass ihr vergangenes Leben mehr war, als nur der Name Alice. Und allmählich spürte sie, dass sich aus jedem Funken Hoffnung, den sie in sich trug, ein Feuer der Erinnerung entfachte und ihr den Weg aus der Dunkelheit des Vergangenen in das Licht der Gegenwart erleuchtete. Ihr Weg führte sie noch einmal zum Meer. Jede Welle, die sich am Strand brach und dort ihr Ende fand, war wie ein Symbol ihres Lebens. Immer wieder beendete sie hier ihren Weg und war doch nie dieselbe, die ihre nackten Füße umspülte.

Als sie zurück zur Villa ging, weil sich der sonnige Nachmittag langsam dem Ende entgegen neigte, hielt ein Auto neben ihr und riss sie aus ihren Gedanken. Es war Jason, der das Treffen mit seinen Geschäftsfreunden beendet hatte und nun auf dem Weg nach Hause war. Als sie zu ihm in den Wagen stieg, spürte er, dass irgendetwas vorgefallen sein musste, denn sie schaute so ernst und geistesabwesend drein. Kein Funken ihres sonst so überschäumenden Temperaments war erkennbar. Sie starrte nur geradeaus und ihr Blick verlor sich in einer Traurigkeit, die er bei ihr noch nie erlebt hatte. Besorgt sah er zu ihr herüber, erblickte in ihren Augen Tränen, die sich langsam einen Weg über ihre Wangen bahnten.

„Alice, Liebling, was ist los mit dir, warum weinst du?" Aber was sollte sie ihm sagen? Was sie bewegte, konnte sie ihm nicht anvertrauen, denn sie wusste ja selbst nicht, welches unsägliche Ereignis sie so nah am Abgrund ihres Lebens stehen ließ. Sie nahm ein Taschentuch, wischte sich die Tränen ab, sah ihn an und schwieg. Als sie auf die

Auffahrt zum Haus fuhren, sahen sie schon von Weitem den Lieferwagen einer Cateringfirma vor der Eingangstür zum Haus stehen, auf dem unübersehbar der Name „Country Roads Gourmet Catering" prangte.

„Was ist denn hier los?", fragte Jason erstaunt. Aber er brauchte nicht lange zu rätseln. Als sie den Wagen abgestellt hatten, kam ihnen Lord Henry lachend entgegen.

„Dad, was wird das hier?", fragte Alice und sah ihn mit einem fragenden Blick an.

„Ich habe mir erlaubt für heute Abend eine Barbecue Party zu arrangieren. Ich hoffe, es ist euch recht. So allmählich muss ich mich doch mit den amerikanischen Gewohnheiten vertraut machen."

Erstaunt schauten ihn beide an und was sie dann sahen, war so unglaublich, dass sie es kaum fassen konnten. Er trug eine Baseballkappe, also genau die Kopfbedeckung, die er noch am vorigen Abend mit einer verächtlichen Geste in den Fond des Wagens geworfen hatte.

„Ihr habt wohl geglaubt, ich sei so ein alter verknöcherter Knabe aus England, der alles ablehnt, was nicht aus dem Königreich stammt." Sie standen da, schauten sich an und beide brachen in schallendes Gelächter aus.

„Du verrückter alter Mann", sagte Alice, ging auf ihn zu und umarmte ihn. Er hatte es sich etwas kosten lassen, das konnte man sehen. Es fehlte an nichts.

Ein riesiger Holzkohlegrill stand seitlich neben dem rustikal gedeckten Tisch, um den eine gemütliche Sitzgruppe stand. Zwei Bedienstete der Cateringfirma liefen geschäftig umher, legten alle Köstlichkeiten, die zu einem American Barbecue gehörten, auf den Grill, um sie kurze Zeit später, mit leckeren Gewürzen versehen, den Anwesenden zu servieren.

In einem großen Kübel mit Eis kühlten ein paar Flaschen Budweiser Bier, Wein und Coke. Jeder konnte sich nach Herzenslust bedienen. Der Lord war in einer ausgelassenen Stimmung, scherzte und sprach sogar in einem näselnden, lupenreinen Oxfordenglisch, was die Heiterkeit aller zum Sieden brachte und dabei schob er sich die Baseballmütze so kess in den Nacken, dass er aussah wie ein verzweifelter Baseballfan, dessen Mannschaft gerade eine hohe Niederlage kassiert hatte. Jason beobachtete Alice und als er sah, dass die allgemeine Heiterkeit auf sie übersprang und sich ihr sorgenvolles Gesicht in ihre alte Fröhlichkeit verwandelte, lehnte er sich beruhigt und zufrieden zurück.

Der Lord hatte wirklich an alles gedacht, er hatte sogar ganz spontan zwei Paare aus der Nachbarschaft eingeladen, die nicht lange zögerten und diese unerwartete Einladung sehr gerne annahmen.

So saßen sie bis Mitternacht zusammen, scherzten und lachten, erzählten amüsante Anekdoten aus ihrem Leben. Es waren ausgesprochen sympathische Gäste, die der Lord da eingeladen hatte. Als sie sich verabschiedeten und für den schönen Abend bedankten, fügte Jason zum Schluss hinzu: „Ich wusste gar nicht, dass ich so nette Nachbarn habe, das sollten wir unbedingt wiederholen. Vielen Dank für Ihren Besuch." Natürlich dachte er in diesem Moment nur an Alice, denn durch diesen harmonischen Abend, hatte sie wieder aus dem Tal ihrer Tränen herausgefunden.

Die dienstbaren Geister, die sie den ganzen Abend so vorzüglich bedienten, hatten in kürzester Zeit alle Spuren dieses Festes beseitigt, hatten alles in ihrem Transporter verstaut und verschwanden, nachdem der Lord ihnen als

Dank ein üppiges Trinkgeld in die Hand gedrückt hatte, so dezent wie sie gekommen waren.

Als sich Alice und Jason für diesen wirklich gelungenen Abend bedankten, sagte der Lord in der ihm eigenen Bescheidenheit: „Liebe Alice, lieber Jason, es war mir eine große Freude, mich auf diese Weise für Eure Gastfreundschaft zu bedanken", und er fügte lächelnd hinzu, „ich bin ausgesprochen glücklich, dass es ein so schöner Abend geworden ist."

Dann gingen alle zufrieden ins Haus und eine halbe Stunde später lagen sie in ihren Betten. Alice lag in Jasons Armen, glücklich und zufrieden und verschwendete keinen Gedanken an morgen. Immer wenn er bei ihr war, fühlte sie sich behütet und genoss seine Nähe, seine zärtlichen Berührungen und die Art, wie er sich um sie sorgte. Es verlieh ihr ungeahnte Kräfte. Was der nächste Tag auch bringen würde, sie fühlte sich gewappnet für das, was auf sie zukam.

23. Kapitel

Der nächste Tag verging wie im Zeitraffer. Je näher das Treffen mit Jennifer rückte, umso enger wurde der Ring, der sich um ihre Brust legte und ihr das Atmen schwer machte. Ein Ring der Ungewissheit und der Angst vor der Wahrheit, die unabänderlich und drohend auf sie zukam und wonach sie sich trotz allem, schon so lange sehnte. Alles in ihr war angespannt, ihre Gedanken überstürzten sich und die namenlosen Geister ihrer Vergangenheit schienen sie zu ersticken. Ihr Herz klopfte vor Aufregung, als sie vor der Tür von Jennifers Haus stand. Sie schellte und in diesem Moment wäre sie am liebsten wieder umgekehrt, aber es war zu spät.

Wenige Augenblicke später hörte sie ein Rascheln hinter der Tür und der Schlüssel drehte sich im Schloss. Die Tür wurde einen Spalt geöffnet und eine ältere freundliche Dame schaute heraus.

„Sie wünschen?", fragte sie und ein Lächeln huschte über ihr Gesicht.

„Mein Name ist Alice, ich möchte zu Miss Jennifer Clarkson."

„Sie werden schon erwartet, wenn Sie mir bitte in den Salon folgen würden. Ich sage Miss Clarkson Bescheid."

Alice betrat das Haus und als sie sich umschaute, kam ihr alles so seltsam vertraut vor, so als wäre sie schon einmal hier gewesen.

Dann hörte sie im oberen Stockwerk eine Tür und dann ein wildes Getrappel auf der Treppe. Alice schaute erschrocken nach oben. Da kam wie wild ein Cocker Spaniel die Treppe heruntergerannt, geradewegs auf sie zu. Neugierig schnüffelte er an Alice herum und dann gab es kein Halten mehr. Wie in einem Freudentaumel jaulte und tänzelte er um sie herum, sprang an ihr empor und alles war begleitet von einem freudigen Wedeln seines Schwanzes.

Kurze Zeit später kam auch Jennifer die Treppe herunter, lachte laut auf, als sie sah, wie sich dieser kleine verrückte Kerl gebärdete. Er hatte Alice nach so langer Zeit wiedererkannt und es bedurfte keines weiteren Beweises, dass Jennifer und sie sich kannten. Sie ging auf Alice zu, schloss sie in die Arme und Freudentränen liefen über ihre Wangen.

„Ich bin so glücklich, dass ich dich wiedergefunden habe."

Sie lagen sich in den Armen und ließen ihren Freudentränen freien Lauf. Alice ließ all dies mit sich geschehen, war hilflos und vollends verwirrt.

„Wie ist das möglich?", fragte sie sich. Schon als sie das Haus betrat, war sie so seltsam berührt, hatte nicht das Gefühl in einem fremden Haus zu sein. Und dann die Reaktion des Hundes, der sie begrüßte, als würde sie zur Familie gehören. Von diesem Moment an war ihr klar, das Geheimnis ihrer Vergangenheit lag hier auf Long Island und sie stand kurz davor, die Wahrheit zu erfahren.

„Komm, ich möchte dir etwas zeigen", sagte Jennifer, nahm sie an die Hand und ging mit ihr aus dem Haus.

Kurze Zeit später, nachdem sie durch einige Seitenstraßen gegangen waren, blieben sie vor einer prächtigen Villa stehen, die sich hinter hohen Buchsbaumhecken versteckte und wie ein verwunschenes Schloss aussah. Sie gingen zu dem schmiedeeisernen Tor, das das Grundstück von der Straße trennte. Ein herrlicher, mit bunten Blumen bepflanzter Park zeigte sich von seiner schönsten

Seite. Die Sonne glitzerte in der Fontäne eines sprühenden Springbrunnens und das sich im Wasser brechende Licht zauberte einen bunten Regenbogen in die Luft.

Dahinter sah sie kleine kiesbedeckte Wege, die sich zwischen den mit vielen Blumen und grünen, üppigen Sträuchern bepflanzten Rabatten dahin schlängelten und hinter dem Haus verschwanden. Große weiße, bis zum Boden reichende Sprossenfenster gaben dem Haus ein Aussehen, das dem eines Herrenhauses in England glich. Alice begriff noch immer nicht, was Jennifer mit dem Besuch dieses Hauses bezweckte. Sie schaute sie nur fragend an. Ihr Herz klopfte wie wild und dann fasste sie sich ein Herz, ergriff Jennifers Hand und hielt sie ganz fest.

„Jenny, ich möchte jetzt wissen, was das alles zu bedeuten hat. Warum zeigst du mir ausgerechnet dieses Haus?"

Eine längere Pause folgte, krampfhaft suchte Jenny nach den passenden Worten.

„Alice, das war einmal das Haus deiner Eltern."

Ein Schwindel drehte sich bei diesen Worten in Alice´ Kopf und sie wurde fast ohnmächtig vor Schreck.

„Nein", erwiderte sie, „das kann nicht sein, ich kenne dieses Haus nicht."

„Doch, es war euer Haus", ließ Jenny sich nicht davon abbringen.

„Immer, wenn wir uns getroffen hatten, bist du aus diesem Haus gekommen, bitte glaub mir. Wir haben in diesem Haus Partys mit Freunden gefeiert und ich war sicherlich hundertmal bei dir. Wir haben Musik gehört und uns stundenlang über die hübschesten Boys hier auf Long Island unterhalten.

Ich kann mich noch sehr genau daran erinnern, dass deine Mom sehr oft auf der Terrasse stand und dir nachwinkte, wenn du das Haus verlassen hast. Sie war eine wunderschöne Frau und sie war von einer geradezu entwaffnenden Herzlichkeit. Sie hatte für jeden, den sie traf, ein freundliches Wort übrig und ihre selbstlose Hilfsbereitschaft war in der ganzen Umgebung bekannt."

Fasziniert und ungläubig zugleich lauschte Alice ihren Worten. War es wirklich ihre Mom, von der Jennifer sprach oder war sie nur ihrer Fantasie entsprungen, um ihr nicht wehzutun?

„Ich habe nie wieder etwas von dir gehört, du warst einfach aus meinem Leben verschwunden und ich habe die erste Zeit sehr darunter gelitten. Eine Freundin auf diese Art zu verlieren, ist genauso schlimm, als wenn dir jemand ein Stück deines Herzens herausreißt. Als ich erfuhr, dass das Haus mit seinem ganzen Inventar an die jetzigen Eigentümer verkauft worden war, überkam mich eine unendliche Trauer und Verzweiflung, und mir wurde in diesem Moment klar, dass ich dich wohl für immer verloren hatte."

„Und jetzt, wo wir uns wiedergefunden haben, begegnest du mir wie eine Fremde, ich verstehe das alles nicht."

Und wieder kullerten dicke Tränen der Enttäuschung ihre Wangen hinunter. Sie hatte die ganze Zeit gesprochen und Alice stand sprachlos daneben und wusste keine Antwort auf all ihre Fragen.

„Was ist geschehen, Alice, warum hast du mich im Stich gelassen? Wo warst du die ganze Zeit, warum hast du dich nicht ein einziges Mal bei mir gemeldet?"

Ihre Worte klangen vorwurfsvoll und traurig zugleich.

Aber wie sollte Alice zu ihr Kontakt aufnehmen, hatte sie doch keinerlei Erinnerung mehr an dieses liebenswerte Geschöpf, das damals ihre Freundin war und die so plötzlich aus ihrem Leben verschwand. Nicht weil sie es nicht wollte, nein, sie hatte keine Erinnerung mehr an ihre Existenz. Es war alles aus ihrem Gedächtnis gelöscht, was in ihrer Vergangenheit geschehen war.

„Wie ist mein Name und woher komme ich?", fragte Alice mit leiser Stimme. Ihre Nerven waren zum Zerreißen gespannt, ihre Hände zitterten. Jennifer holte tief Luft und dann sagte sie den Namen, an den sich Alice nicht mehr erinnern konnte.

„Dein Name ist Alice Cunningham und ich kann mich noch erinnern, dass deine Mom einmal in einem Gespräch erzählte, dass Ihr aus Massachusetts stammt."

Alice schaute sie verwirrt an und sagte immer wieder diesen einen Satz: „Oh bitte, Jennifer, sag noch einmal diesen Namen. Sag mir den Namen, den ich so lange verloren hatte."

„Du bist Alice Cunningham, meine Freundin, die ich geliebt habe und immer noch liebe wie eine Schwester und die mir so lange gefehlt hat." Sie lagen sich in den Armen, herzten und küssten sich, so als wollten sie jeden der Augenblicke nachholen, die sie so lange versäumt hatten.

Sie war auf dem Weg zurück in ihr richtiges Leben und Stück für Stück lösten sich die Nebel dieser unsäglichen Zeit, in der sie nicht wusste, wer sie in Wirklichkeit war. Sie kannte wieder ihren Namen und das war mehr, als sie jemals erhofft hatte. Alles andere würde im Laufe der Zeit wieder zu dem werden, was ihr im Moment noch fehlte. Stück für Stück wollte sie diese Mosaiksteine zusammentragen und zum Schluss würde sich alles zu einem Ganzen zusammenfügen.

Long Island war für sie ein Eiland des Glücks geworden. Getragen von diesem wundervollen Gefühl des Verstehens, hakten sie sich unter und gingen fröhlich zurück in Jennifers Haus.

„Jetzt werde ich dir etwas zeigen, was deine letzten Zweifel zerstreut."

Sie ging zu einer Kommode, zog eine Schublade heraus und kam mit einem Fotoalbum zurück, das sie aufschlug. Alice konnte nicht glauben, was sie da sah. Sie saß mit Jennifer, umrahmt von einer Gruppe junger Männer, auf einer riesigen Couch. Lachend prosteten sie sich zu und hinter ihnen standen ein Mann und eine Frau und plötzlich erinnerte sie sich, dass sie diese Personen schon einmal in ihren bruchstückhaften Träumen in England gesehen hatte.

„Na, glaubst du mir jetzt?"

Alice starrte immer wieder dieses Bild an, schaute fragend zu Jennifer auf, die beruhigend eine Hand auf ihre Schulter legte.

„Das, mein Schatz", und sie zeigte auf die hinter der Gruppe stehenden Personen, „sind deine Mom und dein Dad."

Alice, die immer geglaubt hatte, hart im Nehmen zu sein, verlor endgültig die Fassung, schlug die Hände vor ihr Gesicht und weinte bitterlich. Als Alice ihre Fassung zurückgewonnen hatte, blätterte sie weiter im Album der Erinnerungen. Jennifer stand mit ihr am Strand und sie betrachteten voller Freude den Glanz der untergehenden Sonne. Sie sah Bilder, auf denen sie gemeinsam in einem Café saßen, Bilder auf denen sie im Bikini im Garten saßen und einen kühlenden Cocktail tranken.

Alice konnte einfach nicht genug bekommen, blätterte eifrig jede Seite um, bis sie am Ende angekommen war. Dann blätterte sie zurück, um sich einige der Bilder noch genauer anzuschauen. Und immer wieder kam sie zu der Seite zurück, auf der ihre Eltern zu sehen waren. Sie war, und das wurde ihr erst jetzt bewusst, ein Abbild ihrer Mom. Dieses fröhliche Lächeln, die lustigen Grübchen, die ihre Wangen zierten, die gerade, ja schon fast aristokratische Nase, ihre wunderschönen Augen, die ihr entgegenstrahlten und die schwarzen Haare, die sie kunstvoll hochgesteckt hatte. All dies hatte sie schon tausendmal gesehen, wenn sie in den Spiegel schaute. Daneben stand ihr Dad, elegant und mit einem gütigen Lächeln im Gesicht. Sein grau meliertes Haar, seine schmale feingliedrige Hand, die er lässig auf die Schulter ihrer Mom gelegte hatte und das verschmitzte Leuchten seiner Augen, all dies erinnerte sie an Jason, an den Mann, den sie von Herzen liebte.

24. Kapitel

Als sie Jennifer verlassen hatte, spürte sie, wie große Erschöpfung sie übermannte. Nach der Freude über diese Neuigkeiten schwirrten tausend Gedanken durch ihren Kopf. Alles was sie heute erfahren hatte, war einfach zu viel für sie. Sie konnte es nicht einordnen, war immer noch erfüllt von einer nicht enden wollenden Hilflosigkeit, die sie Jahre mit sich herumgetragen hatte. Ziellos lief sie durch die Straßen von Long Island, versuchte krampfhaft, einen Anfang zu finden. Aber so sehr sie sich auch bemühte, es gelang ihr nicht. Zu weit war noch der Weg zurück in ihre Vergangenheit. Sie brauchte Zeit, das wusste sie, brauchte Zeit, um an den Tag anzuknüpfen, an dem ihre Erinnerung sie verlassen hatte.

Als sie zurückkehrte, hatte sie wenigstens für den ersten Moment, ihre innere Ruhe wiedergefunden. Sie musste mit Jason darüber sprechen, musste ihm die ganze Wahrheit sagen, aber was war die Wahrheit? Fest stand, dass ihr Name Alice war, fest stand auch, dass sie Cunningham hieß. Aber es war noch immer in weiter Ferne, was damals geschehen war. Vielleicht konnte ihr ja Jason bei der Suche nach ihrem Leben helfen. Sie würde sofort nach ihrer Rückkehr von Jennifer mit ihm darüber sprechen und sie würde ihm alles erzählen, was sie wusste.

Jason saß mit Lord Henry gemütlich im Garten. Sie tranken ein Gläschen Wein und hatten nicht gehört, wie sie die Tür öffnete und hinaus auf die Terrasse trat.

„Na ihr zwei, wie ich sehe, geht es euch gut."

Sie bemühte sich, fröhlich und ungezwungen zu wirken. Aber so ganz gelang ihr das nicht. Beide Männer hatten das Gefühl, dass sie etwas bedrückte, und schauten mit besorgter Miene zu ihr auf. Jason ergriff ihre Hand, die sie ihm liebevoll auf die Schulter gelegt hatte, schaute sie an und als sie sich zu ihm herunterbeugte, berührten sich ihre Lippen und sie gaben sich einen zärtlichen Kuss.

„Alice, was ist mit dir? Sag mir bitte, was los ist."

Sie spürte, wie Tränen in ihren Augen aufstiegen. Jahrelang hatte sich alles in ihr aufgestaut, wie ein See, der überzulaufen drohte. Das hatte ihr nie das Gefühl gegeben, wirklich frei zu sein. Ihr Herz tat ihr weh, wenn sie daran dachte, dass sie jahrelang wie eine Gestrandete ziellos umhergezogen war, ohne ein Gefühl der Geborgenheit und ohne Heimat. Eine Person, die nicht ahnte woher sie kam, und nicht wusste wohin sie ihr Weg führen würde. Ein Gefühl von Heimat hatte sie nach so langer Zeit das erste Mal, als sie bei Lord Henry war und von ihm mit offenen Armen aufgenommen worden war. Dafür würde sie ihm für den Rest ihres Lebens dankbar sein. Es war für sie ein unbeschreiblich gutes Gefühl, unter dem Dach dieses Mannes leben zu dürfen. Sie hatte endlich das gefunden, was sie die ganze Zeit gesucht hatte, einen Mann, zu dem sie aufschauen und den sie zärtlich Dad nennen konnte. Ihr Gefühl zu ihm änderte sich auch nicht, nachdem sie von Jennifer erfahren hatte, wer ihre wirklichen Eltern waren.

Sie ging zu ihm, nachdem sie gesehen hatte, dass er sie schon die ganze Zeit mit sorgenvoller Miene anschaute, denn auch er hatte gespürt, dass sie irgendetwas bedrückte.

„Hallo Dad", sagte sie mit weicher, liebevoller Stimme, „ist bei dir alles in Ordnung?"

„Nichts ist in Ordnung", erwiderte er und sie wusste genau, warum er das sagte.

„Mein Kind, solange ich nicht weiß, was mit dir los ist, ist gar nichts in Ordnung."

Er schaute sie dabei die ganze Zeit aus traurigen Augen an. Sie konnte seinem fordernden Blick, endlich die Wahrheit zu sagen, nicht länger standhalten und schaute verlegen zur Seite. Dann setzte sie sich in einen der Terrassenstühle und stockend begann ihre Beichte, die sie immer wieder, bis zum heutigen Tag, hinausgeschoben hatte.

„Ich war heute bei Jennifer und wie ich von ihr erfuhr, habe ich einige Jahre hier in Long Island gelebt."

Überrascht schauten sie Lord Henry und Jason an. „Du hast hier gelebt?"

„Warum hast du mir das nie erzählt?" Sie spürte diesen unterschwelligen Vorwurf in Jasons Stimme, der sich hinter seiner Frage verbarg.

„Weil ich es nicht wusste", erwiderte sie und sie fühlte, wie ihr die Röte ins Gesicht stieg.

„Ich habe sogar Bilder von meinen Eltern gesehen. Und ihr könnt mir glauben, dass dies für mich genauso unglaublich war, wie es jetzt für euch ist. Und von Jennifer habe ich auch meinen Namen erfahren. Sie machte unbewusst eine Pause, weil ihr dieser Name noch immer so fremd war und ihr deshalb so schwer über die Lippen kam.

„Ich heiße Alice Cunningham."

Betretenes Schweigen. Jason saß da und starrte sie ungläubig an. Ihm fehlten einfach die Worte und das wollte für einen Mann wie ihn, der so weltgewandt war, schon etwas heißen.

Ihr Geständnis hatte den Lord so geschockt, dass er die ganze Zeit schweigend neben ihr saß, doch dann sagte er einen Satz, der für sie von entscheidender Bedeutung war.

„Du musst ein traumatisches Erlebnis gehabt haben, das jegliche Erinnerungen in dir ausgelöscht hat. Du hattest einen Gedächtnisverlust und das kann Jahre dauern, bis die Erinnerung daran zurückkommt." Mit diesen Worten hatte er all das bestätigt, was sie schon seit geraumer Zeit vermutet hatte.

„Jetzt wo du weißt, wie du heißt und wo du herkommst, dürfte es kein Problem sein, deine ganze Geschichte zu erfahren. Ich werde dir dabei helfen, die ganze Wahrheit zu finden, um dir deine Identität wiederzugeben. Wir werden recherchieren und nicht eher Ruhe geben, bis wir wissen, was damals geschehen ist. Das verspreche ich dir."

Gerührt schmiegte sich Alice an ihn, schaute ihm in die Augen und sagte nur ein Wort: „Danke."

Jason aber stand auf und verließ ohne ein Wort zu sagen den Raum, zu tief saß bei ihm die Enttäuschung über ihre Lügen.

Von diesem Tag an ließ sie dieser unbändige, allgegenwärtige Wunsch nicht mehr los. Sie durchsuchte das Internet, recherchierte in Telefonbüchern des Bundesstaates Massachusetts.

Alle Telefoneinträge mit dem Namen Cunningham selektierte sie, schrieb endlose Listen der Personen, die diesen Namen trugen und das waren nicht wenige. Sie führte von morgens bis zum späten Abend Telefonate. Sie fragte jeden Einzelnen, ob er eine junge Frau mit dem Namen Alice Cunningham kannte, aber ohne Erfolg.

„Es tut mir sehr leid", war jedes Mal die Antwort, „aber eine Frau mit diesem Namen kenne ich nicht."

Es war zum Verzweifeln. Aber sie würde nicht aufgeben und wenn es noch Jahre dauern sollte. Das hatte sie sich geschworen. Erfolglose Tage gingen ins Land, bis zu dem

Tag, als sie das Gefühl hatte, endlich den Menschen gefunden zu haben, der ihr mehr über Alice Cunningham sagen konnte. Es war die erste Telefonnummer, die sie an diesem Tag wählte, eine Nummer mit einer Bostoner Vorwahl. Vielleicht hatte sie ja dieses Mal Glück, hoffte sie, während es bei dem Teilnehmer auf der anderen Seite schellte. Gespannt lauschte sie. Aber sie hörte nur dieses deprimierende Tuten, das eine Ewigkeit zu dauern schien. Sie wollte schon aufgeben, als sie die Stimme einer Frau vernahm.

„Hier bei Cunningham, Sie wünschen?"

„Sind Sie Mrs Cunningham?" Alice spürte, wie ihr Herz wild zu schlagen begann.

„Es tut mir sehr leid", erwiderte die Stimme, „Mrs Cunningham ist nicht anwesend, bitte versuchen Sie es doch später noch einmal."

Doch dann erinnerte sich die Stimme, dass Alice ihr den Namen Cunningham genannt hatte.

„Sind Sie eine Verwandte?" „Das ist möglich", erwiderte Alice. Ihre Erregung hatte inzwischen eine Dimension erreicht, dass sie das Gefühl hatte, gleich in Ohnmacht zu fallen.

„Mein Name ist Alice Cunningham."

„Den Namen Alice Cunningham habe ich schon einmal gehört", erwiderte sie mit einer Gelassenheit, die Alice fast in den Wahnsinn trieb.

„Aber bitte haben Sie Verständnis. Ich will nichts Falsches sagen. Rufen Sie doch heute Nachmittag noch einmal an, dann ist Mrs Cunningham wieder im Hause."

„Das ist ein Silberstreifen am Horizont", dachte Alice voller Hoffnung, als das Gespräch beendet war, und legte mit zitternden Händen auf. Sie hatte den Namen Alice schon einmal gehört und das war mehr, als sie zu hoffen wagte. Sie würde nachmittags noch einmal anrufen und spätestens dann würde sie erfahren, ob ihre Hoffnungen berechtigt waren. Jason war seit einer Woche zurück in Houston, um sich um seine Geschäfte zu kümmern.

Sie hatte gerade das Gespräch beendet, als ihr Telefon schellte.

„Hallo Jason, wie geht es dir?" Und dann sprudelte es aus ihr heraus, wie ein Wasserfall.

„Stell dir vor, ich habe in Boston mit jemandem gesprochen, der sich an den Namen Alice Cunningham erinnern kann. Ich soll aber heute Nachmittag noch einmal anrufen, dann ist sie wieder zu Hause. Ich habe wohl mit einer Angestellten gesprochen. Ist das nicht wundervoll?"

Sie spürte, wie distanziert er auf ihre Nachricht reagierte, er konnte es immer noch nicht verwinden, dass sie ihn auf so niederträchtige Weise belogen hatte. Hatte sie sich, nachdem sie wusste, wer er war, nur an ihn herangemacht, weil sie sich bereichern wollte, weil sie eine Chance sah, sich einen reichen Mann zu angeln?

Warum sollte sie ausgerechnet jetzt die Wahrheit sagen? Und er, der sonst so pragmatisch denkende Mensch, war auf dieses Weib hereingefallen. Aber wenn es um die Liebe ging, war auch er nur ein Mensch, der sich von seinen Gefühlen leiten ließ. Lord Henry wusste von alledem nichts und er hatte nicht die leiseste Ahnung, welches Unheil sich da über Alice' Kopf zusammenbraute. Er hatte die ganze Zeit fest an sie geglaubt, hatte sie getröstet, wenn sie mal wieder erfolglos war, hatte ihr Mut zugesprochen und sie immer wieder aufgemuntert, wenn er spürte, dass sie resignieren wollte. Doch er hatte auch Angst, sie zu verlieren, wenn sie endlich zu ihren Wurzeln zurückkehren würde. Er dachte darüber nach, wie es sein würde, wenn sie in den Staaten bliebe und er auf diesen geliebten Menschen verzichten musste, den er so tief in sein Herz geschlossen hatte. Es waren diese Gedanken, die ihn traurig stimmten.

Er hoffte insgeheim, dass Alice ihm auch jetzt noch treu verbunden bliebe. Für ihn war sie Alice Abbigal Lady of Blanchfort, seine Adoptivtochter, die er liebte wie sein eigenes Kind. Daran würde sich nichts ändern, solange er lebte. Alice hatte sich selbst geschworen, ihn niemals im Stich zu lassen oder sich von ihm abzuwenden. Zu viel hatte sie ihm zu verdanken. Er war der erste Mensch nach dieser langen Zeit des Alleinseins, der ihr Aufmerksamkeit und Geborgenheit gab, und das würde sie nie vergessen. Er konnte sich also beruhigt zurücklehnen und seinen Lebensabend genießen.

25. Kapitel

In dieser Nacht konnte sie lange nicht in den Schlaf finden. Zu viele Gedanken gingen ihr durch den Kopf. Der Morgen graute, als sie ihr Zimmer verließ, um auf der Terrasse die kühle Luft des herannahenden Tages zu spüren. Sie war nervös und eine leise Furcht vor dem bevorstehenden Telefongespräch überfiel sie. Würde alles nach ihren Wünschen verlaufen? Würde sie endlich Gewissheit bekommen? Und wenn es nicht so wäre, was würde sie dann tun? Würde sie weiter suchen oder würde sie einfach aufgeben, sich ihrem Schicksal beugen? Doch plötzlich ging ein Ruck durch ihren Körper. „Du musst weitermachen, musst diese unsägliche Geschichte zu Ende bringen, um endlich deinen inneren Frieden zu finden. Alice, gib jetzt nicht auf, du bist so kurz vor dem Ziel." Oft wiederholte sie in Gedanken diese Worte, die ihr Mut machen sollten. Wie eine Ertrinkende klammerte sie sich an diesen Strohhalm Hoffnung.

Inzwischen war es 10.00 Uhr morgens geworden. Sie griff zum Telefon, wählte die Nummer, die sie auf ihrer Liste mit einem dicken Kreuz versehen hatte und lauschte. „Ja bitte", meldete sich eine Frauenstimme am anderen Ende. Alice nahm all ihren Mut zusammen, um sich nach einer kurzen Pause mit dem Namen zu melden, den sie erst kurze Zeit vorher von ihrer Freundin Jennifer erfahren hatte.

„Spreche ich mit Mrs Cunningham?"

„Ja, das tun Sie", erwiderte sie.

Es war eine angenehme, weiche Stimme, die Stimme einer Frau um die Fünfzig.

„Ja, guten Tag, hier ist Alice Cunningham, ich habe gestern schon mal bei Ihnen angerufen."

„Ja, ich weiß", und es erklang diese Stimme, die ihr so vertraut vorkam. Aber vielleicht irrte sie sich auch, denn sie war wie besessen, endlich die Wahrheit zu finden. Irgendwann verfiel sie schon dem Irrglauben, Stimmen zu hören, die sie zu kennen glaubte. Und dann stellte sich alles als ein Irrtum heraus. Alice spürte wie die Dame am anderen Ende tief Luft holte, dann eine Pause einlegte, weil sie vor lauter Überraschung nichts erwidern konnte.

„Ja ich kenne Alice Cunningham, sie ist die Tochter meines Schwagers, aber wir haben schon seit Jahren keinen Kontakt mehr zu ihr. Sie ist nach einem tragischen Ereignis spurlos verschwunden und wir haben nie wieder etwas von ihr gehört."

Alice schlug vor Aufregung das Herz bis zum Hals.

„Das ist sie, oh mein Gott, das ist sie!" Diese Erkenntnis raste wie ein Wirbelsturm durch ihren Körper.

„Ich bin Alice! Endlich habe ich euch wiedergefunden! Es ist so wunderbar, ich bin so glücklich." Und plötzlich fiel ihr der Name ihrer Tante ein. „Bist du Tante Olivia?", fragte sie und ihre Stimme drohte zu versagen.

„Ja, das bin ich, mein Name ist Olivia."

Sie kämpfte mit den Tränen und schluchzend erwiderte sie: „Oh Alice, wir haben so lange nach dir gesucht und geglaubt, dass du nicht mehr am Leben bist. Und jetzt höre ich nach so langer Zeit deine Stimme, es ist wie ein Wunder."

Dann hörte man nur noch ein Schluchzen auf beiden Seiten und keiner von ihnen war in der Lage, in diesem Moment, auch nur ein einziges Wort zu sprechen.

„Alice, wo bist du?"

„Ich bin auf Long Island", erwiderte Alice noch ganz benommen von dieser wundervollen Nachricht.

„Kannst du morgen nach Boston kommen? Ich kann es kaum erwarten, dich wiederzusehen."

„Mir geht es genauso", antwortete Alice und Tränen unbändiger Freude füllten ihre Augen.

„Ich werde noch heute einen Flug buchen", erwiderte Alice atemlos.

„Bitte ruf mich an, dann komme ich dich in Boston abholen. Brauchst du Geld?" Die Stimme ihrer Tante klang in diesem Moment sehr fürsorglich, wie das bei einer Tante nun mal so üblich ist.

„Nein Tante, ich habe Geld genug. Du brauchst dir keine Sorgen machen. Ich hoffe, dass ich morgen Mittag in Boston bin."

„Das ist schön, ich freue mich sehr", erwiderte Olivia, „aber ich will jetzt Schluss machen, schließlich muss ich doch deinem Onkel Robert über dieses wundervolle Ereignis berichten. Über alles andere unterhalten wir uns, wenn du hier bist."

Dann war das wichtigste Gespräch im Leben von Alice beendet. Tanzend und lachend wie ein Teenager sprang sie auf die Terrasse, übermütig lief sie zu dem Sessel, in dem Lord Henry saß, umarmte ihn, küsste ihn und schrie ihre ganze Freude in die Welt hinaus.

„Dad, Dad, ich habe sie gefunden, denk nur, ich habe sie gefunden!" Sie setzte sich neben ihn und erzählte ihm alles, was sich vor wenigen Minuten zugetragen hatte.

„Das ist wunderbar mein Kind, endlich."

Und doch erkannte sie in seinen Augen eine Trauer, die ihr einen tiefen Stich ins Herz versetzte. Sie wusste sogleich, was ihn bedrückte. Er hatte Angst, sie zu verlieren.

Sie nahm ihn in die Arme, strich zart mit ihren Fingern durch sein ergrautes Haar, legte ihren Kopf an seinen und schwor ihm: „Du wirst immer mein Dad bleiben, und ich bin stolz und glücklich dich zu haben." Damit war alles gesagt.

Im selben Moment fiel ihr Jennifer ein, der sie alles zu verdanken hatte. Sie stürmte aus dem Haus, rannte die Treppe zu Jennifers Haus hinauf und schellte, als würde das ganze Haus abbrennen. Jennifer musste sie schon von Weitem gesehen haben, denn Augenblicke später öffnete sie die Tür und schaute erstaunt in ihr lachendes Gesicht.

„Was ist los Alice, hast du in der Lotterie das große Los gezogen?"

„Es ist viel schöner als das, Jennifer, ich habe sie gefunden, endlich gefunden!" Jennifer lachte.

„Nun komm erst mal rein und beruhige dich, und dann erzähle mir alles der Reihe nach."

So saßen sie zusammen im Salon und Alice erzählte ihr unter Tränen was geschehen war. Immer wenn sie ihre Gefühle übermannten, unterbrach sie das Gespräch und saß da, so geistesabwesend und mit einem ungläubigen Lächeln im Gesicht, als könnte sie ihr Glück immer noch nicht begreifen.

Hastig griff sie zum Telefon, um Jason diese Neuigkeit zu berichten. Nach einer Weile wurde das Gespräch entgegengenommen, aber es war nicht Jason, der sich am anderen Ende meldete. Es war wieder diese langweilige Stimme seiner Sekretärin, die sich mit diesem abscheulichen Spruch meldete.

„Emmerson Mobile Oil, was kann ich für Sie tun?"

„Hier ist Alice Blanchfort, ich möchte gerne Mr Kennedy sprechen."

„Es tut mir sehr leid, aber Mr Kennedy ist zurzeit nicht im Haus. Kann ich ihm etwas ausrichten?"

„Nein", erwiderte Alice, „das möchte ich ihm schon persönlich sagen."

„Dann kann ich ihnen auch nicht weiterhelfen, Miss Blaaanchfort", und sie zog den Namen absichtlich in die Länge, nur um Alice zu ärgern.

Da war wieder dieses Hochnäsige und Abweisende, über das sie sich schon bei ihrem letzten Anruf geärgert hatte.

„Was bildet sich diese blöde Kuh eigentlich ein?", dachte Alice, blieb aber trotzdem höflich. Sie wollte sich keine Blöße geben und ihr nicht zeigen, dass die Art, wie sie mit ihr sprach, sie wütend machte.

„Sagen Sie ihm bitte, er möchte mich umgehend zurückrufen."

„Ich werde es ihm ausrichten. Mr Kennedy wird Sie sicherlich zurückrufen", erwiderte Lesley mit einem spöttischen Unterton und legte den Hörer auf. Immer wenn Alice so richtig wütend war, bildete sich über ihren Augen eine kaum zu übersehende Zornesfalte und dann konnte sie richtig unangenehm werden.

„Na warte, du kleines unverschämtes Biest, wenn ich dich in die Finger bekomme, kannst du was erleben."

Doch im nächsten Moment war ihr Zorn schon wieder verraucht, denn Lord Henry stand neben ihr und legte ihr seine Hand auf die Schulter.

„Hast du Ärger, Kleines?"

„Nein, Dad, es ist nichts, nur die blöde Ziege in Jasons Vorzimmer hat mich ziemlich dumm von der Seite angequatscht und das kann ich nun gar nicht leiden."

„Meine kleine Alice, immer für einen gepflegten Fluch gut."

Dann drehte er sich lachend um und verließ den Raum, um es sich wieder auf der Terrasse bequem zu machen.

Kurze Zeit später, Alice kam gerade aus dem Bad, wo sie sich ein wenig frisch gemacht hatte, schellte ihr Telefon. Sie rannte die Treppe hinunter, um Jasons Anruf nicht zu verpassen.

„Hallo Jason", rief sie und war noch ein wenig außer Atem.

„Nein, hier ist nicht Jason. Hier ist Robert Cunningham. Deine Tante Olivia hat mich vorhin angerufen und mir erzählt, dass ihr miteinander gesprochen habt. Ich kann dir gar nicht beschreiben, wie froh ich bin, dich endlich wiedergefunden zu haben."

„Onkel Robert", erwiderte sie atemlos, „es ist so schön, deine Stimme zu hören, und ich freue mich, dass wir endlich wieder zusammen sind."

„Ich habe gehört, dass du uns morgen besuchen willst. Wir werden dich vom Flughafen abholen. Ich habe mir extra freigenommen, denn dieses Ereignis lasse ich mir doch nicht entgehen! Und nun muss ich leider Schluss machen, ein Klient wartet schon auf mich, bye meine Große."

„Bye Onkel Robert", erwiderte sie und strahlte über das ganze Gesicht. Plötzlich erinnerte sie sich wieder an seine Stimme und wusste auch, warum er Große zu ihr gesagt hatte. Immer wenn sie bei ihm zu Besuch war, ritt sie mit ihm aus. Als sie das erste Mal auf einem Pferd saß, hatte sie eine solche Angst von da oben herunterzufallen, dass sie sich am liebsten in die äußerste Ecke des Pferdestalls verkrochen hätte. Aber ihr Onkel Robert nahm sie an die Hand.

„Hab keine Angst, wir versuchen es noch einmal und du wirst sehen, dass es ganz einfach ist. Nur Mut, du bist doch meine Große."

Von diesem Moment an hatte sie alle Angst verloren und vier Wochen später ritt sie mit ihm über Stock und Stein. Sie musste in diesem Moment an Andrew denken, mit dem sie wie der Teufel um die Wette geritten war und sich wunderte, wo sie das gelernt hatte. Jetzt wusste sie es und es war wieder ein Steinchen in dem großen Mosaik ihrer verlorenen Vergangenheit.

Sehnsüchtig wartete Alice auf Jasons Anruf, aber er meldete sich nicht. Sicherlich war er noch unterwegs oder, durchfuhr es sie, vielleicht hatte diese blöde Kuh ihm verschwiegen, dass sie angerufen hatte? Na zuzutrauen wäre es ihr schon, denn ohne Zweifel war sie krankhaft eifersüchtig auf sie und würde sich gerne auf diese Weise rächen.

Schon bei ihrer ersten Begegnung spürte Alice ihre Abneigung und Missachtung und sie bemühte sich nicht eine Sekunde, dies vor ihr zu verbergen. Das große Ereignis des nächsten Tages warf seine Schatten voraus und sie hatte Wichtigeres zu tun, als sich über diese dumme Gans aufzuregen. Es war kurz vor Mitternacht als sie sich von Lord Henry verabschiedete, der noch immer auf der Terrasse saß und ein Glas Wein trank. Er hatte sich eine seiner guten Havannas angezündet und blies genüsslich kleine Ringe in die Luft.

Wie sagte er doch, als Jason sie auf Blanchfort besuchte und sie gemütlich in seinem Arbeitszimmer saßen, er ihm die Zigarrenschatulle reichte und dieser dankend mit den Worten ablehnte: „Nein danke Sir, ich rauche nicht."
„Recht so, mein Sohn und fangen Sie bloß nicht damit an,

denn gesund ist das beileibe nicht. Aber ich alter Knabe komme auf meine alten Tage nicht mehr davon los, warum sollte ich auch."

Jason hatte ihr diese kleine Anekdote erzählt und sich köstlich darüber amüsiert.

„Typisch Dad", dachte Alice und musste schmunzeln, als sie sich an diese Worte erinnerte. Sie ging auf ihn zu und küsste ihn auf die Wange.

„Gute Nacht Dad, ich gehe jetzt schlafen, denn ich habe morgen einen anstrengenden Tag vor mir."

„Ich weiß mein Kind, ich bleibe noch ein halbes Stündchen hier sitzen und gehe dann auch zu Bett."

Als sie sich umdrehte und die Treppe hinauf ging, schaute er voller Stolz hinter ihr her und sagte zu sich: „Du bist ein Geschenk des Himmels", und er richtete seinen Blick in den dunklen Horizont, „du da oben, ich danke dir."

26. Kapitel

Es war 8.00 Uhr morgens. Alice war sehr in Eile, denn in einer Stunde ging ihr Flieger. Sie warf ein paar Sachen in ihre Reisetasche, trank hastig eine Tasse Kaffee und kam die Treppe hinunter als es an der Haustür schellte. Das Taxi zum Flughafen stand vor der Tür.

„Ich muss los, Dad", rief Alice, griff nach ihrem Gepäck, gab ihm einen flüchtigen Kuss, lief die Stufen der Veranda hinunter und drehte sich noch einmal lachend um.

„Ich bin morgen zurück", rief sie ihm zu, nachdem sie ihr Gepäck im Kofferraum verstaut hatte. Ein letztes Winken, als sie die Auffahrt verließen, dann entschwand sie seinen Blicken.

„Viel Glück mein Kind", flüsterte er, drehte sich um und schloss die Haustür hinter sich. Er war allein. Er sah wie sich dunkle Wolken am Horizont zusammenzogen und Augenblicke später brach, wie aus heiterem Himmel, ein Gewitter los und tobte sich über Long Island aus. Sturzbäche von Wasser ergossen sich auf die Straßen, der Regen peitschte gegen die Fenster. Der Sturm zerrte an Bäumen und Büschen, Äste flogen umher und die Menschen flüchteten Schutz suchend in Restaurants und Cafés.

Doch wie von Geisterhand erstarb der Sturm, das Wasser zeichnete breite Rinnsale auf die Straßen, die weiße Gischt der vorbeifahrenden Fahrzeuge spritzte im hohen Bogen auf die Gehwege, Fußgänger sprangen erschrocken zur Seite. Und dann war dieses Unwetter genauso schnell vorbei, wie es begonnen hatte. Kurze Zeit später hatte der Wind, der vom Meer herüberwehte, den Nebel der Feuchtigkeit zerrissen und die blitzende Sonne tauchte alles, als wenn nichts geschehen wäre, in ein gleißendes warmes Licht. Nur die Schwaden des verdunstenden Wassers erhoben sich wie wabernde Nebel in die Luft und verschwanden im strahlenden Blau des Himmels. War es ein Omen, das Alice' Leben widerspiegelte? Die dunklen, bedrohlichen Wolken, die sie so oft begleiteten, der aufsteigende Dunst, der alles in einen Nebel des Vergessens hüllte und der strahlende Sonnenschein, der endlich das Licht der Gewissheit über ihr erscheinen ließ? All dies geschah an dem Tag, an dem sie ihre Kindheit und Jugend wiederfinden sollte.

In der Zwischenzeit war Alice am Airport angekommen, checkte ein und eine halbe Stunde später saß sie im Flieger nach Boston. Je näher sie ihrem Ziel kam, desto nervöser wurde sie. Vor lauter Nervosität hatte sie einen ganz trockenen Mund und bat die Stewardess um ein Glas Wasser. Irgendwie musste sie das wohl missverstanden haben und glauben, dass Alice Flugangst hatte. Behutsam strich sie ihr über den Rücken.

„Keine Angst Miss, beruhigen Sie sich bitte, Sie brauchen keine Angst zu haben. Es ist alles in Ordnung."

Lächelnd schaute Alice die Stewardess an.

„Danke für Ihre Fürsorge, aber ich habe keine Flugangst. Ich bin nur sehr nervös, weil ich in Boston einen sehr wichtigen Termin habe, verstehen Sie?"

„Ach so", erwiderte sie, „dann werde ich Sie mal wieder allein lassen und machen Sie sich bitte keine Sorgen. Es wird alles gut, Sie müssen nur daran glauben."

„Danke Miss", erwiderte Alice, „das werde ich tun und vielen Dank."

Sie blätterte in der Vogue, die sie sich noch schnell im Flughafen gekauft hatte, um sich jetzt ein bisschen die

Zeit zu vertreiben. Aber so sehr sie sich auch bemühte, ihre Aufregung war so groß, dass sie kein Wort von dem verstand, was sie das las.

Sie lehnte sich in den Sitz zurück und in Gedanken ließ sie ihr bisheriges Leben an sich vorüberziehen. Aber es waren immer nur Bruchstücke, an die sie sich erinnerte. Es war wie ein Buch, aus dem viele Seiten herausgerissen waren. Immer wenn sie glaubte, der Wahrheit ein Stück näher gekommen zu sein, riss ihre Erinnerung ab. Es war wie ein Vakuum, das sich zwischen sie und ihr früheres Leben schob. Die Durchsage der Stewardess schreckte sie aus ihren Gedanken auf. Sie schnallte sich in ihrem Sitz an und sah durch das Fenster den Flughafen Bostons. Kurze Zeit später waren sie gelandet.

Sie nahm ihr Handgepäck und strebte dem Ausgang entgegen. Suchend irrten ihre Augen in der Menge der Wartenden umher. Dann sah sie inmitten der Menge einen hoch aufgeschossenen, elegant gekleideten Herrn und neben ihm stand eine zierliche dunkelhaarige Frau, die sich ganz eng an ihn schmiegte.

„Das müssen sie sein", schoss es ihr durch den Kopf. Sie hatte ihre Vermutung noch nicht zu Ende gedacht, als die Frau sie entdeckte.

Heftig winkend lief sie ihr entgegen und immer wieder rief sie: „Alice wir sind hier, hallo, hier sind wir."

Aber sie brauchte nicht länger rufen, denn Alice hatte ihr Rufen gehört und eilte mit großen Schritten auf sie zu, um endlich die Menschen in die Arme zu schließen, die so lange aus ihrem Leben verschwunden waren.

Plötzlich sah sie die beiden wieder vor sich, erinnerte sich an die Besuche bei ihnen. Die Liebenswürdigkeit und der herzerfrischende Humor ihres Onkels, die fürsorgliche und verständnisvolle Art ihrer Tante waren immer so wohltuend, wenn sie bei ihnen zu Gast war. Nie hatte sie das Gefühl, bei ihnen nicht willkommen zu sein. Immer wurde sie mit offenen Armen aufgenommen und verlebte in ihrem Haus eine schöne und unbekümmerte Zeit. Ja, es waren Tante Olivia und Onkel Robert, da gab es für sie keinen Zweifel mehr.

Die Ähnlichkeit zwischen ihm und ihrem Dad, den sie auf dem Bild in Jennifers Fotoalbum gesehen hatte, war so frappierend, dass man sie für Zwillinge halten musste. Es war ein unbeschreibliches Gefühl, als sie leibhaftig vor ihr standen und Alice sie spüren und anfassen konnte. Sie umarmten und küssten sich. Die Freude des Wiedersehens kannte keine Grenzen. Arm in Arm verließen die Drei den Airport. Immer wieder blieben sie stehen, schauten sich ungläubig an und konnten ihr Glück nicht fassen. Sie fuhren vom Flughafen Logan International Airport in Richtung Downtown, vorbei an wunderschönen alten Häusern aus der Gründerzeit, die der Stadt eine nostalgische Atmosphäre verliehen, bogen dann auf die Cambridge Street ab, die in Richtung East Cambridge führt, überquerten die Longfellow Bridge, die den Charles River überspannt, fuhren ein kurzes Stück auf der Main Street, um dann nach rechts in das elegante Wohnviertel von East Cambridge einzubiegen.

Die Straßen waren gesäumt von alten Platanen und grünen gepflegten Hecken, hinter denen sich die Anwesen der Reichen dieser Stadt verbargen. Alice hatte das Gefühl, nie fort gewesen zu sein. Sie erinnerte sich, wie sie mit ihren Freundinnen durch die Straßen zog und, sehr zum Leidwesen von Tante Olivia und Onkel Robert, allerlei Schabernack anstellte.

Von der 3rd Street bogen sie nun in die Blent Street ein und hielten vor dem Haus No. 87. Dann sah sie das Haus ihres Onkels vor sich liegen. Es war genau das Haus, das sie in ihren Träumen gesehen hatte, mit dem wunderschön angelegten Garten und der großen Wiese, auf der sie immer mit ihren Freundinnen herumgetollt und ihrer Lebensfreude freien Lauf gelassen hatte.

Wie ein übermütiger Teenager sprang sie aus dem Wagen, lief den breiten Weg zum Haus hinauf, blieb vor dem Eingangsportal stehen und ihr Herz hüpfte vor unbändiger Freude.

„Hurra, ich bin wieder da, ich bin endlich wieder da." Lachend lief sie auf die beiden zu, umarmte sie, fasste sie an den Händen und wie drei Kinder sprangen sie im Kreis herum, so wie sie es früher immer getan hatten. „Nun komm erst mal rein", rief der Onkel ein wenig außer Atem. Er war ja auch nicht mehr der Jüngste. Lachend ließ Alice von ihm ab und mit klopfendem Herzen betrat sie den Ort, den sie so lange nicht gesehen hatte.

Natürlich hatte sich in der Zwischenzeit einiges verändert. Die einladende Couch, auf der sie sich so gerne rekelte, wenn im Herbst leise das Kaminfeuer knisterte, war nicht mehr da. Eine riesige Ledercouch hatte stattdessen ihren Platz eingenommen. Neugierig betrachtete sie alles, was sich in diesem elegant eingerichteten Raum befand, sah das Gemälde von Edward Hopper, das noch immer über dem Kamin hing und das sie schon damals besonders liebte. Dann entdeckte sie eine Fotografie ihrer Eltern, die in einem Silberrahmen auf dem Kaminsims stand. Mit klopfendem Herzen trat sie näher, nahm es in ihre zitternden Hände und dicke Tränen kullerten über ihr Gesicht. Leise war Tante Olivia hinter sie getreten, umschlang sie mit beiden Armen und Alice spürte ihre Nähe, die ihr so unendlich wohl tat und sie ein wenig tröstete.

„Tante Olivia", und ihre mit Tränen gefüllten Augen sahen sie fragend an, „was ist mit Mom und Dad passiert, bitte sag es mir?"

„Deine Mom und dein Dad", begann sie zögernd, nach den richtigen Worten suchend. Man konnte förmlich spüren, wie schwer es ihr immer noch fiel, darüber zu sprechen. Jetzt, wo Alice wieder bei ihnen war, wurde alles wieder aufgewühlt und sie fühlte den Schmerz so intensiv, als sei es gestern gewesen. Alice spürte wie sie nach Worten rang. „Deine Mom und dein Dad", fuhr sie zögernd fort, „sind am 23. September, vor vier Jahren, bei einem Verkehrsunfall ums Leben gekommen."

Die letzten Wörter kamen nur noch schluchzend aus ihr heraus und Alice konnte sie kaum noch verstehen, nahm sie nur noch im Unterbewusstsein wahr. Wie erstarrt blieb sie stehen, hatte in diesem Moment alles um sich herum vergessen und begann bitterlich zu weinen. Sie setzte sich hin und stützte ihr Gesicht in ihre Hände. Schon vorher hatte sie geahnt, dass etwas Tragisches geschehen sein musste, denn niemals hätten ihre Eltern sie im Stich gelassen. Das war der einzige Trost, den sie in diesem Moment hatte. Der Tag, der so voller Freude über ihr Wiedersehen begonnen hatte, endete nun mit der traurigen Wahrheit über das Schicksal ihrer Eltern.

So saßen sie eine lange Zeit zusammen, schweigend, eng umschlungen und in sich gekehrt. Worüber sollten sie jetzt auch sprechen, es war alles gesagt und jedes noch so banale Wort war überflüssig. Für Alice war es der schmerzlichste Stein, der sich in das Mosaik der Erinnerung einfügte. Unbarmherzig hatte das Schicksal vor vier

Jahren, ihr bis dahin so glückliches und unbekümmertes Leben zerstört, hatte alle Erinnerungen ausgelöscht. Sie hoffte, dass sie sich bald wieder einstellen würden, die Erinnerungen an ihre Kindheit und Jugend. Denn genau das war es, was sie im Moment noch so schmerzlich vermisste.

Voller Neugier ging sie durch das Haus, versuchte sich an jede Einzelheit zu erinnern. Sie sah die große Wanduhr in der oberen Etage, die im Rhythmus der Zeit ohne Eile tickte. Schon als kleines Mädchen, so erinnerte sie sich plötzlich, hatte sie sich immer bei ihrer Tante mit den Worten beschwert: „Tante Olivia, kannst du diese blöde Uhr nicht abstellen? Die tickt immer so laut und ich kann gar nicht schlafen." Tante Olivia hatte dann, es war wie ein Ritual, jedes Mal, wenn Alice bei ihnen war, die Uhr angehalten und erst wieder angestellt, wenn sie wieder abgereist war.

Sie musste lächeln, als sie an diese Begebenheit dachte. Es war zwar nur eine Kleinigkeit, an die sie sich erinnerte, aber für sie war es ein Riesenschritt zurück in ihre Kindheit. Mit klopfendem Herzen blieb sie vor einer verschlossenen Tür stehen.

„Tante Olivia", rief sie nach unten, „warum ist dieses Zimmer verschlossen?" Lächelnd kam ihre Tante nach oben. In der Hand hielt sie einen Schlüssel und Alice war gespannt, was sich hinter der Tür verbarg.

„Es ist dein Zimmer, mein Schatz. Onkel Robert und ich hatten uns geschworen, es erst dann wieder zu öffnen, wenn du wieder bei uns bist."

Der Schlüssel drehte sich im Schloss und langsam öffnete sich die Tür, die so lange das Geheimnis ihrer Kindheit und Jugend verbarg. Alice war wie benommen, als sie all die Dinge sah, die sie so lange begleitet hatten, bis zu dem Tag, an dem sie alles vergessen hatte und dieser Teil ihres Lebens in Dunkelheit versank.

An den Wänden hingen Poster ihrer Lieblingsstars. Robbie Williams und die Gruppe Take That rangierten damals ganz oben auf ihrer Favoritenliste. Besonders verliebt war sie in Brad Pitt, der für sie ein Teenagertraum war und von dem sie sogar ein Autogramm besaß. Sie konnte sich nicht sattsehen an der Eleganz des Supermodels Cindy Crawford. Immer wieder versuchte sie, ihr nachzueifern. Wenn sie während ihrer Anwesenheit auf irgendwelche Collegebälle eingeladen war, kleidete sie sich gern nach ihrem Vorbild und war der Schwarm aller Boys in Cambridge. Dann erblickte sie Kitty! Dieses wunderbare Wesen saß friedlich auf ihrem Bett und hatte sie anscheinend schon erwartet.

Es war ihre Puppe, die sie durch ihre Kindheit begleitet hatte und ihr bis in die Jugendzeit und darüber hinaus die Treue gehalten hatte. Liebevoll nahm sie Kitty in die Arme, drückte sie fest an sich, so wie sie es als Kind immer getan hatte. Jetzt wurde der kurze Traum, den sie in London geträumt hatte, zur Wirklichkeit. Sie sah wieder das Bild von Mom und Dad, die in liebevoller Umarmung auf der Couch saßen und sie saß zu ihren Füßen und spielte weltvergessen mit Kitty. Es muss Weihnachten gewesen sein, denn sie erinnerte sich, dass direkt neben dem Kamin ein wunderschön geschmückter Christbaum stand.

27. Kapitel

Sie hörte, wie die Haustür aufgeschlossen wurde und Onkel Robert aus der Kanzlei nach Hause kam. Er hatte sicherlich einen langen anstrengenden Tag hinter sich. Er ging zuerst ins Badezimmer und machte sich ein wenig frisch. Nachdem er Alice und seine Frau in die Arme genommen hatte und nach ihrem Wohlbefinden gefragt hatte, gesellte er sich zu ihnen. Alice war schon wieder ein wenig gefasster, hatte den ersten Schock über den Tod ihrer Eltern einigermaßen überwunden. Aber eins beschäftigte sie immer noch. Was war mit ihr nach diesem Unfall geschehen? Eine Frage, die Tante Olivia bis jetzt unbeantwortet ließ. Das lag wohl daran, dass sie so aufgewühlt und dieses furchtbare Ereignis wieder allgegenwärtig war. Sie schaute beide fragend an: „Was ist mit mir nach diesem Unfall geschehen, bitte sagt mir die Wahrheit. War ich verletzt? Hat man mich ins Krankenhaus gebracht?"

Sie schauten Alice mit sorgenvoller Miene an und es fiel ihnen sichtlich schwer, diese Frage zu beantworten.

„Alice", begann Tante Olivia mit stockender Stimme, „wir wissen nicht genau, was mit dir passiert ist. Als der Rettungsdienst und die Polizei an der Unfallstelle eingetroffen waren, warst du nicht mehr da. Weit und breit war nichts von dir zu sehen, du warst einfach spurlos verschwunden. Die Polizei musste davon ausgehen, dass deine Eltern allein in dem Fahrzeug gesessen hatten. Erst als sie Blutspuren auf dem Rücksitz und außerhalb des Wagens entdeckten, die unmöglich von den Unfallopfern stammen konnten, begannen sie, nach dir zu suchen."

Sie machte eine Pause, um sich die Tränen abzuwischen, dann fuhr sie fort. „Stundenlang durchkämmten sie mit Suchtrupps die Umgebung und erst als eine Spaziergängerin in der Polizeistation anrief und die Cops über eine junge dunkelhaarige Frau informierte, die blutüberströmt und apathisch auf einer Bank in einem etwas entlegenen Park saß, wurden sie auf dich aufmerksam. Sofort fuhren sie zu der beschriebenen Stelle und fanden dich dort zusammengekauert und mit blutverschmiertem Gesicht, teilnahmslos sitzen. Sie brachten dich sofort in das städtische Krankenhaus und lieferten dich in der Notaufnahme ein.

Einen Tag später erfuhren wir dann von dem Ereignis und dass du mit einer Amnesie auf der Krankenstation im St. Helen Hospital liegen würdest und dich an nichts erinnern könntest. Alles in dir war einfach ausgelöscht. Als man dich nach deinem Namen und deinem Wohnort fragte und dein Geburtsdatum wissen wollte, konntest du dich nicht mehr daran erinnern. Die einzige Antwort war ein hilfloses Kopfschütteln. Nur dass dein Vorname Alice war, das wusstest du noch. Es war einfach furchtbar, als wir dich das erste Mal besuchten und du uns angestarrt hast, als wären wir Fremde.

„Wer sind Sie? Ich kenne Sie nicht", hast du gesagt. Vollkommen teilnahmslos hast du im Krankenzimmer herumgeschaut und da wussten wir, dass es eine lange Zeit dauern würde, bis du wieder unsere Alice bist."

„Als wir dich am nächsten Tag besuchen wollten, erlebten wir erneut einen Schock. Wir öffneten die Tür deines Zimmers und stellten mit Entsetzen fest, dass dein Bett leer war. In Panik liefen wir zu der Stationsschwester."

„Wo ist Miss Cunningham, warum ist sie nicht in ihrem Bett?"

Betreten schaute sie uns an. „Wir wissen es selbst nicht", fuhr sie aufgeregt fort, „als wir vor einer halben Stunde mit Dr. Robson zur Visite kamen, war ihr Bett leer. Sie ist einfach verschwunden. Ihr Kleiderschrank war leer und von ihr war weit und breit nichts zu sehen. Wir haben sofort das ganze Hospital und die Umgebung abgesucht, ohne Erfolg. Wir haben versucht, bei Ihnen anzurufen, um Sie zu informieren. Aber wir haben Sie leider nicht erreicht, lediglich Ihre Angestellte gab uns die Auskunft, dass Sie unterwegs sind und sie nicht wüsste, wo Sie sich aufhielten und wann Sie zurückkommen würden."

„Die zuständige Polizeistation wurde über dein Verschwinden informiert. Wir haben Suchanzeigen in der örtlichen Presse aufgegeben, aber ohne Erfolg. Sogar zu den hiesigen TV-Sendern haben wir Kontakt aufgenommen. Dein Foto wurde tagelang in den Nachrichten gezeigt. Hunderte von Menschen hatten sich gemeldet und glaubten, dich gesehen zu haben, aber es waren alles Hinweise, die im Sande verliefen. Du warst einfach verschwunden, ohne eine Spur zu hinterlassen.

Monatelang lebten wir in dieser Ungewissheit, gingen allen Spuren nach. Ja, wir ließen sogar Suchmeldungen mit deinem Bild drucken und verteilten sie in ganz Boston und Umgebung. Eines Tages meldete sich eine alte Dame bei uns, die felsenfest davon überzeugt war, dich in der City von Boston gesehen zu haben. Auch diese so erfolgreich scheinende Spur führte ins Nichts. Nach einem Jahr voller Sorge und Schmerz über dein plötzliches Verschwinden gaben wir auf und hofften, dass du eines Tages gesund und munter wieder auftauchen würdest. Es war eine kaum zu ertragende Leidensgeschichte, die wir durchlebten, und wir wussten nicht, ob sie ein Happyend haben würde. Es war wie eine Erlösung, als du dich dann, nach so langer Zeit des Wartens bei uns gemeldet hast. Wir beteten zu Gott, dass du unsere Alice bist."

In dieser Nacht lag Alice lange wach und ließ alles noch einmal Revue passieren, was die beiden ihr an diesem Abend erzählt hatten. Nur ganz langsam kam die Erinnerung zurück, sie hörte einen ohrenbetäubenden Knall von berstendem Metall, hörte Schmerzensschreie ihrer Mom, sah überall Blut. Sie erinnerte sich noch ganz schwach daran, wie sie sich mit letzter Kraft aus dem Autowrack befreite und dann wurde es dunkel um sie herum. Alles, was sie danach tat, wurde nur noch von ihrem Unterbewusstsein gesteuert. Ihre Vergangenheit gab es nicht mehr. Gegen Morgen verfiel sie in eine Art Halbschlaf.

Plötzlich hatte sie das Gefühl, dass vor dem Haus etwas Ungewöhnliches geschah. Sie ging ans Fenster, schaute hinaus und hielt erschrocken inne. Vor der Haustür hielt mit quietschenden Reifen ein Streifenwagen der Boston City Police. Wie Blitze stiegen die blauen Signallichter in den nachtschwarzen Himmel. Zwei Cops sprangen mit gezogenen Waffen heraus und stürmten auf den Eingang des Hauses zu. Alice lief in blinder Panik die Treppe hinunter und versuchte zu fliehen, aber es war zu spät. Als ihr plötzlich einer dieser Cops gegenüber stand und ihr die Smith & Wesson unter die Nase hielt, war jede Gegenwehr zwecklos. Resignierend hob sie die Hände und ergab sich ihrem Schicksal. Jahrelang war sie den Bullen entwischt und jetzt, wo sie ihrem Ziel so nahe war, endete ihr Leben in dieser wundervollen, neu gewonnenen Freiheit. Schwere Handschellen zierten ihre zarten Handgelenke als sie abgeführt wurde, und die Cops sie in den hinteren Teil des Streifenwagens verfrachteten. Ihr sehnsüchtiger

Blick fiel noch einmal zurück auf das, was sie gerade wieder gefunden hatte und nun ungewollt wieder verlassen musste.

„Im Namen des amerikanischen Volkes werden Sie, Alice Cunningham, wegen mehrfachen Diebstahls, Betrugs, sowie Urkundenfälschung in mehreren Fällen zu einer Gefängnisstrafe von vier Jahren verurteilt."

Kurze Zeit darauf befand sie sich in einer kleinen verdreckten Zelle im Bostoner Gefängnis. Sie trug blaue Sträflingskleidung und auf ihrem Rücken war für alle sichtbar die Nr. 1225 aufgenäht. Plötzlich hörte sie vor ihrer Zellentür lautes Stimmengewirr. Dann wurde mit einem durchdringenden Geräusch der Riegel aufgeschoben und die Tür ihrer Zelle aufgerissen. Und da stand Jason wie ein Engel in gleißendem Licht vor ihr, erfasste ihr Hände und ...

Erschreckt fuhr sie hoch, ihr Herz raste, ihr Gesicht und ihr Körper waren in Schweiß gebadet. Und plötzlich realisierte sie, dass alles nur ein böser Traum war. In der Tür stand Tante Olivia und brachte ihr zur Feier des Tages das Frühstück ans Bett. Sie hatte Geburtstag, es war ihr sechsundzwanzigster und sie erlebte ihn in Freiheit!

Im ersten Moment war sie wie gefangen von diesem bedrückenden Traum, der so realistisch war, dass sie anschließend noch ziemlich verwirrt war. Als sie in die Realität zurückgekehrt war, lächelte sie voller Freude.

„Tante Olivia, ist das wirklich wahr, ich habe heute Geburtstag?"

„Ja Alice, du bist heute sechsundzwanzig Jahre alt geworden. Happy Birthday, happy Birthday to you", sang sie, trat an ihr Bett und umarmte sie liebevoll. Es war der 22. August.

„So, mein Schatz, nun frühstücke mal ganz gemütlich und dann fahren wir zu Onkel Robert in die Kanzlei. Dort wartet eine große Überraschung auf dich."

„Welche Überraschung, Tante?", fragte Alice neugierig. Tante Olivia lächelte geheimnisvoll.

„Es wird nichts verraten, lass dich einfach überraschen."

So schnell hatte sie noch nie gefrühstückt, sprang anschließend unter die Dusche, schminkte sich, steckte sich die Haare hoch und stand eine halbe Stunde später im Salon, in dem Tante Olivia schon auf sie wartete.

Nach einer viertelstündigen Fahrt in die Innenstadt von Boston hielten sie vor einem imposanten Bürohaus, dessen Fassade wie ein Symbol der Macht in dem gleißenden Licht der Sonne glänzte. Langsam fuhren sie in die Tiefgarage, die unter diesem Gebäude lag, stellten das Fahrzeug ab und gingen Arm in Arm zu dem Fahrstuhl, der sich in der Nähe ihres Parkplatzes befand. Langsam setzte sich der Fahrstuhl in Bewegung und stoppte erst, als sie das 15. Stockwerk erreicht hatten, in dem sich die Kanzlei des Onkels befand. Alice staunte nicht schlecht, als sie die Büroräume betraten. Ein Empfang aus edlem Holz war der Mittelpunkt des Raumes. Eine freundliche junge Empfangsdame begrüßte die beiden herzlich.

„Mr. Cunningham erwartet Sie bereits", sagte sie mit einem freundlichen Lächeln und begleitete sie zum Büro ihres Chefs und öffnete die Tür.

„Mrs. Cunningham und Miss Alice Cunningham, Sir."

Anscheinend hatte hier alles seine Ordnung und wie es aussah, legte Onkel Robert sehr großen Wert auf Etikette. Wie ein Patriarch thronte er hinter seinem Schreibtisch. Alice' Blick fiel auf ein Porträt, das an der gegenüberliegenden Wand hing.

„Wer ist das?" Sie schaute Onkel Robert fragend an. Er stand auf, kam lächelnd auf sie zu und sagte mit hörbarem Stolz in der Stimme: „Das ist der Gründer dieser Anwaltskanzlei und dein Großvater." Dann umarmte er sie und wünschte ihr alles Gute zum Geburtstag.

„Und wo ist jetzt die große Überraschung?", dachte Alice und konnte ihre Ungeduld kaum noch im Zaum halten.

Onkel Robert ging an seinen Schreibtisch zurück, nahm eine Akte in die Hand und ging in die elegant eingerichtete Konferenzecke, die vor einem großen Fenster stand und einen überwältigenden Blick auf Boston gestattete. Was war das für ein geheimnisvolles Papier, das sich in dieser Akte befand? Alle wichtigen Dokumente, wie das Testament und die Geburtsurkunde von Alice hatte Onkel Robert vorsorglich nach dem Tod ihrer Eltern, in einem Schließfach der Boston City Bank deponiert. Alice platzte bald vor Neugier, konnte kaum noch erwarten, dass Onkel Robert dieses Geheimnis lüftete.

Dann ergriff er feierlich das Wort: „Vier lange Jahre haben deine Tante Olivia und ich auf diesen Moment gewartet und jetzt ist es endlich soweit. Du weißt, liebe Alice, dass ihr ein Anwesen in Long Island hattet und deine Eltern dieses kurz vor ihrem Tod verkauft haben. Sie haben dich zur Alleinerbin ihres gesamten Vermögens bestimmt, falls ihnen etwas zustoßen sollte."

In diesem Moment hatte Alice das Gefühl, den Boden unter ihren Füßen zu verlieren. Sie klammerte sich an Tante Olivias Arm und konnte dies alles nicht begreifen, konnte nicht realisieren, welche Bedeutung dies für ihre Zukunft hatte. „Du bist Erbin eines 25-Millionen-Dollar-Vermögens, das dir deine Eltern hinterlassen haben!"

25 Millionen, 25 Millionen, immer wieder spukte diese Summe wie ein Geist in ihrem Kopf herum. Eine für sie unvorstellbare Summe, die sie plötzlich zu einer sehr vermögenden Frau machte. Aber das war noch nicht alles, denn Onkel Robert fuhr fort.

„Und außerdem erbst du auch noch dein Elternhaus in Northampton, das bis vor einem halben Jahr an einen amerikanischen Industriellen vermietet war, der aber nach der Trennung von seiner Frau nach Kalifornien zog und sich dort mit seiner Geliebten ein neues Domizil suchte. Ein spitzbübisches Grinsen huschte über sein Gesicht, als er den Satz vollendet hatte. Olivia musste das wohl bemerkt haben, denn sie warf ihm einen missbilligenden Blick zu.

Trotz dieser Rüge fuhr er unbeirrt in seinen Ausführungen fort: „Das Haus steht im Moment leer und du kannst jederzeit dort einziehen."

„Oh mein Gott, das darf doch alles nicht wahr sein", erwiderte Alice mit einem vor Aufregung hochrotem Kopf.

„Ich muss das alles erst mal verkraften."

Tante Olivia nahm sie in dem Arm, streichelte beschwichtigend ihre Wange: „Lass dir ruhig Zeit, mein Kind, und denke in aller Ruhe darüber nach."

Der zweite Tag ihres Aufenthalts in Boston brach an. Sehnsüchtig wartete sie auf Jasons Anruf.

„Hatte dieses hinterhältige Biest von Sekretärin ihm überhaupt von ihrem Anruf berichtet oder hatte sie es aus lauter Boshaftigkeit und Eifersucht einfach verschwiegen?", ging es ihr durch den Kopf, „also zuzutrauen wäre es ihr."

Schon während sie mit ihr sprach, spürte sie ihre Abneigung und Zurückhaltung. „Wie kann ein Mensch nur so eifersüchtig und hinterhältig sein?"

Für sie war es eine Erfahrung, die ihr fremd war und sie wusste nicht, wie sie damit umgehen sollte. Sie kannte auch nicht die Hintergründe, die zu diesem Verhalten führten, wusste nicht, dass Lesley schon seitdem sie in Jasons Firma arbeitete, hinter ihm her war und keine Gelegenheit ausließ, ihm schöne Augen zu machen.

Ihr Onkel hatte in der Zwischenzeit alles Notwendige auf den Weg gebracht. Ihre rechtmäßige Erbschaft war schon am Morgen notariell beglaubigt worden und somit konnte sie uneingeschränkt darüber verfügen. Auch das Barvermögen ihrer Eltern stand ihr ab sofort zur Verfügung. Vier Jahre war dieses riesige Vermögen auf einem Sperrkonto der Boston City Bank deponiert und wartete seit dieser Zeit auf seine rechtmäßige Erbin. Aber trotz aller Freude über diesen einmaligen Glücksfall, war es ihr in diesem Moment nicht wichtig. Immer wieder hatte sie die traurigen Bilder dieses grässlichen Unfalls vor Augen und alles, was jetzt geschah, schien ihr banal und unbedeutend zu sein. Es war ihr sehnlichster Wunsch, alles über das Leben ihrer Eltern zu erfahren. Als Robert am frühen Nachmittag nach Hause kam, setzten sie sich, nachdem sie Kaffee getrunken hatten, zusammen und er begann, mit einem Hauch von Melancholie in der Stimme, die Geschichte ihrer Eltern zu erzählen.

Mitten im Gespräch ertönte das Klingeln ihres iPhones. Sie griff in ihre Tasche, schaute auf das Display und als sie die Nummer von Jason sah, begann ihr Herz wie wild zu schlagen.

Sie entschuldigte sich für diese Unterbrechung, stand auf und verschwand in ihrem Zimmer, um mit Jason zu sprechen. Sie war sehr aufgeregt, denn schon den ganzen Tag hatte sie auf seinen Anruf gewartet. Tante Olivia und

Onkel Robert schauten sich schmunzelnd an. War es ein Freund oder gar ihr Geliebter? Sie wussten es nicht, denn Alice hatte ihn bis jetzt mit keiner Silbe erwähnt. Sie würde ihnen von Jason erzählen, aber erst dann, wenn sie all dies überstanden hatte.

„Hallo Jason, Liebling, ich habe die ganze Zeit auf deinen Anruf gewartet. Warum hast du dich nicht schon früher gemeldet? Hat dir deine Sekretärin nicht ausgerichtet, dass ich angerufen habe?"

Betretenes Schweigen am anderen Ende der Leitung. „Du hast angerufen? Warum weiß ich davon nichts?"

Alice konnte durch das Telefon spüren, wie der Zorn in ihm aufstieg.

„Jason, nicht doch, lass es bitte sein oder glaubst du ich habe nicht bemerkt, dass sie über beide Ohren in dich verliebt ist. Lass uns darüber reden, wenn ich aus Boston zurück bin."

Dann erzählte sie ihm, was sie erlebt hatte und wie glücklich sie nach all dem war. Sie spürte in ihrer ganzen Euphorie nicht, dass er ihr nur widerwillig zuhörte und ihr kein Wort von dem glaubte, was sie ihm erzählte. Wer wollte es ihm verübeln, dass er misstrauisch geworden war? Ihre Geschichte klang so unglaublich, dass sie nur aus dem Reich der Fantasie stammen konnte.

„Alice, ich werde morgen nach Long Island kommen und dann können wir über alles reden."

Sie allerdings ahnte nicht, was er damit meinte und erwiderte voller Freude: „Oh, das ist wunderbar", und sie war glücklich, ihn endlich wiederzusehen.

Als sie gerade auf dem Weg in den Salon war, wo Onkel und Tante schon auf sie warteten, fiel ihr plötzlich ein, dass sie noch nicht einmal den Lord angerufen hatte, um ihm mitzuteilen, dass sie sich verspäten würde. Es war fast 10.00 Uhr abends, als sie vom schlechten Gewissen geplagt, seine Nummer wählte. Sie wurde ganz unruhig als er sich, nachdem sie das Telefon eine Weile schellen ließ, immer noch nicht meldete.

„Er wird sicher schon zu Bett gegangen sein", dachte sie, „ich werde ihn gleich morgen früh anrufen und ihm sagen, dass ich erst gegen Mittag zurück bin."

Mit einem ungutem Gefühl ging sie zurück und setzte sich zu Olivia und Robert, um ihnen die Wahrheit über die vier vergangenen Jahre zu beichten.

„Ich bin", so begann sie sichtlich aufgeregt, „in den letzten Jahren durch ganz Amerika getingelt und habe mich mit allerlei Gaunereien über Wasser gehalten. Ich war in Kalifornien, habe mir Dollars ergaunert, habe mit einem Freund in New York eine bühnenreife Show inszeniert und mit einer gestohlenen Kreditkarte einen Nobelladen ausgeräumt. Ich habe ein Auto geklaut, das an einer Tankstelle stand und in das ich nur noch einzusteigen brauchte."

Tante Olivia und ihr Onkel saßen da und schauten sie ungläubig an. Ihre kleine Alice war zu einer Betrügerin und Diebin geworden.

„Wisst Ihr, wie schlimm das ist, wenn man keine Vergangenheit mehr hat, wenn man nur noch seinen Vornamen kennt und sich an nichts erinnern kann, was geschehen ist? Ich habe das, was ich getan habe, nie gewollt. Aber ich musste doch von irgendetwas leben. In dieser Zeit war mein einziger Wille zu überleben und da war mir jedes Mittel recht."

Sie machte eine kleine Pause, ergriff ein auf dem Tisch stehendes Glas und trank einen Schluck, um ihre vor Aufregung trockene Kehle zu befeuchten.

„Erzähl weiter, Alice, erzähl uns die ganze Geschichte, damit wir verstehen, wie es dir in dieser Zeit ergangen ist." Tante Olivia sah sie aus traurigen Augen an. Dann nahm sie Alice in die Arme und drückte sie ganz fest an sich. „Es wird alles gut mein Kind, es wird alles gut."

Onkel Robert saß die ganze Zeit neben ihr und lauschte stumm ihren Worten, war unfähig nachzuvollziehen, was sie durchgemacht hatte. Aber je länger er darüber nachdachte, umso klarer wurde ihm, dass sie so handeln musste, um nicht unterzugehen.

„Ich war auf dem Weg nach Philadelphia und machte Rast in einem Drive In. Dort habe ich, weil ich kein Geld mehr hatte, einem Handlungsreisenden die Brieftasche geklaut und auf dem Weg nach Philadelphia an jeder Bank halt gemacht und Geld abgehoben. Sie schaute erneut zu ihrem Onkel herüber und bemerkte, wie sich dieser gemütlich zurückgelehnt hatte und scheinbar amüsiert ihren Erzählungen lauschte.

„Von diesem ergaunerten Geld", fuhr sie fort, „habe ich mich dann in einem Nobelhotel in Philadelphia einquartiert und dort habe ich auch Jason kennengelernt."

„Wer ist Jason?", fragte Olivia erstaunt und schaute sie dabei aus blitzenden Augen an, denn es konnte nur die Person sein, mit der sie kurz zuvor telefoniert hatte. Ihr Instinkt als Frau sagte ihr, dass es mehr sein musste, als nur eine Freundschaft, denn sie sah das glückliche Leuchten in ihren Augen, als Alice in den Salon zurückkehrte. Sie war verliebt in einen Mann und hätte sie gewusst, wer sich hinter dieser Person verbarg, wäre sie wahrscheinlich in Ohnmacht gefallen.

Und jetzt kam für Alice der wohl schwierigste Teil der Geschichte, die Adoption, die sie zur Tochter des Lords machte.

„Ich muss euch noch etwas gestehen und ich hoffe, dass ihr mich versteht", begann sie und hatte das Gefühl, dass sich ihr Hals zuschnürte.

„Ich habe", sie stockte, „ich habe einen Adoptivvater in London."

Betretenes Schweigen war die Reaktion und dann sprang ihr Onkel auf und sein Gesicht verfärbte sich dunkelrot.

„Wie konntest du nur, wie konntest du uns das nur antun?", rief er empört aus, wandte sich um und lief aufgeregt im Salon auf und ab.

„Aber Onkel", versuchte sie zu erklären und Tränen schossen ihr in die Augen, „ich wusste doch gar nicht, wer ich war. Ich kannte doch nur meinen Vornamen und war froh und glücklich, dass mir jemand ein Zuhause gab, verstehst du das nicht?"

Enttäuscht drehte sie sich um und ging, ohne ein Wort zu sagen, auf ihr Zimmer. Sie setzte sich auf ihr Bett und ließ ihrer Verzweiflung freien Lauf. Wenige Augenblicke später klopfte es leise an ihrer Tür.

„Alice, kann ich hereinkommen?", fragte Tante Olivia, betrat das Zimmer und setzte sich neben sie auf das Bett, auf dem Alice wie ein Häufchen Elend kauerte und die Welt nicht mehr verstand.

„Sei ihm nicht böse, er meint es sicherlich nicht so. Sprich mit ihm noch einmal in aller Ruhe und ich bin überzeugt, er wird dich verstehen."

Alice lehnte den Kopf an ihre Schulter und in diesem Moment war sie wieder die kleine ängstliche Alice, die sich, immer wenn sie sich vor etwas fürchtete, in die Arme ihrer geliebten Tante flüchtete.

„Lass uns später darüber reden, er war nur so überrascht und enttäuscht. Gib ihm ein wenig Zeit und er wird einsehen, dass er nicht das Recht hat, dir Vorwürfe zu machen. Es war für dich ein Leben ohne Zukunft und du hast jeden Strohhalm ergriffen, der sich dir bot. Um ganz ehrlich zu sein, ich hätte in deiner Situation genauso gehandelt."

Diese Worte ihrer Tante und das liebevolle Verständnis brachten ihre Tränen zum Versiegen und sie sah wieder einen hellen Streifen der Zuversicht, der ihr neuen Mut machte.

„Nun schlaf schön, mein Schatz, und glaube mir, morgen sieht die Welt wieder ganz anders aus."

Sie gab ihr einen zarten Kuss auf die Stirn, verließ das Zimmer und schloss die Tür leise hinter sich.

28. Kapitel

Am nächsten Morgen saßen Alice und Tante Olivia beim Frühstück zusammen. Sie spürte, wie sehr Olivia die Auseinandersetzung mit ihrem Onkel belastete.

„Alice, es tut mir so leid, dass Onkel Robert so reagiert hat, aber bitte versteh ihn, er fühlte sich von dir verletzt und verraten, ohne sich Gedanken darüber zu machen, wie sehr du die ganzen Jahre gelitten hast. Gib ihm ein wenig Zeit und du wirst sehen, dass alles wieder in Ordnung kommt."

„Ich weiß Tante, und ich bin ihm deswegen auch nicht böse, ihr seid und bleibt immer meine Familie. Aber auch mein neuer Dad gehört zu meinem Leben und ich liebe ihn und werde ihn niemals verleugnen."

Traurig standen sie sich gegenüber, umarmten sich und Alice verabschiedete sich von Olivia, um zum Flughafen zu fahren und die Rückreise nach Long Island anzutreten.

„Grüß mir ganz lieb Onkel Robert und sag ihm, dass ich ihn sehr lieb habe."

Dann stieg sie in das wartende Taxi und fuhr davon. Noch lange stand Olivia in der Tür und schaute ihr traurig nach. Man sah Alice an, dass die Ereignisse des vergangenen Tages, Spuren bei ihr hinterlassen hatten. Das Wissen um den Tod ihrer Eltern, ihre Beichte über die vergangenen vier Jahre, all dies löste in ihr Gefühle aus, die sie nur schwer ertragen konnte. Was sie aber am meisten belastete, war die Auseinandersetzung mit Onkel Robert.

Er war morgens aus dem Haus gegangen, ohne sich von ihr zu verabschieden. Das tat ihr sehr weh und machte sie unendlich traurig. Sie hatte versucht, ihm zu erklären, warum sie die Adoption wollte, warum sie endlich das Gefühl haben wollte, eine Heimat zu haben, endlich wieder jemand zu sein. Sie wollte nicht mehr als Alice ohne Vergangenheit in der Welt herumziehen, ohne Wurzeln, ohne zu wissen, wer ihre Eltern waren. Ihr Onkel hatte das nicht verstanden und hatte sich von ihr abgewandt.

Sie hoffte, dass er sich besinnen würde und sie wieder mit offenen Armen aufnehmen würde. Alice hatte durch die Adoption eine neue Identität erhalten und nach all den Jahren wieder das Gefühl bekommen, geliebt und akzeptiert zu werden. All dies hatte ihr Lord Henry gegeben. Sie war ihm unendlich dankbar dafür, keine Namenlose mehr zu sein. Sie war Alice, die Tochter des Lords und das würde sie auch bleiben. In London hatte sie ihre neue Heimat gefunden, hatte nach der langen Zeit der Entbehrungen und des Verlorenseins wieder die vorbehaltlose Zuneigung eines Menschen gefunden und war dort so glücklich und zufrieden gewesen, wie schon lange nicht mehr.

Auf dem Weg zum Flughafen versuchte sie mehrmals, Dad Henry zu erreichen, aber er meldete sich nicht. Nach dem dritten und vierten Versuch wurde sie langsam unruhig.

„Warum geht er nicht ans Telefon, ist irgendetwas passiert?"

Sie rief Jennifer an. Deren Telefonnummer hatte sie sich vorsichtshalber geben lassen, bevor sie nach Boston flog.

„Clarkson", meldete sich Jennifer.

„Hi Jenny, hier ist Alice. Du, ich bin gerade auf dem Weg zum Bostoner Flughafen und habe schon ein paarmal versucht Sir Blanchfort zu erreichen. Aber er meldet sich nicht. Bist du so lieb und schaust mal nach ihm?"

„Mach ich, mein Schatz", erwiderte Jenny, „mach dir mal keine Sorgen, es wird schon alles in Ordnung sein."

Einigermaßen beruhigt beendete Alice das Gespräch. In der Zwischenzeit war sie am Flughafen eingetroffen, checkte ein und wartete auf ihren Abflug. Jennifer machte sich auf den Weg zu Jasons Haus, das nur ein paar Querstraßen weiter lag. So hatte sie es nicht weit, dorthin zu gelangen. Als sie durch die Auffahrt auf die Eingangstür zuging, lauschte sie, versuchte, irgendein Geräusch wahrzunehmen. Aber sie hörte nichts. Vorsichtig ging sie die Stufen zur Eingangstür empor, rüttelte an der Tür, sie war verschlossen. Dann drückte sie auf den Klingelknopf und sie hörte wie drinnen der Türgong mit zwei dunklen Tönen erschallte. Sie schaute durch die Scheiben der Eingangstür, der Salon war menschenleer. Nur die Tür, die auf die hinter dem Haus liegende Terrasse führte, stand offen. Über die kleinen verschlungenen Wege, die um das ganze Haus herumführten, schlich sie in Richtung Terrasse, schaute vorsichtig um die Ecke, um nicht eine böse Überraschung zu erleben. Was sie dann sah, hatte eine so komödiantische Nuance, dass sie vor Lachen bald geplatzt wäre.

Da saßen diese beiden alten Knaben seelenruhig auf der Terrasse, neben sich ein Glas Wein, eine dicke Havanna zwischen den Lippen und pafften, in dichte Qualmwolken gehüllt, um die Wette. Nebenbei waren sie auch noch in eine heiße Partie Schach vertieft. Lord Blanchfort hatte ihr den Rücken zugewandt, konnte sie also nicht sehen. Aber Mr Pearse, ein schon seit einigen Jahren pensionierter Bundesrichter, grübelte wohl gerade darüber nach, wie er dem Lord mit einem geschickten Zug eine Niederlage beibringen konnte, als er kurz aufblickte und sie entdeckte.

„Kommen Sie nur herein schönes Kind, ich habe Sie längst entdeckt. Setzen Sie sich zu uns und trinken Sie ein Glas Wein mit uns."

Der Lord drehte sich nur kurz um, nahm Jennifer mit einem kurzen Blick zur Kenntnis und widmete sich dann wieder seinen Schachfiguren. Die Herren hatten sich rein zufällig gesehen, denn das Haus von Mr Pearse stand direkt neben Jasons Haus. Und da der Lord das Gefühl hatte, er müsse auch hier zwischenmenschliche Beziehungen knüpfen, hatte er den Nachbarn angesprochen.

Nachdem jeder dem anderen seine Sympathie bekundet hatte, trafen sie sich, um eine gepflegte Partie Schach zu spielen. Der Lord hatte zwar ein paar Mal das Telefon läuten hören, dachte aber nicht im Traum daran, an den Apparat zu gehen. Noch nie in seinem Leben hatte er ein Gespräch entgegengenommen. Warum sollte er auch, der alte Snob hatte doch Personal. Also hatte er das Telefon schellen lassen und Alice mit der Sorge um sein Wohlbefinden alleine gelassen.

Eine leichte Nervosität beschlich Alice, als sie Long Island erreichte, aber da sie von Jennifer keinen Anruf erhalten hatte, schien wohl alles in Ordnung zu sein. Sie bestieg ein Taxi und fuhr auf direktem Weg zu Jasons Haus. Als der Wagen in der Auffahrt hielt und sie ausgestiegen war, hörte sie schon fröhliches Lachen, das von der Terrasse zu ihr herüber schallte. Beruhigt ging sie ins Haus, stellte ihr Gepäck in der Diele ab und ging zur offenen Terrassentür.

Da saßen nun die Drei und hatten ganz offensichtlich viel Spaß, denn Jennifer saß in ihrer Mitte und amüsierte sich köstlich über die Anekdoten, die die beiden Gentlemen ihr erzählten. Wie das so bei älteren Herren üblich ist, wenn sich eine junge hübsche Dame in ihrer Gesellschaft befindet, übertrieben sie wohl ein wenig mit dem, was sie zum Besten gaben und jeder versuchte, den anderen zu überbieten. Jennifer hatte Alice als Erste entdeckt und schaute sie lächelnd an.

„Darf ich an eurem lustigen Gespräch teilhaben?", mischte sie sich in die Unterhaltung ein, trat auf die Terrasse und begrüßte alle herzlich.

Ihr Dad stand auf, nahm sie freudig in die Arme und stellte sie Mr Pearse als seine Tochter vor. Dies hatte aber zur Folge, dass Jennifer ihr einen doch etwas überraschten Blick zuwarf.

„Ich erkläre dir alles später, wenn wir allein sind", raunte ihr Alice zu.

„Ich habe dich, mein Kind, doch sehr vermisst und bin froh, dass du wieder da bist."

Aber so ganz überzeugend klang das nicht, denn er hatte sich die Zeit ihrer Abwesenheit anscheinend sehr kurzweilig vertrieben.

Je näher Jasons Ankunft auf Long Island rückte, umso größer wurde die Unruhe, die Alice erfasste. Was sollte sie ihm sagen? Sie hatte ihn belogen, sie hatte ihn betrogen, hatte mit einem falschen Namen sein Vertrauen erschlichen. Würde er ihr verzeihen? Ein Mann, der ihr vertraut hatte, der sie liebte und den sie so getäuscht hatte. Sie wusste, dass ihr Lügennetz seit ihrem Zusammentreffen mit Olivia und Robert zu zerreißen drohte. Es gab kein Zurück mehr für sie. Sie hatte panische Angst davor, ihm ihre wahre Geschichte zu erzählen.

Würde sie ihn verlieren, wäre das die schmerzlichste Erfahrung ihres Lebens. Aber sie wollte endlich mit sich ins Reine kommen, selbst auf die Gefahr hin, dass ihr Glück zerbrechen würde. Voller innerer Unruhe lief sie umher. Wie ein Film lief tausendmal ihre bevorstehende Begegnung vor ihrem geistigen Auge ab. Sie wusste nicht, wie sie das Gespräch mit ihm beginnen sollte, suchte nach Worten, die sie ihm sagen wollte, wenn er vor ihr stand. Egal was sie sagen würde, es würde alles in einem Chaos enden und ihr Mut drohte sie zu verlassen. Es war das erste Mal in ihrem Leben, dass sie keine Lösung wusste. Und niemand konnte ihr jetzt helfen.

Aufgeregt lief sie in ihrem Zimmer auf und ab, ging immer wieder ans Fenster und schaute auf die Straße. Plötzlich tauchte ein Taxi auf und bog in die Auffahrt des Hauses ein. Es dauerte einen Augenblick, bis sich die Wagentür öffnete und Jason aus dem Fahrzeug stieg. Er schaute zu ihrem Fenster hinauf und als sie sein ernstes und sorgenvolles Gesicht sah, fuhr sie erschrocken zurück und versteckte sich wie ein ertapptes Kind hinter der Gardine. Sie ging an die Zimmertür und lauschte. Ein Schlüssel drehte sich im Schloss, dann wurde die Tür aufgestoßen und Jason trat ein, warf seine eilig zusammengepackte Reisetasche auf den Boden und dann hatte Alice das Gefühl, dass ihr Herz stehen blieb. Er kam die Treppe hinauf und geradewegs auf ihr Zimmer zu und klopfte an die Tür. Mit zaghafter Stimme bat sie ihn, hereinzukommen. Er schaute sie aus traurigen Augen an und sagte nur einen Satz, aber diese Worte trafen sie bis ins Innerste ihrer verwundeten Seele.

„Warum hast du das getan, warum?"

„Bitte glaube mir, ich habe das alles nicht gewollt", und sie warf ihm einen flehenden Blick zu.

„Wie soll ich dir glauben, nachdem du mich die ganze Zeit belogen hast." Sie schien in sich zusammenzubrechen, als sie seine Worte hörte.

„Ich weiß, dass es schwer für dich ist und wenn du der Meinung bist, dass du mir nicht mehr vertrauen kannst, dann ..."

Die letzten ihrer Worte erstarben in einem hilflosen Schluchzen. Sie ging auf ihn zu, wollte ihn umarmen, aber er wies sie ab. Er drehte sich um und verließ, ohne ein Wort zu sagen, ihr Zimmer. Wo war seine Solidarität geblieben, sein Verständnis für diese unheilvollen Ereignisse, die ihr die Vergangenheit raubten und eine glückliche Zukunft mehr als fraglich erscheinen ließen? Nichts von dem war übrig geblieben.

Als sie die Treppe in den Salon hinunterging, saß er da, hatte seinen Kopf in die Hände gestützt und hing seinen Gedanken nach.

„Jason, bitte lass uns reden." Sie ging auf ihn zu, doch er schaute sie nur für einen Augenblick mit einem teilnahmslosen Blick an.

„Worüber sollen wir noch reden, es ist alles gesagt."

„Jason, bitte, lass dir erklären, warum alles so gekommen ist. Wenn du die ganze Wahrheit über mein Leben weißt und warum ich das alles getan habe, entscheide, was du tun willst."

Ihre Worte waren stockend, immer wieder schaute sie an.

„Ich höre dir zu", sagte er und seine Worte hatten nicht mehr diese Weichheit und Nähe, die sie sonst gespürt hatte. Er wirkte distanziert, ja geradezu feindselig und abweisend. Er wollte ihr trotzdem die Chance für ein letztes Gespräch geben und so saßen sie die halbe Nacht zusammen.

Alice erzählte ihm ihre Geschichte, ließ nichts aus. Sie erzählte ihm von ihren Diebestouren, beichtete ihm die Lüge von ihrem Vater, der angeblich in finanziellen Schwierigkeiten steckte. Sie wollte endlich wieder ein Zuhause haben, wollte irgendwo auf dieser Welt wieder ein Gefühl von Geborgenheit spüren. Dafür, so gestand sie ihm unter Tränen, brauchte sie die 100.000 Pfund. Sie wurde von Lord Henry adoptiert, aber was zuerst wie ein Geschäft erschien, wurde zu einer Herzensentscheidung zwischen ihr und Lord Henry. Das Geld berichtete sie, hatte er längst auf ein eigens für sie eingerichtetes Konto überwiesen und sie würde es Jason selbstverständlich zurückgeben. Nachdenklich schaute Jason sie an.

„Betrachte die 100.000 Pfund als ein Geschenk, ich möchte es nicht zurückhaben, ich habe es dir damals gerne gegeben und was du jetzt damit machst, ist deine Sache."

Er stand auf und ging, ohne ein weiteres Wort zu sagen, in sein Schlafzimmer und schloss die Tür hinter sich.

29. Kapitel

In dieser Nacht konnte sie nicht in den Schlaf finden, saß auf der Terrasse, schaute in den nachtschwarzen Himmel, betrachtete voller Wehmut, wie sich die Zweige der Bäume im Wind bewegten und ihre Gedanken vermischten sich mit dem Schmerz in ihrer Seele. Sie saß da, Tränen der Verzweiflung und Resignation liefen unaufhörlich über ihre Wangen. Es herrschte Stille und sie hatte das Gefühl, als würde sie ihr Leben ein zweites Mal verlieren. Voller Trauer und Wehmut dachte sie an die schönen Stunden, die sie mit Jason erlebt hatte, wie befreit und unbekümmert sie die Zeit in London genossen hatte. Sie erinnerte sich, wie sie wieder neuen Lebensmut gefasst und Dinge erlebt hatte, die sie seit langem, so schmerzlich vermisste. Es war wie ein Fluch, der sich über ihr ausbreitete und jede Hoffnung auf ein glücklicheres Leben zu zerstören drohte. Sie war wieder allein. Ihr Entschluss stand fest, sie wollte nicht länger in Jasons Haus wohnen, wollte seine Gastfreundschaft nicht missbrauchen.

Es war ein schwerer Entschluss, aber sie fühlte sich unendlich schuldig und würde es nicht ertragen, das Gefühl zu haben, nur geduldet zu sein. Sie würde sich irgendwo ein Hotel suchen, abwarten und hoffen, dass sich doch noch alles zum guten wenden würde. Auch ihrem Dad musste sie die ganze Wahrheit sagen, das war sie ihm schuldig. Sie hoffte, dass er nicht auch noch mit ihr brechen würde. Der Morgen graute, ihr Koffer stand bereits fertig gepackt an ihrem Bett. Sie stand gerade unter der Dusche, als es leise an ihrer Tür klopfte. Hastig zog sie sich ihren Bademantel über. Ein letzter Funken Hoffnung keimte in ihr auf. Vielleicht war es Jason, der vor der Tür stand, um ihr zu sagen, dass er ihr verziehen hatte. Aber sie irrte sich, es war ihr Dad, der dort stand und sie erstaunt anschaute.

„Warum bist du schon so früh auf den Beinen, mein Kind?"

Er sah den gepackten Koffer und da wusste er, dass etwas geschehen sein musste.

„Ich werde gehen, Dad, ich kann nicht mehr in seinem Haus bleiben."

„Warum Alice, was ist geschehen?", fragte er mit sorgenvoller Miene. Sie flüchtete sich in seine Arme, schmiegte sich ganz fest an ihn, suchte Halt und Geborgenheit. Seine Hände glitten durch ihr Haar, streichelten ihre Wangen und in diesem Moment spürte Alice, wie nah sie ihm war.

„Dad, ich werde Jason verlassen, ich habe ihm sehr weh getan, habe ihn belogen, habe sein Vertrauen missbraucht und alle Hoffnungen auf ein gemeinsames Leben mit ihm zerstört. Komm mit mir, das ist die einzige Bitte, die ich an dich habe."

Er schaute sie lange schweigend an, suchte nach einer Erklärung für ihren plötzlichen Sinneswandel und kam zu keinem Ergebnis.

„Alice, sprich mit mir darüber, sag mir alles, was dich bedrückt und ich werde versuchen, dir zu helfen."

„Dad, ich werde dir alles erklären, aber lass uns zuerst von hier fortgehen."

Eilig ging er in sein Zimmer, packte seine Sachen zusammen und stand kurz darauf vor der Tür. Wenige Minuten später fuhr ein Taxi vor, sie stiegen ein und Alice warf einen letzten sehnsüchtigen Blick zu seinem Fenster. In diesem Moment bemerkte sie, wie sich die Gardine bewegte und sie sah sein Gesicht, das so ernst und blass war, so voller Kummer und Enttäuschung. Dann verließen sie die Auffahrt und Jasons Haus verschwand hinter den Bäumen.

Ohne Abschied, ohne sich ein letztes Mal zu berühren, sie war einfach gegangen und sie wusste nicht, ob es für sie jemals ein Morgen geben würde. Schweigend saßen sie im Taxi, fuhren zu einer Autovermietung, die mitten im Ort lag und mieteten dort einen Wagen für die Fahrt nach Northampton. Sie wollte zurückkehren in den Ort, in dem sie geboren und aufgewachsen war, wollte das Haus ihrer Eltern sehen, wollte sich an ihre Kindheit und Jugend erinnern, wollte noch einmal das Gefühl haben, glücklich zu sein. Den Schlüssel für das Haus und die Adresse hatte ihr Tante Olivia mitgegeben, als sie sich am vorherigen Tag von ihr verabschiedet hatte, um nach Long Island zu fliegen.

Sie mietete einen BMW X5 und plötzlich fiel ihr ein, dass es genau das gleiche Modell war, das sie an einer Tankstelle dem Typ geklaut hatte, der so dringend auf die Toilette musste. Ein Lächeln erhellte für einen kurzen Augenblick ihr Gesicht, dann verstaute sie Dads und ihr Gepäck im Kofferraum, erledigte alle erforderlichen Formalitäten und dann fuhren sie los und waren auf dem Weg in ihre Vergangenheit. Geduldig saß der Lord neben ihr, schaute immer wieder zu ihr herüber und schließlich fragte er sie.

„Nun sag mir endlich, wohin wir fahren, schließlich bin ich freiwillig in diesen Wagen gestiegen. Du weißt genau, dass ich deutsche Autos hasse."

Sie lächelte, ein zwar gequältes Lächeln, aber sie lächelte.

„Dad, wir fahren in meine Heimat. Ich möchte dir den Ort und das Haus zeigen, in dem ich geboren und aufgewachsen bin."

Er nahm es mit Gleichmut und einer gewissen Neugier zur Kenntnis. Auch er wollte sehen, aus welcher Gegend sie kam, um sich über ihre Herkunft ein endgültiges Bild zu machen. Während der mehrstündigen Fahrt erzählte sie dem Lord ihre Geschichte, zumindest das, woran sie sich erinnern konnte. Er hatte ihr die ganze Zeit geduldig zugehört, stellt ihr zwischendurch Fragen, wenn es darum ging, sie besser zu verstehen. Er hatte immer gewusst, dass sie aus gutem Hause kommen musste. Ihr ganzes Verhalten und ihre vorzügliche Erziehung deuteten darauf hin.

„Und aus welchem gottverlassenen Ort auf dieser Welt kommst du?", fragte er verschmitzt und verzog den Mund zu einem schelmischen Grinsen.

„Ich stamme aus Northampton", sagte sie wahrheitsgemäß, machte dann aber Schluss mit ihren Erläuterungen, weil sie sich noch immer nicht an diesen Ort erinnern konnte.

Nach einer gut dreistündigen Fahrt erreichten sie den Ortseingang dieser Kleinstadt im Hampshire County, langsam fuhren sie durch die Straßen, vorbei an hübschen gepflegten um die Jahrhundertwende erbauten Häusern, in denen sich Cafés, Textilläden, eine Bibliothek und ein Barber Shop befanden. Es war eine anheimelnde Atmosphäre. Vor den Cafés standen Tische, an denen jung und alt saßen und gemütlich einen Kaffee, Tee oder eine eisgekühlte Coke tranken. Alice parkte am Straßenrand. Weil es schon Mittagszeit war, ging sie auf eine Bäckerei zu, auf deren Fassade der Name Bakery Jackson in großen bunten Buchstaben stand und ihr Interesse weckte. Die Tür stand offen und sie betrat den Laden, schaute sich gerade die Auslagen an, als eine ältere Frau mit grauem Haar hinter der Theke auftauchte. Sie schaute Alice an, schaute ein zweites Mal, um sich zu vergewissern, ob sie sich auch nicht geirrt hatte.

„Alice, mein Gott Alice, bist du es wirklich?", rief sie atemlos aus, rannte um die Theke herum und umarmte sie mit einer unbeschreiblichen Freude.

„Ich glaube es nicht, nein ich glaube es nicht", rief sie immer wieder, streichelte ihr Gesicht und zwickte sie neckisch in die Wange.

Alice stand, von Gefühlen überwältigt, vor ihr und starrte sie an.

„Mrs Jackson, es ist so wunderbar, Sie wiederzusehen, geht es Ihnen gut? Wie geht es Ihrem Mann? Was macht Catherine, wie geht es ihr?"

Plötzlich konnte sie sich wieder an all das erinnern, was sie miteinander verband. Wie oft war sie mit ihrem Fahrrad hierher gefahren, hatte leckere Muffins, Brot oder Kuchen gekauft. Mit Catherine, der Tochter von Mrs Jackson, hatte sie sich im Laufe der Zeit angefreundet. Sie war in ihrem Alter, ein blondes hübsches Mädchen mit großen blauen Augen und einem stets fröhlichen Lächeln. Sie lebte, wie ihr Mrs Jackson erzählte, inzwischen in Boston und arbeitete dort in einer großen, angesehenen Immobilienfirma. Der Lord wurde langsam unruhig, weil Alice so lange auf sich warten ließ, drückte ungeduldig auf den Tasten des Autoradios herum, als sie endlich zurückkehrte.

„Dad, stell dir vor", rief sie voller Begeisterung, „ich habe Mrs Jackson in der Bäckerei sofort wiedererkannt und sie mich, ist das nicht toll?"

Sie spürte, wie er langsam ungeduldig wurde. Das war immer so, wenn er auf sein Lunch oder das Dinner am Abend warten musste. Sie drückte ihm ein Sandwich in die Hand, er biss hinein, knurrte so etwas wie: „Na ja, besser als gar nichts" und gab sich dann dem eher fragwürdigen Genuss dieser wenig spektakulären Speise hin. Sie setzten ihre Fahrt fort, bogen kurze Zeit später von der Elm Street in den Chapin Way ein und da lag es vor ihnen, das Smith College.

Ein großes schmiedeeisernes Tor trennte das Gelände von dem historischen Backsteingebäude, das wie eine Trutzburg im Hintergrund stand und Tradition und Unvergänglichkeit in sich vereinigte.

„Auf dieses College bist du also gegangen", sagte der Lord und aus seiner Stimme hörte man einen respektvollen Unterton.

„Es ist eine Eliteschule, weißt du das? Ich habe darüber in einem Buch gelesen, es ist das beste College für Frauen in den Staaten und genießt auch darüber hinaus, einen ausgezeichneten Ruf."

Stolz klang in diesen Worten mit und dass seine Alice diese Schule besucht hatte, erfüllte ihn mit besonderer Befriedigung.

„Ja Dad, ich weiß und ich bin meinen Eltern unendlich dankbar, dass sie mir das ermöglicht haben."

Sie fuhr auf den Parkplatz, der etwas abseits neben dem Hauptportal lag, stellte den Wagen ab und gemeinsam gingen sie zu der schweren dunkelbraunen Flügeltür, die sich mit einem leisen Knarren öffnete und den Blick in die riesige, Respekt einflößende Eingangshalle freigab. Mitten in der Halle blieb sie stehen, schloss die Augen und träumte. Sah sich inmitten der anderen Collegegirls stehen, die fröhlich durcheinander redeten und beim Läuten der Glocke, die das Ende der Pause signalisierte, eilig die Treppe hinaufliefen, um in ihren Unterrichtsräumen zu verschwinden.

Während sie noch ihren Träumen nachhing, war der Lord vor einer Wand stehengeblieben, an der Bilder der Schülerinnen hingen, die in den letzten sechs Jahren das College mit Bestnoten absolviert hatten. Auf einem der Bilder entdeckte er auch Alice, die in ihrer Schuluniform inmitten einer Gruppe von vier Mädchen stand und fröhlich lächelnd in die Kamera schaute.

„Ich bin stolz auf dich", sagte er, als sie Augenblicke später zu ihm kam und sich auf einem dieser Fotos entdeckte. Sie blieben noch einen Moment stehen, dann hakte sie sich beim ihm ein und sie gingen hinaus in den großzügig angelegten Park, in dem Alice so oft mit ihren Freundinnen herumgetollt hatte.

Sie war noch immer gefangen von den Eindrücken der letzten zehn Minuten, als sie in den Wagen stiegen und den Weg zum Haus, ihrer noch immer unerfüllten Träume, fortsetzten. In der Zwischenzeit hatte Alice das Gefühl, jedes Haus und jeden Baum zu kennen, der auf ihrer Fahrt an ihnen vorüberglitt. Sie fuhren auf der Elm Street, vorbei am Colley Dickinson Hospital, in dem sie als Alice Cunningham vor sechsundzwanzig Jahren das Licht der Welt erblickte und bogen dann nach links in die Maple Street ein, die ihr unendlich vertraut erschien. Sie fuhren ein Stück auf der Straße entlang, die von großen, weit ausladenden Bäumen gesäumt war, als sich vor dem Haus No. 70 die Stimme des Navigationssystems erneut meldete: „You have reached your destination."

Sie hatte endlich ihr Ziel erreicht. Mit zitternden Knien stieg sie aus, ging zu dem Tor, das den Zugang zu dem dahinterliegenden Haus versperrte und dann sah sie es, sah das Haus, das sie schon in ihrem Traum gesehen hatte. Ein Haus im Landhausstil aus weiß gestrichenem

Kalksandstein, mit Sprossenfenstern, die bis zum Boden reichten, grüngestrichenen Fensterläden, das Dach zierten vier Dachgauben, die wie Hüte auf dem Dachgiebel thronten.

Es war ihr Schloss, ihr wunderschönes Schloss, das nun ihr gehörte und in dem sie all die Erinnerungen wiederfinden würde, die sie einst verloren hatte. Mit diesen Gedanken öffnete sie das Tor, das jetzt den Weg zu ihrem Haus freigab. Das Haus war rechtwinklig angeordnet und mit grauem mattglänzendem Schiefer eingedeckt. Bunte Blumenbeete verliehen ihm eine unglaubliche Fröhlichkeit, machten es zu einer Komposition aus Architektur und natürlichem Liebreiz. Als sie den grünen Rasenteppich betrat, streifte sie ihre Schuhe ab, trat mit nackten Füßen auf das weiche Gras und spürte, wie neue Kraft ihren Körper durchströmte und alle Trauer aus ihr verdrängte. Schon als sie auf Long Island bei Jason war und sein Haus das erste Mal sah, hatte sie das Gefühl, schon einmal dort gewesen zu sein.

Als sie jetzt das Haus ihrer Eltern sah, wusste sie warum. Es sah seinem Haus so ähnlich, dass man glauben konnte, es habe der gleiche Architekt gebaut. Sie drehte sich um und lächelte den Lord glücklich an. Für einige Momente hatte sie den Schmerz um Jason vergessen. Sie lehnte sich an ihn, konnte sich nicht losreißen von dem Anblick dieses Kleinods, das jetzt ihr gehörte.

„Dad, ist es nicht wunderschön?"

Er nickte, war glücklich darüber wieder ein Lächeln in ihrem Gesicht zu sehen und schwieg. Er wollte sie allein lassen mit diesem herrlichen Gefühl, sich wiedergefunden zu haben. Sie sollte es allein genießen und daraus die Kraft für die Probleme schöpfen, die ihr noch bevorstanden.

Mit verhaltenen Schritten ging sie auf die Eingangstür zu, drehte unsicher den Schlüssel in ihren vor Aufregung zitternden Händen. Was würde sie erwarten, wenn sie die Tür öffnete? Ein leer geräumtes Haus mit kahlen Wänden, ohne die Dinge, die zu der Persönlichkeit eines Menschen gehörten, ohne Atmosphäre, ohne Leben?

Ein nur schwer zu begreifendes Gefühl beschlich sie, als sie den Schlüssel im Schloss drehte und mit klopfendem Herzen Stück für Stück die Tür öffnete. Mit weit aufgerissenen Augen stand sie da, als die geöffnete Tür den Blick in das Innere frei gab.

„Dad, bitte komm ganz schnell", rief sie außer sich vor Freunde und sie erinnerte sich wieder an jedes Detail.

Sie erkannte das ausladende Büfett, das zwischen Esszimmer und Wohnraum stand und nie, solange sie denken konnte, einen anderen Platz eingenommen hatte. Die Couchgarnitur, die unübersehbar mitten im Raum vor dem offenen Kamin stand, vor dem sie so oft, wenn es kalt und ungemütlich war, saß und hingebungsvoll Musik hörte oder in einem Buch las. Tränen der Freude liefen über ihr Gesicht. Als sie vor den Kamin trat, sah sie das Bild ihrer Eltern, sah sich selbst lachend im Kreise ihrer Freundinnen, sah Tante Olivia, die sich verschämt hinter einer Serviette versteckte, weil es ihr unangenehm war, fotografiert zu werden. Was sie allerdings in äußerstes Erstaunen versetzte, war der prachtvolle Strauß frischer Blumen, der auf dem großen Couchtisch stand und sie willkommen hieß. Staunend schaute sie in die Runde, alles war so sauber und aufgeräumt und nichts deutete darauf hin, dass dieses Haus seit sechs Monaten nicht bewohnt war.

Als Alice den Blick zur Seite wandte, sah sie für einen kurzen Moment einen Schatten auf der Treppe, die in das obere Geschoss führte, glaubte aber im ersten Moment, dass sie sich geirrt hatte. Doch dann erblickte sie Tante Olivia, die die Treppe herunterkam und plötzlich vor ihr stand. Ihr wurde abwechselnd heiß und kalt. Sah sie jetzt schon Gespenster oder hatte sie Halluzinationen? Das wäre ja auch nicht verwunderlich gewesen wäre, nach all dem, was sie in der letzten Zeit erlebt hatte? Aber sie stand leibhaftig vor ihr, lachend und voller Freude, dass ihr diese Überraschung so perfekt gelungen war. Erstaunt schaute sie Alice an.

„Ich habe noch gar nicht mit dir gerechnet, aber Gott sei Dank ist ja alles noch rechtzeitig fertig geworden. Willkommen daheim, mein Schatz", rief sie fröhlich und im selben Moment lief Alice auf sie zu, küsste und herzte sie und wollte sie gar nicht mehr loslassen.

Der Lord hatte sich während der Begrüßung diskret im Hintergrund gehalten. Als Olivia auf ihn zuging und ihn begrüßte, sah sie ihn an und schaute in seine gütigen Augen, sah sein Gesicht, das Gelassenheit und Freundlichkeit ausstrahlte. Ein Lächeln der Sympathie huschte über ihr Gesicht. Er hatte eine Ausstrahlung, die sie vom ersten Moment an faszinierte und sogleich verstand sie, warum Alice ihn von Herzen liebte.

Als sie und Onkel Robert ganz sicher waren, dass es Alice war, die nach so langer Zeit der Trennung wieder zurückgekehrt war, hatten sie alles unternommen, um das Haus wieder so herzurichten, wie es war, bevor Alice, nach dem Unfall ihrer Eltern, so plötzlich auf unerklärliche Weise verschwand.

Die Möbel hatten sie während dieser Zeit bei einer Spedition im Nachbarort eingelagert und vor zwei Tagen wurden sie geliefert und Tante Olivia nutzte diese Zeit, um alles wieder so einzurichten, wie es einmal war. So stand alles an seinem Platz und Alice fand es genau so vor, wie sie es vor vielen Jahren verlassen hatte.

30. Kapitel

Jason ging unruhig in seinem Haus umher, Zweifel plagten ihn. Er war verletzt und zutiefst gekränkt, dass sie ihm die Wahrheit verschwiegen hatte. Sie hatte ihn belogen und getäuscht, aber er hatte sich keine Gedanken darüber gemacht, in welcher Situation sich Alice befand, als sie sich in Philadelphia das erste Mal begegneten, zu tief saß der Stachel der Enttäuschung über ihr Verhalten. Wie sollte sie ihm sagen wer sie in Wirklichkeit war, wenn sie ihre wahre Identität selbst nicht kannte?

Wie ein Film lief sein Leben mit seiner geschiedenen Frau vor seinem geistigen Auge ab. Auch sie hatte ihn betrogen, ihn hintergangen, war nur hinter seinem Geld her gewesen. Sie wollte sich ein schönes, sorgenfreies Leben auf seine Kosten machen. Irgendwann hatte Jason erfahren, dass sie ihn nur benutzt hatte, um ihren aufwendigen Lebenswandel und die zahlreichen Affären mit ihren Liebhabern zu finanzieren. Er hatte Alice vertraut und als sie ihm ihre Geschichte erzählt hatte, brach für ihn eine Welt zusammen. Er hatte geglaubt, in Alice die Frau gefunden zu haben, mit der er den Rest seines Lebens verbringen wollte.

Dieser Schock hatte ihn so tief getroffen, dass er sich augenblicklich zurückzog. Er wollte nicht noch einmal so verletzt und gedemütigt werden. Er wollte kein zweites Mal hilflos zuschauen müssen, wie eine Frau fast sein Leben zerstörte. All dies ging ihm durch den Kopf, als er eilig seine Reisetasche packte, sie hastig in seinem Wagen verstaute und zum Flughafen fuhr, sich in seinen Jet setzte und nach Houston flog. Seit Alice' Geständnis war Long Island für ihn ein Ort des Schreckens geworden und es würde lange dauern, bis er hierher zurückkehrte.

Während er sich auf dem Rückflug in seine Heimatstadt Houston befand, hatte Alice für kurze Zeit den Schmerz um die Trennung von Jason vergessen. Sie erkundete das Haus, ging durch alle Zimmer, nahm jede Kleinigkeit in sich auf. Sie freute sich wie ein Kind, wenn sie eine Entdeckung gemacht hatte, die sie darin bestätigte, dass alles, was sie einmal erlebt hatte wieder gegenwärtig war. Sie schaute auf die edlen Tapeten an den Wänden, betrachtete voller Freude die Bilder, die an den Wänden hingen und Zeugnis von dem ausgefallenen Kunstgeschmack ihrer Eltern ablegten. Sie sah dieses wundervolle Gemälde von Edward Hopper, das sie schon als Kind faszinierte und in das sie sich vom ersten Moment an verliebt hatte. Nun fügte sich alles zusammen, was zusammen gehörte.

Als sie ihr Zimmer betrat, staunte sie nicht schlecht, als sie ihren alten Laptop auf dem Schreibtisch vorfand. Tante Olivia hatte an alles gedacht. Sie hatte sogar ihre Puppe Kitty mitgebracht und sie auf ihr Bett gesetzt. Alice war in diesem Moment glücklich und vergaß den Schmerz um Jason, als sie mit Tante Olivia und ihrem Dad auf der Terrasse saß. Sie tranken zur Feier des Tages ein Glas Champagner und der Lord zündete sich eine seiner Havannas an und hinterließ eine aristokratische Duftmarke.

Wie ein Lauffeuer ging die Nachricht von Alice' Rückkehr durch die Stadt, überall, wo immer sie auch auftauchte, wurde sie angesprochen. Nachbarn schellten bei ihr, um sie zu begrüßen, gaben kleine Willkommensgeschenke ab und freuten sich von ganzem Herzen über ihre Rückkehr. Noch tief saß bei allen, die sie kannten, der Schock über den Tod ihrer Eltern. Aber niemand sprach sie darauf an, niemand wollte alte Wunden aufreißen. Alle waren einfach nur froh, sie wieder in ihrer Mitte zu haben. Sie traf ihre ehemaligen Kommilitoninnen, die mit ihr das College besucht hatten, saß mit ihnen stundenlang in den kleinen Cafés der Stadt und plauderte über vergangene Zeiten. Ihr Dad und auch Tante Olivia sahen ihr Eintauchen in das Leben dieser Stadt mit großer Freude und gönnten ihr jeden Moment dieses neu gewonnenen Glücks.

Doch, um ihr Glück genießen zu können, fehlte ihr die Nähe Jasons. Jeden Tag hoffte sie auf seinen Anruf, trauerte um ihre verlorene Liebe. Inzwischen waren zwei Monate vergangen ohne ein Zeichen von ihm, er war einfach aus ihrem Leben verschwunden. Es war ein Albtraum, der sie jeden Tag begleitete und ihre Gedanken gefangen nahm. Noch vor einigen Wochen hatte sie an eine gemeinsame Zukunft mit ihm geglaubt, bis zu dem Tag, als sie ihm das verhängnisvolle Geständnis machte und damit alles zerstörte, wovon sie geträumt hatte. Jetzt musste sie erkennen, dass es ein fast aussichtsloser Kampf war, ihn zurückzugewinnen. Wie oft hatte sie schon das Telefon in die Hand genommen, wollte seine Nummer wählen, um noch ein einziges Mal seine Stimme zu hören. Doch dann verließ sie der Mut. Zu tief wäre die Enttäuschung, wenn er sie ablehnen würde. Es erschien ihr nur schwer erträglich, wenn sie daran dachte, dass vielleicht eine andere Frau das Gespräch entgegennehmen würde. Dann wäre der letzte Funken der Hoffnung, den sie noch immer in ihrem Herzen trug, erloschen.

Sie wollte nicht länger einsam in dieser Stadt leben und auf die Erfüllung ihres Traumes warten. Diese Stadt und ihre Freunde, die sie von klein auf kannte, hatten es nicht verdient, dass sie sich aus dem gesellschaftlichen Leben zurückzog. Zu viele Menschen gab es hier, die sie kannten und die ihr von Herzen zugetan waren. Der Lord war inzwischen nach England zurückgekehrt. Der Abschied von ihm fiel ihr sehr schwer und es gab keine Stunde, in der sie ihn nicht vermisste. Oft rief sie ihn an, wenn sie traurig und niedergeschlagen war, er gab ihr Trost und Zuversicht, machte ihr immer wieder Mut und spornte sie an, niemals aufzugeben. Seine Worte waren wie Balsam auf ihre wunde Seele. Allein das Gefühl zu ihm zu gehören, ließ sie die Trauer um ihre verlorene Liebe leichter ertragen. Er war wie ein Brunnen, aus dem sie die Kraft trank, die sie brauchte, um diese Zeit durchzustehen.

Immer wieder stand sie vor dem Bild ihrer Eltern, sprach mit ihnen, als würden sie ihr gegenüber sitzen, aber sie antworteten nicht. Sie schauten nur lächelnd auf Alice und sie wusste, dass sie ihr niemals mehr eine Antwort geben würden. Oft besuchte sie ihr Grab im Memorial Park, saß stundenlang auf einer Bank, führte Zwiegespräche mit ihrer Mom. Sie lächelte, wenn sie glaubte, eine Antwort zu hören, und fühlte sich, wenn sie aus ihren Tagträumen erwachte und wieder in der Realität angekommen war, wie ein Kind, das versuchte, sich in die schützenden Arme ihrer Eltern zu flüchten.

Doch dann hatte sie eine Begegnung mit einer jungen Frau, die ihr Leben entscheidend verändern sollte. Sie saß gerade im Salon und schaute sich ein Fotoalbum an, in dem ihre Eltern ihr ganzes bisheriges Leben in Bildern festgehalten hatten. Sie las die liebevollen Kommentare ihrer Mom und musste lachen, wenn sie ein Bild entdeckte auf dem ihr Daddy Grimassen schnitt und sie damit jedes Mal zum Lachen brachte. Plötzlich schellte es an ihrer Tür. Hastig legte sie das Fotoalbum beiseite und ging zur Tür, um zu öffnen. Vor der Tür stand ein Rollstuhl, in dem eine junge Frau saß.

„Hallo Alice", sagte sie lächelnd, „ich wollte einfach mal bei dir vorbeischauen und dich zu Hause willkommen heißen." Sie kramte etwas verlegen in ihrer Tasche, die seitlich an einem Griff des Rollstuhls hing, als sie bemerkte, dass Alice ganz offensichtlich nicht wusste, wer sie war. Dann hielt sie Alice ein kleines Medaillon entgegen.

„Weißt du, was das ist?", fragte sie. „Schau es dir genau an."

Alice nahm dieses kleine silberne Medaillon vorsichtig in die Hände, öffnete den Verschluss und Tränen schossen ihr in die Augen. In diesem Medaillon war auf der rechten Seite ein Foto von ihr und auf der linken Seite eines von Catherine. Auf der Vorderseite waren die Worte „Don´t forget me" eingraviert.

Es war ihre alte Freundin Catherine Jackson, deren elterliche Bäckerei sie bei ihrer Ankunft aufgesucht hatte. Die Medaillons hatten sie sich während ihrer Collegezeit geschenkt und hatten sich ewige Freundschaft geschworen.

„Oh Catherine, ich schäme mich so, bitte verzeih mir, dass ich dich nicht sofort erkannt habe!"

Sie beugte sich zu ihr herab, küsste sie, streichelte ihre Wangen, so als wollte sie mit dieser Zärtlichkeit um Verzeihung bitten. Ihre Finger fuhren durch Catherines Haar, sie nahm den Duft ganz bewusst in sich auf und erinnerte sich sogleich wieder an ihre gemeinsame Zeit. Wie oft hatten sie in ihrem Zimmer gesessen, hatten die intimsten Geheimnisse ausgetauscht, hatten ihre Teenagerträume geträumt. Sie hatten den Schmerz der damit verbunden war, wenn ein Junge, für den sie schwärmten, sich einer anderen zugewandt hatte, gemeinsam getragen. Sie hatten geweint und gelacht und waren einfach unzertrennlich. Keine von ihnen konnte sich vorstellen, von der anderen jemals getrennt zu sein.

Sie würde gleich nach diesem Medaillon suchen, denn es war für sie ein Stück der Erinnerung an die schönste und sorgloseste Zeit in ihrem Leben. Und sie würde es finden, auch wenn sie das ganze Haus auf den Kopf stellen müsste. Immer wieder fiel ihr Blick auf den Rollstuhl. Sie wollte Catherine fragen, was geschehen war. Aber ihre Kehle war wie zugeschnürt. Endlich fasste sie sich ein Herz.

„Catherine, oh mein Gott, was ist geschehen?" Sie konnte einfach nicht verstehen, wie brutal das Schicksal ihre Freundin getroffen hatte.

„Komm doch rein und trink mit mir eine Tasse Kaffee."

Sie fasste die beiden Griffe am Ende des Rollstuhls und schob sie über die Schwelle in den Salon. Sie sah Catherines Beine, die auf einer metallenen Fläche standen und offenbar zu keiner Bewegung fähig waren. Trotz dieses schweren Schicksalsschlages hatte sie ihre Fröhlichkeit und ihr liebenswertes Wesen nicht verloren. Ungezwungen und als wäre es etwas Alltägliches, berichtete sie Alice, was ihr vor zwei Jahren widerfahren war.

Es war ein Freitagnachmittag und das Wochenende stand bevor. Sie wollte, bevor sie ihren Heimweg antrat, noch eben eine Kleinigkeit für das Wochenende einkaufen, als ein Fahrer ganz offensichtlich die Gewalt über sein Fahrzeug verlor, von der Fahrbahn abkam und direkt auf sie zuraste. An alles, was danach geschah, konnte sie sich nicht mehr erinnern. Sie wurde erst im Hospital wieder wach und nach Wochen des Hoffens und Bangens offenbarten ihr die Ärzte, dass sie wohl ein Leben lang an den Rollstuhl gefesselt sein würde.

Fassungslos hatte Alice ihr zugehört. Sie ergriff immer wieder Catherines Hand, um sie zu streicheln und ihr damit ihr Mitgefühl zu zeigen. Im selben Moment dachte sie an den schmerzlichen Verlust ihrer Eltern und doch erschien ihr das, was ihr passiert war, eher banal, denn sie war gesund, musste nicht in so einem Vehikel sitzen und dankbar dafür sein, wenn ihr jemand eine Tür öffnete oder beim Einsteigen in einen Bus behilflich war. Trotz all dieser Handicaps hatte Catherine ihr Schicksal gemeistert.

Sie hatte sich dieser neuen Herausforderung gestellt und mit Mut und eisernem Willen ihrem Leben wieder einen Sinn gegeben. Ein Jahr später wurde sie die Chefin der Abteilung Auslandsimmobilien und hatte auf diese Weise ihre Bestätigung in ihrem Beruf gefunden. Eine bemerkenswerte Geschichte, wie Alice voller Bewunderung feststellte. Es war ein Ansporn für sie, die Worte des Lords zu beherzigen und niemals aufzugeben. In diesen Augenblicken der Vertrautheit reifte in Alice der Entschluss, ihr Leben zu ändern. Sie wollte etwas tun, was den Menschen zugutekam, die nicht auf der Sonnenseite des Lebens standen.

Alice rief ihren Onkel Robert an, mit dem sie sich in der Zwischenzeit wieder versöhnt hatte und berichtete ihm von ihrem Vorhaben. „Ich möchte eine Stiftung für Menschen mit Behinderungen ins Leben rufen und bitte Dich, mir dabei zu helfen". Und dann erzählte sie ihm von der Begegnung mit Catherine, ihrer Freundin, die seit einem tragischen Unfall an den Rollstuhl gefesselt war.

Gerührt hörte er Alice zu, denn auch er kannte Catherine, erinnerte sich daran, wie sie als Kind sehr oft bei ihnen zu Gast war, wenn Alice in den Ferien bei ihnen war. Ein lebhaftes fröhliches Mädchen, das durch ihre liebenswerte

Art und ihre Unbekümmertheit ihre Herzen im Sturm eroberte. Ausgerechnet diesem Menschen war ein so schweres Schicksal widerfahren. Er wollte Alice gern bei ihrem Vorhaben unterstützen. Stundenlang saß er in seinem Büro, wälzte Bücher und Verordnungen, die erforderlich waren, um ein solches Projekt durchzuführen. Er zog Erkundigungen ein, suchte nach Menschen, die bereit waren, sich für diese Stiftung einzusetzen und zu ihrem Wohl tätig zu werden. Er erledigte Formalitäten, nahm Termine mit den Behörden wahr, suchte Räumlichkeiten für Begegnungsstätten. Er kaufte in der Nähe von Boston sogar eine alte Villa und ließ diese zu einer Residenz umbauen.

Es würde nur noch wenige Wochen dauern, dann konnte die Einweihung der ersten Residenz stattfinden. Die Alice Cunningham Stiftung war Realität geworden und in kürzester Zeit war sie über die Grenzen von Boston hinaus bekannt. All dies hatte sie ihrem Onkel Robert zu verdanken, der sich mit nie enden wollender Energie für dieses Vorhaben einsetzte. Alice vergaß alles, was mit Jason zu tun hatte und ging vollkommen in ihrer Arbeit auf.

Bald war sie in aller Munde und wurde nur noch „Der Engel von Boston" genannt. Große Berichte erschienen in den Tageszeitungen und alle sprachen bewundernd über sie, eine junge Frau, die mit Leib und Seele dieses soziale Engagement mit Leben erfüllte. TV-Interviews folgten, lokale Radiosender baten sie ins Studio, damit sie den Menschen erklären konnte, warum sie das tat, sie erzählte ohne Scheu vom tragischen Tod ihrer Eltern und von ihrem Gedächtnisverlust, der ihre Vergangenheit in Bruchteilen von Sekunden auslöschte. Ihre Lebensgeschichte löste eine Welle der Sympathie und Hilfsbereitschaft aus, die Alice in kürzester Zeit zu einer Art Mythos werden ließ. Sie war beinahe über Nacht zu einer Wohltäterin für die Menschen geworden, die so dringend Hilfe benötigten.

Endlich hatte sie etwas geschaffen, worauf sie stolz sein konnte. Sie war nicht länger das Töchterchen reicher Eltern, das sorglos in den Tag hinein lebte. Als sie mit ihrem Dad in London telefonierte, war sie überrascht, dass er so gut über alles informiert war, was sie auf den Weg gebracht hatte.

Immer wenn sie etwas Außergewöhnliches erreicht hatte, sagte er voll aufrichtiger Freude: „Ich bin stolz auf Dich, mein Kind" und diese Worte taten ihr gut und bestärkten sie darin, nicht nachzulassen und diesen Weg unbeirrt weiterzugehen.

Aber dann kam der Tag, an dem ihre neugewonnene Welt in ihren Grundfesten erschüttert wurde. Sie war gerade in Boston, hatte ihren Onkel in der Kanzlei aufgesucht, um sich Einblicke in das Geschäftliche der Stiftung zu verschaffen. Sie ging danach in Downtown in eines der zahlreichen Cafés, um einen Kaffee zu trinken, als ihr zufällig ein herumliegendes Life Magazin ins Auge fiel. Wie hypnotisiert starrte sie auf die Titelseite und dachte im ersten Moment, sie hätte sich geirrt. Aber dann sprang ihr der Titel ins Auge, der alle Zweifel beseitigte. Es war Jason, der dort mit einer Frau an seiner Seite abgebildet war.

"Jason Kennedy, Präsident der Emmerson Mobile Oil Company, eröffnet eine Charityveranstaltung der „Houstoner Society". Ein tiefer Stich ging in ihr Herz und sie spürte, wie der Boden unter ihren Füßen schwankte.

War sie die neue Frau an seiner Seite, war sie der Grund, warum er sich nicht mehr bei ihr gemeldet hatte? Oder war sie nur optisches Beiwerk, denn Männer sind eitel und haben auch zu solchen Anlässen gerne eine schöne Frau an ihrer Seite? Sie betrachtete das Bild immer wieder und wäre sie nicht eine Frau gewesen, hätte sie diese fast unbedeutenden Anzeichen nicht wahrgenommen. Sie vermisste die Vertrautheit zwischen den beiden, die körperliche Nähe, die zwischen Liebenden normal war. Die Frau stand neben ihm und lächelte teilnahmslos und selbstverliebt in die Kamera, während er weltmännisch dastand und mit einem charmanten Lächeln ganz offensichtlich die anwesenden Damen verzauberte. Trotz dieser weiblichen Erkenntnis hatte sie ihre Zweifel und las mit Herzklopfen den Artikel, immer in der Angst jeden Moment etwas von dieser Unbekannten zu finden. Doch sie wurde in dem ganzen Artikel mit keiner Silbe erwähnt. War es ein Hoffnungsschimmer für sie, war es ein Zeichen, dass er sie noch nicht vergessen hatte?

31. Kapitel

Die Instandsetzung der alten Villa, die sie in Charlestown gekauft hatten, ging mit Riesenschritten voran und der Tag der Einweihung stand kurz bevor. Noch fünf Tage sollte es dauern, dann war der Tag gekommen, an dem sich ihr Traum erfüllte. Sie war gerade auf dem Weg nach Charlestown, um sich ein letztes Mal davon zu überzeugen, ob alles nach ihren Vorstellungen geraten war, als ihr Autotelefon schellte. Alice stellte die Freisprechanlage an und es ertönte die Stimme einer Frau, die sich mit dem Namen Rachel Goldsmith meldete. Erstaunt fragte Alice nach ihrem Anliegen, denn sie hatte diesen Namen noch nie zuvor gehört.

„Spreche ich mit Mrs Alice Cunningham?", fuhr die Person unbeirrt fort.

„Ja, bitte erklären sie mir, was sie von mir wollen", erwiderte Alice und es war an dem Tonfall ihrer Stimme zu hören, dass sie misstrauisch geworden war.

„Wer sind Sie und was wollen Sie?", fuhr sie etwas unwirsch fort.

„Sorry Madame, ich rufe im Auftrag des ‚Wilson Lions Club New York' an und möchte Sie zu einer Charityveranstaltung einladen."

Alice konnte ihr Erstaunen über diesen ungewöhnlichen Anruf kaum verbergen.

Aber sie hörte ihr trotzdem zu, ohne ein Wort zu erwidern.

„Was soll das", dachte sie, „will mich da jemand auf den Arm nehmen? Wer um Gottes willen sollte auf die Idee kommen, ausgerechnet mich zu einer solchen Veranstaltung einzuladen?"

„Ich möchte Sie bitten mir eine schriftliche Einladung zu schicken und erst dann werde ich entscheiden, ob ich an dieser Veranstaltung teilnehme. Und jetzt entschuldigen Sie mich bitte, ich habe einen wichtigen Termin."

Damit war das Gespräch beendet und sie verschwendete keinen Gedanken mehr an dieses Telefonat, das sie immer noch für einen schlechten und nicht gerade sehr originellen Scherz hielt.

Es waren fünf Tage vergangen. Am nächsten Tag sollte die Eröffnung der „Residence for disabled Persons" sein. Alice war so aufgeregt, dass sie die Nacht vor diesem Ereignis nicht schlafen konnte. Tante Olivia und Onkel Robert standen ihr während dieser Zeit mit Rat und Tat zur Seite und waren sehr stolz auf Alice, dass sie sich für dieses außergewöhnliche Projekt entschieden hatte. Sie war in aller Munde und Presse und TV waren am Tag der Eröffnung zahlreich erschienen, um an diesem Ereignis teilzunehmen.

Die Empfangshalle war überfüllt, dicht gedrängt standen die Menschen da und erwarteten voller Ungeduld ihre Eröffnungsrede. Stimmengewirr war überall zu hören und Blitzlichter erfüllten den Raum. Nie hätte sie damit gerechnet, dass die Eröffnung ein solch großes mediales Interesse auslösen würde. Alice, die als Gründerin auch gleichzeitig die Präsidentin der Stiftung war, trat vor das anwesende Publikum und hielt eine flammende Rede, die nicht nur die Herzen der anwesenden Gäste berührte.

Catherine, ihre Freundin, war an ihrer Seite und während Alice sprach, saß sie in ihrem Rollstuhl, gerührt und mit Tränen der Freude in den Augen. Alice stand neben ihr und hatte den Arm liebevoll um ihre Schultern gelegt. Immer wieder schaute Catherine dankbar zu ihr auf und jeder

der anwesenden Gäste spürte, wie tief ihre Gefühle füreinander waren.

„Diese Frau", sagte Alice mit zitternder Stimme, „ist der Grund dafür, dass ich diese Stiftung gegründet habe. Ich bin heimgekehrt und musste zu meinem Entsetzen sehen, dass sie seit einem Verkehrsunfall an den Rollstuhl gefesselt ist. Ich habe erlebt, wie sie trotz ihres Handicaps ihr Leben meistert, wie sie mutig und voller Zuversicht diese Herausforderung angenommen hat. Ich möchte es meiner Freundin Catherine gleich tun und den Menschen neuen Mut geben, die ein genauso hartes Schicksal zu ertragen haben. Ich möchte ihr Wegbegleiter sein und sie darin bestärken, niemals aufzugeben. Ladys und Gentlemen, ich bitte Sie von ganzem Herzen, mir dabei zu helfen."

Als sie geendet hatte, herrschte betretenes Schweigen. Tiefes Mitgefühl hatte alle ergriffen, die ihrer Rede zugehört hatten. Man konnte eine Stecknadel zu Boden fallen hören, als ihre letzten Worte verhallt waren. Doch dann brandete tosender Beifall auf. Alice ging beinahe im Blitzlichtgewitter der anwesenden Fotografen unter. TV-Kameras surrten, Zeitungsreporter umringten sie, hielten ihr ein Dutzend Mikrofone entgegen, um ein Statement von ihr zu erhaschen. Obwohl ihr so viele Menschen in diesem Moment der Solidarität so nahe standen, fühlte sie sich doch einsam und allein.

Sie musste an Jason denken, der sie so schmählich im Stich gelassen hatte. Tränen füllten ihre Augen und trotz dieses freudigen Tages, der sie eigentlich mit Stolz und Genugtuung erfüllen sollte, spürte sie ganz tief in ihrem Innern den Schmerz ihrer unerfüllten Liebe zu ihm. Sie hätte sich danach gesehnt, ihn an diesem Freudentag an ihrer Seite zu haben, hätte sich gewünscht, ihn an ihrem

Erfolg teilhaben zu lassen. Sie war ganz sicher, wäre er in ihrer Nähe gewesen, wäre ihr Glück vollkommen gewesen. Er, der Mann, den sie über alles liebte, war nicht da und das war das einzig Schmerzliche, das sie an diesem Tag traurig stimmte.

Die nächsten Tage waren wie ein irrwitziger Tanz durch die Medien. Interviews, Fototermine, Talkshows reihten sich nahtlos aneinander. Ein Marathon, der ihr eigentlich zuwider war und so gar nicht ihren Vorstellungen entsprach. Sie tröstete sich damit, dass es einer guten Sache diente und so nahm sie die Tatsache, im Mittelpunkt der Öffentlichkeit zu stehen, gerne in Kauf. Sie dankte den Medien für ihre Unterstützung, dankte ihnen für die faire Berichterstattung und die Bereitschaft, ihr bei der Bewältigung dieser schweren Aufgabe behilflich zu sein.

Sie wusste, dass das Gelingen ihres Vorhabens, behinderten Menschen einen Ort der Zuflucht zu geben, von der Bereitschaft aller abhing. Nur wenn sie ihr dabei helfen würden, konnte ihre Vision von ein wenig mehr Menschlichkeit, in dieser so kommerziell geprägten Welt, Wirklichkeit werden. Hätte sie allerdings gewusst, dass Jason ihr Vorhaben von Anfang an mit großem Interesse verfolgte, wäre sie wahrscheinlich stolz gewesen und hätte nicht in den Momenten ihres Triumphs mit ihrem persönlichen Schicksal gehadert.

Zwei Tage später. Alice saß an ihrem Schreibtisch und sortierte die Post, die sie in den vergangenen Tagen so zahlreich erhalten hatte. Wo sollte sie anfangen? Sie war sprachlos über die Resonanz, die sie in vielen Staaten mit ihrer Stiftung bewirkt hatte. Es kamen Briefe aus New York, Arizona, Texas, Florida, Kalifornien und in allen schrieb man voller Bewunderung, dass sie, die jung war und aus reichem Hause stammte, durch ihre Stiftung ihre soziale Mitverantwortung für alle Schwächeren in der Gesellschaft kundtat. Dann fiel ihr ein Brief in die Hände, der schon durch seine außergewöhnliche Aufmachung ihre Aufmerksamkeit erregte. „Wilson Lions Club New York" stand in vornehmer Schrift unter dem Wappen dieses Klubs. Da fiel ihr der Anruf wieder ein, den sie vor einigen Tagen erhalten hatte. Neugierig öffnete sie den Brief und las staunend die Zeilen, die der Präsident des „Lions Club" persönlich an sie geschrieben hatte.

„Liebe Mrs Cunningham", stand dort geschrieben. „Es wäre eine große Ehre für mich, wenn Sie an unserer diesjährigen Charityveranstaltung teilnehmen würden. Außerdem möchte ich Ihnen eine Mitgliedschaft in unserem Club anbieten und wäre sehr stolz, sie als unser Mitglied begrüßen zu dürfen."

Den Rest allerdings überlas sie, denn es waren die üblichen Schmeicheleien, die in nahezu jedem Brief standen, Alice aber weniger interessierten. Wenn sie von einer Sache überzeugt war, brauchte sie diese Art von Motivation nicht. Er endete mit den Worten „Ich wäre Ihnen sehr dankbar, wenn Sie meine Einladung annehmen würden. Ihr John Lawford."

„Zu viel Ehre auf einmal", dachte Alice, denn sie hatte im Moment wirklich wichtigere Dinge zu tun. Stundenlang saß sie da und öffnete Briefe, die so anrührend und von Herzen kommend geschrieben waren, dass ihr mehr als einmal Tränen der Rührung in die Augen stiegen. Sogar Schecks und Dollarnoten lagen in den Umschlägen und zeigten ihr damit, wie viel Hilfsbereitschaft und Mitgefühl in diesen Menschen steckte.

All dies beobachtete Tante Olivia mit Stolz und großer Freude, die ihr in dieser Zeit hilfreich zur Seite stand und ihr so manche Arbeiten abnahm. Sie war in der Residenz, schaute dort nach dem Rechten, empfing Besucher und Sponsoren, die sich von der Qualität dieser Einrichtung überzeugen wollten und von allen hörte sie nur begeisterte Kommentare und die Bereitschaft, einiges zum Gelingen dieses Vorhabens beizutragen.

So verging die Zeit wie im Flug und Alice war so manches Mal bis in die Nacht hinein damit beschäftigt, neue Kontakte zu knüpfen und Menschen aus der Industrie und der High Society für ihre Stiftung zu gewinnen.

Alice nahm wieder den Brief mit der Einladung zu dieser Charityveranstaltung zur Hand. Sollte sie daran teilnehmen? Wäre es nicht ein Verrat an den Menschen, die ihr vertrauten? Erweckte sie bei ihnen nicht den Eindruck, dass es ihr nur um ihre eigene Popularität ging? Würden sie nicht glauben, dass sie diese Einladung aus persönlicher Eitelkeit wahrnahm? Zu viele Fragen, die sie sich im Moment nicht beantworten konnte. Sie nahm den Brief, faltete ihn wieder zusammen und steckte ihn zurück in den Umschlag. Noch hatte sie Zeit, eine Entscheidung zu treffen.

Niemals würde sie die Menschen enttäuschen, die ihr bedingungslos vertrauten. Aber war es etwas Verwerfliches, sich in die Reihen derer zu begeben, die den Einfluss hatten, ihr Werk weiter zum Erfolg zu führen? Sie wollte sich mit ihrer ganzen Kraft für ihre Stiftung einsetzen und dazu gehörte es wohl auch, den Einfluss dieses renommierten Klubs zu nutzen. Aber noch blieben Zweifel, ob es der rechte Weg war.

„Ich muss unbedingt mit Tante Olivia und Onkel Robert darüber sprechen", sinnierte sie, „sie werden mir schon den richtigen Rat geben."

Sie setzte sich in ihren Wagen und fuhr am frühen Abend nach Boston, um alles mit ihnen zu besprechen.

32. Kapitel

Es war ein langes und intensives Gespräch, das sie miteinander führten. Für die beiden gab es keinen Zweifel, dass es der richtige Weg war, die Einladung und die Mitgliedschaft in diesem renommierten Club anzunehmen. Es diente ausschließlich dem Erfolg und so rieten sie ihr, diesen Schritt zu wagen. Aber sie hatte immer noch Bedenken, an der Veranstaltung teilzunehmen und Mitglied dieses Clubs zu werden.

„Wie kannst du diese Offerte ausschlagen?", gab Onkel Robert zu bedenken.

„Dieser Club ist in den USA einer der renommiertesten und es sollte dir eine große Ehre sein dazuzugehören. Die politische und wirtschaftliche Macht dieser Leute ist unermesslich und du kannst versichert sein, dass du mit ihnen sehr erfolgreich sein wirst."

Alice schaute ihn skeptisch an und erwiderte dann: „Ich weiß Onkel und das genau ist es, was mir Angst macht."

Mit Engelszungen sprachen sie auf Alice ein und ließen keine Sekunde auch nur den Hauch eines Zweifels aufkommen, dass dieser Weg der richtige war. Überzeugt, aber keineswegs beruhigt, beendeten sie nach zwei Stunden das Gespräch und saßen noch eine Weile gemütlich zusammen. Es war schon weit nach Mitternacht. Die Heimfahrt wollte sich Alice mitten in der Nacht nicht mehr antun. Sie ging auf ihr Zimmer, das ihr auch jetzt noch jederzeit zur Verfügung stand. Sie setzte sich aufs Bett und stützte erschöpft den Kopf in ihre Arme.

Es war ein anstrengender Tag gewesen und sie spürte, wie die Müdigkeit in ihr empor kroch. Eilig entledigte sie sich ihrer Kleidung, schlüpfte unter die Decke und zog, wie sie es auch schon als Kind getan hatte, die Decke bis über beide Ohren und war in wenigen Minuten in einen tiefen, erholsamen Schlaf gefallen.

Es war bereits 9.00 Uhr, als sie am nächsten Morgen erwachte und sie die Sonne, die strahlend durch das Fenster ihres Zimmers schien, aus ihren Träumen weckte. Sie nahm ein ausgiebiges, erfrischendes Bad und spürte, wie ihre Lebensgeister wiedererwachten. Tante Olivia hatte in der Zwischenzeit das Frühstück zubereitet. Es gab Ham and Eggs und eine Riesenportion Cornflakes in einer großen Schüssel, die Alice mit unüberhörbaren Geräuschen verspeiste und sofort an ihre Kindheit erinnert wurde.

Wie oft hatte sie mit Catherine am Esstisch gesessen und um die Wette gekaut und sie hatten gekichert und herumgehampelt. Tante Olivia musste sie ständig zur Ordnung rufen. Der frische, duftende Kaffee war für Alice wie ein Jungbrunnen, der sie zu neuem Leben erweckte und sie spürte, wie die Wärme ihren Körper durchströmte. Fröhlich und aller Zweifel und Sorgen entledigt, verließ sie Tante Olivia und war froh und glücklich, dass sie zu ihnen gefahren war und mit ihnen gesprochen hatte. In diesem Moment spürte sie wieder die tiefe Zuneigung, die sie mit beiden verband und sie war dankbar, dass es sie gab. Endlich nicht mehr einsam sein, war das, was sie sich schon so lange wünschte.

Als sie in Northampton ankam, fuhr sie zuerst zu Catherine und berichtete voller Freude über das, was in der Zwischenzeit geschehen war. Sie hörte Alice schweigend zu, verstand im ersten Moment nicht, welch glückliche Fügung die Einladung nach New York war. Doch dann umarmten sie sich und in beiden Gesichtern sah man die

Freude und Zuversicht, die sie von diesem Moment an in sich trugen.

„Es ist so bewundernswert, was du getan hast", erwiderte Catherine, „so wunderbar und einmalig, dass ich es nie vergessen werde."

Alice ergriff ihre Hand, schaute sie an und sagte voller Demut und Dankbarkeit: „Ich bin so glücklich, dass du meine Freundin bist und ich verspreche dir, immer für dich da zu sein."

Dichter Nebel lag über Rochester. Nebelschwaden waberten durch den Park und alles verschwand in dem diffusen Licht des herannahenden Morgens, das versuchte, sich einen Weg durch dieses unwirkliche Naturschauspiel zu bahnen. Von den Bäumen hörte man das monotone Krächzen der Krähen, die sich zu einem Morgenkonzert trafen und es mutete an, als sei man in einem Film von Alfred Hitchcock gelandet. Lord Henry war wie immer früh aufgestanden, saß in seinem Arbeitszimmer und sinnierte, wie schon so oft, seit Alice abgereist war, über den Sinn seines Lebens.

Er spürte die Einsamkeit seit ihrem Fortgang. Das Haus war leer ohne sie und er spürte, wie seine Lebensfreude Tag für Tag mehr erlosch. Immer wieder erinnerte er sich daran, wie sie, nach so vielen Jahren der Einsamkeit, sein Haus mit Leben erfüllt hatte. Er vermisste ihre Fröhlichkeit, ihre Spontanität, ihre Jugend, die ihm so viel Kraft verlieh und seinem Leben wieder einen Sinn gab. Er telefonierte zwar sehr oft mit ihr, aber all dies konnte ihm die Nähe zu ihr nicht ersetzen.

Fast jeden Tag ging er allein in seinem Park spazieren, betrachtete die Bäume, deren Blätter sich in die bunten

Farben des herannahenden Herbstes veränderten. Bald würden sie zu Boden fallen und die Wege bedecken und übrig blieben die kahlen Äste, die sich wie dürre Finger in den Himmel reckten und sich im Wind auf und ab neigten. Seine Fröhlichkeit war aus ihm gewichen, sein Gang wirkte schwer und gebrechlich und oft saß er stundenlang in seinem Arbeitszimmer, starrte vor sich hin und verzichtete sogar auf seine geliebte Havanna, die er früher mit großem Genuss gepafft hatte.

Margret, die gute Seele des Hauses, beobachtete diese Veränderung mit großer Sorge und versuchte, ihn wenigstens ein bisschen aufzuheitern. Sie verwöhnte ihn mit gutem Essen, servierte ihm seinen Tee, den er aber so manches Mal unangetastet stehen ließ. Sogar seinem Freund Lord Archibald fiel dies bei seinen Besuchen auf.

„Was ist los mit dir, lieber Freund? Leidest du noch immer darunter, dass Alice nicht mehr da ist?"

Ein stummes, resigniertes Nicken war die Antwort. Er hatte sich zurückgezogen, ließ sich nicht mehr bei den traditionellen Treffen im Club blicken und nahm auch an keiner Veranstaltung mehr teil, die er sonst so gern besucht hatte. Er war ein einsamer alter Mann geworden und das spürte er, je mehr Zeit verging, immer deutlicher. Irgendwann stand er morgens nicht mehr auf, lag mit geöffneten Augen apathisch in seinem Bett und weigerte sich sogar, zum morgendlichen Frühstück zu erscheinen. Jeder Schritt, den er tat, wurde für ihn zur Qual und er sehnte sich danach, seine geliebte Tochter Alice nur noch einmal in die Arme zu schließen.

Von all dem wusste Alice nichts, als sie in die Straße einbog, die zu ihrem Haus führte. Mit einem beschwingten Satz sprang sie aus dem Wagen, öffnete das Eingangstor, das zur Garage führte, die sich im Anbau ihres Hauses befand. Sie wollte gerade die Garagentür öffnen, als sie durch ein Geräusch, das aus dem Inneren des Hauses kam, aufgeschreckt wurde. Leise schlich sie zu einem der Fenster und sah, wie sich ein Schatten im Haus bewegte, die Treppen in das Obergeschoss hinauf lief, um dann kurze Zeit später in die Eingangshalle zurückzukehren.

„**Einbrecher**", **durchzuckte es sie.** Sie spürte, wie ihr die Gänsehaut über den Rücken lief und plötzlich wurden wieder dieselben Instinkte geweckt, die sie noch von früher kannte, als sie mutterseelenallein durch die Gegend fuhr. Vorsichtig schlich sie ums Haus und suchte nach Einbruchspuren, aber sie konnte nichts entdecken. Sie sah keine eingeschlagenen Fensterscheiben, keines der Fenster war aufgehebelt.

„Verdammt noch mal", dachte sie, „wie ist der Kerl ins Haus gekommen?"

Sie schlich vorsichtig zurück und postierte sich direkt hinter der Tür. Würde der Kerl sie öffnen, dann konnte er sein blaues Wunder erleben. Ihre Nerven waren zum Zerreißen gespannt, aber Angst hatte sie nicht. Denn schon oft waren ihr in der Vergangenheit ähnliche Dinge passiert und sie hatte sich immer erfolgreich zu wehren gewusst.

Plötzlich hörte sie hinter der Tür ein Geräusch und die Eingangstür öffnete sich. Alice ergriff mit beiden Händen die Türklinke und schlug sie ihm mit aller Kraft direkt vor den Kopf, den er unvorsichtigerweise herausgestreckt hatte. Mit einem dumpfen Krachen fiel er hinter der Tür zu Boden und lag wie ein Maikäfer auf dem Rücken. Und dann sah sie das Malheur und ihr blieb fast der Atem stehen. Sie hatte Onkel Robert mit der Tür niedergestreckt. Er lag hilflos auf dem Rücken, stöhnte vor Schmerz und hielt sich die blutende Nase.

Völlig verdattert starrte sie ihn an: „Onkel Robert, was machst du denn hier?", rief sie entsetzt aus.

Sie sprang auf ihn zu und half ihm auf die Beine. Da stand er nun vor ihr, hilflos, mit zitternden Knien und blutiger Nase. Sie griff ihm erst einmal unter die Arme und brachte ihn zu einem Stuhl, damit er sich hinsetzen konnte, denn er war doch noch ein wenig wackelig auf den Beinen.

„So und nun erzähl mir, was du hier suchst", sagte sie und schaute ihn dabei mit einem vorwurfsvollen Lächeln an.

Er fand das in diesem Moment überhaupt nicht lustig, blinzelte hinter der Serviette hervor und rang sich ein schmerzhaftes, verlegenes Grinsen ab, das aber eher dem Versuch glich, sich in Alice' Gegenwart keine Blöße zu geben.

Dann nuschelte er durch die blutgetränkte Serviette so was Ähnliches wie: „Du bist das verrückteste Girl, das mir in meinem ganzen Leben begegnet ist."

Er rutschte ein paar Mal unsicher auf seinem Stuhl herum und putzte sich erneut die Nase, die noch immer blutete und schaute sie dabei verständnislos an. Trotzdem imponierte es ihm, wie vehement und erfolgreich sie sich zur Wehr gesetzt hatte.

„Ich war gerade auf dem Weg nach Pittfield zu einem Klienten und da ich weiß, dass du im Moment sehr selten zu Hause bist, wollte ich mal nach dem Rechten schauen und sehen, ob alles in Ordnung ist. Ich konnte ja nicht wissen, dass da eine Wilde hinter der Tür lauert und mir mit aller Kraft die Tür vor den Kopf haut."

„Es tut mir sehr leid Onkel, aber ich ahnte ja nicht, dass du es bist. Wo ist überhaupt dein Wagen? Ich habe ihn nicht gesehen, als ich nach Hause gekommen bin."

„Das war sicherlich ein Fehler", erwiderte er kleinlaut, „aber ich musste fünfzig Meter von deinem Haus entfernt parken, weil vor deinem Haus kein Platz frei war."

„Siehst du Onkelchen", sagte sie beschwichtigend und lächelte ihn an, „woher sollte ich also wissen, dass du im Haus bist? Aber nun sei wieder gut und lass uns wenigstens auf diesen Schreck noch eine Tasse Kaffee zusammen trinken."

„Warum hast du eigentlich niemanden im Haus, der sich um alles kümmert?", fragte er und schaute sie verständnislos an.

„Weil ich eine alleinstehende junge Frau bin", erwiderte sie selbstbewusst, „die sehr wohl in der Lage ist, auf sich selbst aufzupassen, und außerdem mag ich es nicht, wenn ständig jemand um mich herum ist und mir den Hintern nachträgt. Ich will den Menschen, die meine Hilfe brauchen, zeigen, dass ich eine von ihnen bin. Wir sind hier nicht auf Long Island wo die Reichen unter sich sind, und es zum guten Ton gehört, Personal zu haben. Vielleicht werde ich, irgendwann einmal, meine Meinung zu diesen Dingen ändern, aber im Moment bin ich noch nicht soweit."

Sprachlos hörte ihr Robert zu, sagte aber nichts. Sie war eben Alice, die ohne Rücksicht auf die Befindlichkeiten Anderer immer ihre Meinung sagte und er wusste genau, dass sich dies auch in Zukunft nicht ändern würde. Damit war dieses Thema für sie erledigt.

Während Onkel Robert im Bad war und sich das Blut aus dem Gesicht wusch, kochte Alice einen frischen Kaffee. Es dauerte eine Weile, bis er wieder einigermaßen manierlich aussah. Schließlich konnte er ja nicht wie ein lädierter Preisboxer zu seinem Klienten fahren. Zum Glück hatte er, als er das Haus betrat, einen Schal um den Hals getragen. So blieb wenigstens sein blütenweißes Hemd ohne Blutspuren, denn das wäre ein echtes Problem für ihn geworden, zumal er für diesen, nicht vorhersehbaren Vorfall kein anderes bei sich hatte. Dann kam er frisch und adrett wie immer aus dem Bad und setzte sich zu Alice vor den Kamin.

Sie berichtete ihm, dass sie sich nun doch entschlossen hatte, an der Charityveranstaltung in New York teilzunehmen und trotz aller Bedenken Mitglied im Lions Club werden wollte. Er quittierte es mit einem: „Recht so, mein Kind", und tat so, als hätte er auch nichts anderes von ihr erwartet. Nach einer halben Stunde verabschiedete er sich. Sie begleitete ihn noch bis zu seinem Wagen und fragte, bevor er einstieg, mit sorgenvoller Miene, ob wirklich alles in Ordnung sei. Als er das im Brustton der Überzeugung bejahte, verabschiedete sie sich von ihm, indem sie ihn sanft auf die Stirn küsste. Er startete den Motor und mit einem lauten Hupen bog er um die nächste Ecke und machte sich auf den Weg zu seinem Termin nach Pittfield. Sie winkte ihm noch einmal zu und ging zurück ins Haus.

Jason saß in seinem Büro und wartete sehnsüchtig auf ihren Anruf. Es wurde langsam unerträglich für ihn, nichts von ihr zu hören. Aber warum sollte sie den ersten Schritt tun, war er doch derjenige, der sich, ohne ihr eine Chance zu geben, von ihr getrennt hatte.

Immer wieder hielt er den Telefonhörer in der Hand, wollte sie anrufen, doch seine innere Stimme sagte ihm:

„Tu es nicht, gib ihr die Zeit, die sie braucht, bedränge sie nicht. Sie wird sich schon melden, wenn sie soweit ist."

Die Zeit des Wartens verstrich und nichts geschah. Der Zustand der Ungewissheit nahm inzwischen sein ganzes Denken in Anspruch und er war kaum noch in der Lage, sich auf seine Arbeit zu konzentrieren. Bei jedem Schellen des Telefons zuckte er zusammen, warf einen forschenden Blick auf das Display und war enttäuscht, wenn es wieder kein Anruf von Alice war. Wie ein kleiner Junge in Erwartung seiner Geburtstagsgeschenke, lief er nervös in seinem Büro umher, war so manches Mal gereizt und ungehalten. Es waren Charakterzüge, die niemand an ihm kannte und die seine Sekretärin mit einem ungläubigen Staunen zur Kenntnis nahm. Er, der doch in allen Situationen immer so souverän und abgeklärt wirkte, war plötzlich nervös und unkonzentriert. Kein Mensch wäre auf die Idee gekommen, dass hinter der knallharten Fassade des taffen Geschäftsmannes eine verletzliche Seele steckte, die genauso empfindsam wie die eines jeden Menschen war, der sich nach Zärtlichkeit und Geborgenheit sehnte.

33. Kapitel

Es war der Abend vor ihrer Reise nach New York. Alice hatte im Laufe des Tages bei Mr Lawford, dem Präsidenten des Lions Club, angerufen und ihre Teilnahme an der Charity-Veranstaltung zugesagt.

„Ich freue mich sehr, dass ich Sie heute Abend begrüßen darf", erwiderte Mr Lawford hocherfreut.

„Ich freue mich auch", antwortete sie lächelnd und bedankte sich für die Einladung.

Sie stand vor ihrem Kleiderschrank und wählte sorgfältig die Kleidung aus, die sie zu dem festlichen Akt im ‚Wilson Lions Club' tragen wollte. Sie legte ein schwarzes Cocktailkleid mit dünnen Spaghettiträgern auf ihr Bett, dazu wählte sie eine sehr elegante Seidenjacke, die in einem sanften Pinkton zu dem dezent gearbeiteten Kleid passte. Eine dünne Kette, an deren Spitze eine goldene Fassung einen funkelnden Brillanten umschloss, sollte das ganze Ensemble abrunden. Eine festliche Garderobe, die durch ihre Einfachheit auffiel und doch eine beeindruckende Eleganz verriet.

Zufrieden mit ihrer Wahl hängte sie alles auf einen Kleiderständer, um es am nächsten Morgen in ihren Koffer zu packen. Zwei paar elegante schwarze High Heels fehlten genauso wenig, wie ihre elegante Seidenwäsche, die sie mit Vorliebe trug und von der sie ein Dutzend edelster Garnituren in der Schublade einer aus edlem Wurzelholz gefertigten Kommode aufbewahrte, die in ihrem Schlafzimmer stand.

Am nächsten Morgen stand sie um 6.00 Uhr auf, denn ihr Flug nach New York ging bereits um 1.00 Uhr mittags

Ortszeit ab Boston. Sorgfältig schminkte sie sich, frisierte ihre Haare, zog für die Reise einen legeren Hosenanzug an und bestellte ein Taxi. Beim Hinausgehen warf sie sich einen sportlichen beigefarbenen Trenchcoat über, nahm ihr Gepäck und ging zu dem Wagen, der bereits vor der Tür stand und auf sie wartete. Nach einer fast dreistündigen Fahrt erreichte sie gegen 11.00 mittags den Flughafen von Boston. Sie checkte ein und bummelte dann, da sie noch eine halbe Stunde Zeit hatte, langsam und entspannt durch die Flughafenhalle, blieb vor den Auslagen der Boutiquen stehen, beobachtete Menschen, die durch die Flughalle hasteten und fühlte sich rundherum wohl.

Auch die zu erwartende Aufregung, die ihr bevorstand, konnte sie jetzt nicht mehr aus der Fassung bringen. Nach einem ruhigen Flug landete sie auf dem John F. Kennedy Airport und wartete an dem riesigen Transportband auf ihr Gepäck, als sie plötzlich eine Durchsage des Flughafens hörte. Im ersten Moment glaubte sie, sich verhört zu haben. Als dann aber die Durchsage zum zweiten Mal ertönte, hörte sie erstaunt, dass ihr Name aufgerufen wurde.

„Mrs Alice Cunningham aus Northampton wird gebeten, sich am Schalter der American Airlines einzufinden, Sie werden dort erwartet."

Mit schnellen Schritten steuerte sie auf den Schalter zu, an dem sie schon von einer freundlichen Mitarbeiterin der Fluggesellschaft erwartet wurde.

„Mrs Alice Cunningham?"

„Ja das bin ich", erwiderte Alice erstaunt, denn sie hatte immer noch keine Idee, wer hier auf sie wartete. Sie wandte ihren Blick suchend nach rechts und sah einen jungen Mann, der dort in einen dezenten dunklen Anzug gekleidet, auf sie wartete.

Er trat mit einem Lächeln auf sie zu: „Guten Tag Madame, ich komme vom „Wilsons Lions Club" und soll Sie in Ihr Hotel bringen. Wenn Sie mir bitte folgen würden."

Er nahm ihr das Gepäck ab und wie ein folgsames Mädchen tippelte sie hinter ihm her, bis sie den Wagen erreichten. Nach einer längeren Fahrt durch die Rush Hour von New York erreichten sie das Hyatt Hotel in der City, das nur einen Steinwurf von dem Domizil des Wilson Lions Clubs entfernt lag. An der Rezeption wurde sie freundlich begrüßt und ein Page brachte sie in ihre Suite in der zehnten Etage. Als sie ihre Handtasche abgelegt hatte trat sie ans Fenster und ihr offenbarte sich ein beeindruckender und faszinierender Blick auf New York.

Das Zimmer war mit edlen Hölzern ausgestattet, ein riesiges Bett mit Satinhussen stand groß und einladend im angrenzenden Schlafgemach. Der davorliegende Salon war mit einer üppigen Couchgarnitur ausgestattet, vor der sich ein schwerer Tisch befand, auf dem ein kunstvoll gestaltetes Blumenarrangement die Blicke auf sich zog. Eine Schale mit Obst stand auf einem Buffet und sah aus, wie das Stillleben eines renommierten Malers aus dem vorigen Jahrhundert. Sie trat auf den am Fenster stehenden Schreibsekretär zu und sah dort einen handgeschriebenen Briefbogen, dessen Kopf das Wappen und der Name des Lions Clubs zierte.

„Verehrte Mrs Cunningham", stand dort mit blauer Tinte geschrieben, „ich möchte Sie im Namen aller Mitglieder des „Wilson Lions Clubs New York" recht herzlich begrüßen und freue mich, Sie bei der heutigen Charityveranstaltung endlich persönlich kennenzulernen. Bis dahin wünsche ich Ihnen einen angenehmen Aufenthalt. Herzlichst Ihr John Lawford."

Natürlich fühlte sie sich geschmeichelt. Aber sie vergaß bei allem Prunk und Reichtum, der sie hier umgab, keine Sekunde den Sinn ihres Hierseins.

Es war 7.30 abends und sie hatte noch ein wenig Zeit, bis die Veranstaltung im Lions Club begann. Alice hatte sich sehr sorgfältig vorbereitet. Ihr Make-up war makellos, die fast schwarzen Haare hatte sie sich zuvor in dem Salon des Hotels zu einer außergewöhnlich attraktiven Frisur stylen lassen. Sie stand im Bad und betrachtete sich im Spiegel. Es war alles perfekt für ihren ersten öffentlichen Auftritt in diesem vornehmen Rahmen. Ein leichter kühler Wind wehte durch die Straßen von New York. Sie warf sich ihren Mantel über und verließ eine Viertelstunde später das Hotel, um die wenigen Schritte zum Club zu Fuß zu gehen. Schon von Weitem sah sie viele geladene Gäste, die aus ihren Limousinen stiegen und durch das Portal die große Empfangshalle betraten.

Alice ging auf das Gebäude zu, zeigte ihre Einladung, gab ihren Mantel an der immer noch sehr belebten Garderobe ab und ging mit eleganten Schritten auf den Eingang zum Festsaal zu. In ihrem Rücken spürte sie, wie ihr die anwesenden Herren, mit bewundernden Blicken nachschauten. Dann trat ein Herr auf sie zu und blieb lächelnd vor ihr stehen. Er war groß und von eleganter Erscheinung und er hatte, das musste Alice neidlos zugeben, ein ausgesprochen charmantes Lächeln.

„Wenn ich mich nicht irre, sind Sie Mrs Alice Cunningham", und eine Reihe blitzender weißer Zähne wurde sichtbar, als sie seine Frage bejahte.

„Herzlich willkommen und vielen Dank, dass Sie meiner Einladung gefolgt sind."

Es war John Lawford, der Präsident dieses renommierten Clubs, der es sich nicht nehmen ließ, sie persönlich zu begrüßen. Dann begleitete er sie zu dem Tisch, an dem sich ihr Platz befand, und stellte sie den bereits anwesenden Gästen vor. Nachdem sie alle begrüßt hatte, ging sie zu einer weiteren Gruppe von Gästen, um noch einen Small Talk zu halten, bevor das Menü serviert wurde. Auch hier in New York hatte man schon von ihr gehört und man äußerte sich voller Anerkennung über ihr soziales Engagement. Sie war schier zu Tode erschrocken, als sie plötzlich eine bekannte Stimme hinter sich vernahm.

„Guten Abend, Mrs Cunningham."

Sie drehte sich um und war überrascht, dass Jason leibhaftig vor ihr stand. Aber schnell hatte sie sich wieder gefasst, schaute ihn mit kühlem Blick an.

„Alice, ich hätte nie gedacht, dich hier zu finden. Was machst du hier?", fragte er sie. Er war doch sichtlich erstaunt, sie hier zu treffen. Und ihm fiel in diesem Moment wohl nichts Besseres ein, als diese doch etwas uncharmante Frage nach ihrer Anwesenheit zu stellen. Er stand vor ihr und sie sah wieder dieses nervöse Zucken seiner Augenlider. Schon in der Vergangenheit hatte sie es immer dann bemerkt, wenn ihm etwas unangenehm war.

„Können wir reden?", fuhr er wenig geistreich fort und sah sie mit einem durchdringenden Blick fragend an. Doch er bekam eine Antwort, mit der er nicht gerechnet hatte. Der kühle und abweisende Blick, mit dem sie ihn bedachte, verriet nichts Gutes.

Obwohl sie innerlich vor Aufregung zitterte, flüsterte sie ihm zu: „Wenn dir etwas an mir liegt, dann lass uns darüber sprechen, wenn wir allein sind. Ich glaube nicht, dass es sinnvoll ist, dies vor all diesen Menschen zu tun."

Sie griff in ihre Handtasche, zog eine Visitenkarte hervor und überreichte sie ihm.

„Hier findest du alles was du brauchst, um mich privat zu erreichen, und nun entschuldige mich bitte."

Sie warf ihm einen letzten Blick zu, drehte sich um und verschwand in der Menge der Gäste. Wie vom Donner gerührt, stand er da und konnte nicht begreifen, wie sie ihn mit einer solchen Kälte abfertigen konnte.

Nach einem vorzüglichen Menü hatte sie noch ein unterhaltsames Gespräch mit Mr Lawford. Dann entschuldigte sie sich, erklärte ihm, dass sie aus privaten Gründen die Veranstaltung schon früher verlassen müsse, was dieser mit einem Ausdruck des Bedauerns zur Kenntnis nahm. Sie suchte noch einmal die Toilette auf, ging dann zielstrebig zur Garderobe und verließ sofort den Club. Wenige Minuten später war sie in ihrer Suite angekommen, warf ihre Handtasche in einen Sessel, zog ihre Pumps aus und legte sie sich auf ihr Bett. Sie wollte nur noch ihre Ruhe haben.

Es tat ihr sehr weh, als Jason so hilflos und demütig vor ihr stand. Sie hätte ihn am liebsten in den Arm genommen und ihm sofort verziehen. Doch sie fühlte sich immer noch zutiefst gekränkt. Er hatte sie ohne Ankündigung aus seinem Leben gestrichen, hatte ihre Liebe verraten und das konnte sie ihm einfach nicht verzeihen. Währenddessen lief Jason ziellos durch den Festsaal, blieb an jedem der festlich dekorierten Tische stehen, um sie vielleicht doch noch irgendwo zu entdecken. Aber seine Suche war vergebens.

Resigniert gab er einige Zeit später auf und verließ ebenfalls die Veranstaltung, um sich in sein Hotel zurückzuziehen. Alice buchte für den nächsten Morgen ihren Rückflug nach Boston. Nach einer unruhigen Nacht, in der sie oft aus dem Schlaf hochschreckte, weil Jason ständig durch ihre Träume geisterte, frühstückte sie und fuhr zum John F. Kennedy Airport. Als sie in Boston ankam, hatte sie plötzlich das Bedürfnis, Tante Olivia und Onkel Robert zu besuchen, um ihnen von ihrem Besuch in New York zu berichten.

Sie verbrachte den ganzen Abend bei ihnen. Sie erzählte, wie freundlich sie empfangen worden war und wie gut ihr New York getan hatte. Doch in dem Moment, als sie von der überraschenden Begegnung mit Jason erzählte, begann sie zu weinen und suchte Trost in den Armen von Tante Olivia. Deren tröstende Worte machten ihr Mut und sie war sicher, dass sich doch noch alles zum Guten wenden würde.

„Aber mach bitte nicht den Fehler, ihm nachzulaufen! Wenn ihm wirklich etwas an dir liegt, wird er von allein zu dir kommen", sie zwinkerte ihr zu und streichelte zärtlich ihren Arm.

Sie sprach Alice aus der Seele, denn genau zu diesem Schritt hatte sie sich bereits entschlossen, als er ihr in New York so überraschend begegnete. Am nächsten Morgen fuhr Alice zurück nach Northampton.

Die folgenden Tage waren ausgefüllt mit vielen schriftlichen Danksagungen an die großzügigen Spender. Bittbriefe, die viele Hilfsbedürftige an sie geschickt hatten, beantwortete sie mit viel Mitgefühl und Verständnis, musste sie aber vertrösten, da die Residenz bereits belegt war. Es tat ihr unendlich leid, dass sie diesen Menschen im Moment nicht helfen konnte. Sie rief ihren Onkel an und hatte die Hoffnung, dass sie mit ihm gemeinsam einen

Weg finden würde. Doch schon zu Beginn des Gesprächs spürte sie, dass auch er zurzeit keine schnelle Lösung sah.

„Alice, die zur Verfügung stehenden Zimmer sind alle belegt und ich sehe, genau wie du, im Moment keine Möglichkeit, noch mehr Bewohner aufzunehmen. So schwer das für dich auch ist, aber du musst dich damit abfinden."

Schweren Herzens legte sie den Hörer auf und widmete sich anschließend wieder der zahlreich eingegangen Post. Aus allen Teilen der Staaten hatte sie Briefe erhalten. Diese Flut von Briefen schien ihr langsam über den Kopf zu wachsen. Es waren Dankesbriefe, Bittbriefe und Briefe von großen Unternehmen, die ihrem Aufruf folgten und erhebliche Summen in den Stiftungsfonds eingezahlt hatten.

Die Resonanz war überwältigend. Doch alles wurde getoppt von einem einzigen Brief, den sie zunächst achtlos zur Seite gelegt hatte. Es war ein Brief, der im ersten Moment keinerlei Interesse in ihr weckte. Erst als sie den Absender näher betrachtete, traute sie ihren Augen nicht. Der Absender war die Emmerson Mobile Oil Company.

Mit zitternden Händen öffnete sie ihn. Vor lauter Aufregung hätte sie ihn fast zerrissen. Am Kopf des Briefes stand sein Name „Jason Kennedy, Präsident der Emmerson Mobile Oil Company", darunter „Liebe Mrs Cunningham, ich freue mich Ihnen mitteilen zu können, dass sich unsere Company entschlossen hat, für Ihre Stiftung eine Spende von fünf Millionen Dollar bereitzustellen. Wir wünschen Ihnen für das weitere Gelingen Ihres sozialen Engagements viel Erfolg. Wir bitten Sie, uns umgehend Ihre Bankverbindung mitzuteilen, damit wir obigen Betrag schnellstmöglich überweisen können. Mit freundlichen Grüßen, Jason Kennedy."

Ihre Freude über diese großzügige Spende wurde nur durch die unpersönliche Art, in der dieser Brief geschrieben war, getrübt. Kein persönliches Wort, das ihr das Gefühl geben konnte, dass er noch immer etwas für sie empfand. Enttäuscht wollte sie den Brief zu den anderen legen. Als sie erneut in den Briefumschlag schaute und einen kleinen Brief fand, den sie vorher gar nicht bemerkt hatte.

Sie konnte ihre Aufregung kaum zügeln, als sie ihn öffnete.

Ihr Herz drohte vor lauter Freude zu zerspringen: „Meine liebste Alice", las sie, „ich habe die ganze Zeit an Dich denken müssen und ich bereue, dass ich mich von Dir distanziert habe, weil ich das Vertrauen zu Dir verloren hatte. Ich habe in der letzten Zeit viel über uns nachgedacht und Dich jeden Tag schmerzlich vermisst. Bitte verzeih mir, denn Du hast mir durch Deine Stiftung bewiesen, dass Du nicht die bist, für die ich Dich eine Zeit lang gehalten habe. Die größte Enttäuschung war für mich Dein plötzliches Verschwinden von der Charityveranstaltung und Deine anschließende überstürzte Abreise. Ich konnte nicht verstehen, warum Du, ohne Dich von mir zu verabschieden, einfach gegangen bist. Ich wollte Dir an diesem Abend so vieles sagen, aber leider war mir das nicht mehr möglich. Ich war sogar noch in Deinem Hotel und habe nach Dir gefragt. Als ich erfuhr, dass Du bereits abgereist warst, brach für mich eine Welt zusammen. Ich würde Dich so gerne wiedersehen und ich hoffe, dass Du mir verzeihen kannst. Bitte ruf mich an und sage mir, ob Du damit einverstanden bist, wenn ich Dich recht bald besuchen darf.

Ich liebe Dich von ganzem Herzen, Dein Jason."

In diesem Moment war Alice der glücklichste Mensch auf dieser Welt, drückte den Brief wie eine Kostbarkeit an ihr Herz. Sie empfand Freude wie ein Kind, das einen lange verloren geglaubten Schatz wiedergefunden hatte. Immer und immer wieder las sie die Zeilen, weinte und lachte vor Glückseligkeit und ihr Herz flog zu ihm, wie ein Vogel, der sich aus seinem Käfig befreit hatte. Der Gedanke an das Wiedersehen mit Jason, ließ ihr Herz erzittern und sie fühlte sich so unendlich schwerelos auf einer Wolke des Glücks.

Aber sie wusste auch, dass sie jetzt nichts überstürzen durfte. Es fiel ihr schwer, mit ihrem Anruf zu warten, und ihr fielen wieder die Worte von Tante Olivia ein: „Mach nicht den Fehler, ihm hinterherzulaufen, wenn ihm wirklich etwas an dir liegt, wird er von allein zu dir kommen."

Sie hielt sich an diesen gut gemeinten Rat, obwohl es ihr von Stunde zu Stunde und von Tag zu Tag schwerer fiel. Die Zeit verging und Jason wartete sehnsüchtig auf einen Anruf von Alice, aber nichts geschah. Jedes Mal, wenn sein Telefon schellte, schreckte er auf und schaute erwartungsvoll auf das Display, aber sein sehnlichster Wunsch, endlich mit ihr zu sprechen, ging nicht in Erfüllung. Es waren nur belanglose Gespräche, die ihn erreichten, nichts von Wichtigkeit, Banalitäten, die warten konnten.

Gerade in dem Moment, als er schon fast die Hoffnung aufgegeben hatte, sie jemals wiederzusehen, trat das ein, wonach er sich die ganze Zeit gesehnt hatte. Er war gerade von einer internen Konferenz mit seinen leitenden Mitarbeitern zurückgekehrt, setzte sich hinter seinen Schreibtisch, um einen Kaffee zu trinken, als das Display seines Telefons aufleuchtete.

Aufgeregt nahm er das Gespräch entgegen und dann hörte er ihre Stimme. Endlich.

„Jason, wenn du zu mir kommen willst, dann komm, wann immer du willst. Ich glaube, wir haben einiges zu besprechen."

Tränen der Freude schossen in seine Augen. Endlich war es soweit! Und eins wusste er ganz genau, er würde sie nie wieder loslassen.

Er war wieder der Alte, scherzte mit seinen Mitarbeitern, ging fröhlich pfeifend und singend durch die Gänge, wenn er sich allein wähnte und seine Sekretärin kam aus dem Staunen über seine plötzliche Wandlung nicht heraus. Aber sie konnte sich denken, was geschehen war. Alice, die Lesley immer als ihre ärgste Rivalin sah, hatte angerufen und ihm sein seelisches Gleichgewicht wiedergegeben. Wie konnte sie nur die ganze Zeit glauben, dass sie eine Chance hatte, ihn doch noch für sich zu gewinnen?

Sie fühlte sich in diesem Moment so nutzlos und armselig, wie sie sich noch niemals in ihrem Leben gefühlt hatte. Sie war nur eine kleine Sekretärin, die ihm jeden Tag Kaffee kochte und alle Unannehmlichkeiten von ihm fernhielt, nicht mehr und nicht weniger. Das war eine bittere Erkenntnis, an der sie fast zerbrach. Nie hatte er ihr irgendwelche Hoffnungen auf eine gemeinsame Zukunft gemacht. Er hatte ihr mit keiner Silbe jemals angedeutet, dass er etwas für sie empfand, aber sie wollte seine Ablehnung nicht wahrhaben und hätte alles für ihn aufgegeben, doch der Lohn für ihre Träume waren Einsamkeit und Tränen.

34. Kapitel

Der Tag seines Besuchs war gekommen. Sie hatte sich besonders schön gemacht. Sie wollte, dass er sie begehrte und doch hatte sie nach der langen Trennung in ihrem Inneren eine Distanz aufgebaut, die es erst noch zu überwinden galt. Schön wollte sie sein, um ihm zu zeigen, dass es sich lohnte, um sie zu kämpfen. Nervös lief sie im Haus umher, schaute wohl hundert Mal in den Spiegel, um zu sehen, ob sie auch alles getan hatte, was sie attraktiv und begehrenswert machte. Immer wieder schaute sie sich an, trug neuen Lippenstift auf und richtete unruhig ihre Haare. Sie starrte zum Fenster hinaus und dann sah sie ihn.

Sein Wagen fuhr in die Toreinfahrt und hielt vor der Garage ihres Hauses. Sie eilte zur Tür und dann stand er vor ihr. Ein verlegenes Lächeln umspielte seinen Mund, als er ihr einen Kuss auf die Wange gab.

„Hallo Alice, darf ich reinkommen?"

Seine Stimme klang unsicher und bittend zugleich. Sie schaute ihn an, trat auf ihn zu, ergriff seine Hand und führte ihn ins Haus, in ihr Haus. Man spürte die Spannung, die zwischen beiden herrschte. Als sie im Salon Platz genommen hatten, war Alice die Erste, die das aussprach, was ihr monatelang auf der Seele brannte. Aufmerksam hörte er ihr zu und erkannte ihre innere Anspannung und die tiefe Enttäuschung, die für lange Zeit ihr Begleiter war.

Ein Gespräch nur zwischen Jason und ihr war die einzige Möglichkeit, diese Dinge aus der Welt zu schaffen. Viele Stunden saßen sie da, diskutierten, schauten sich an, lächelten, hörten sich gegenseitig zu, streichelten sich mit zaghaften Gesten und versuchten so, die alte Vertrautheit wiederherzustellen, die einmal so selbstverständlich für sie war. Sie saßen da und bereuten jeden Augenblick, den sie nicht miteinander verbracht hatten. Beide wussten, dass ihre Liebe nie erloschen war und nur Stolz und Vorurteile sie daran gehindert hatten, diese Liebe zu leben und aus vollem Herzen zu genießen.

Sie verbrachten die Nacht voller Liebe und Zärtlichkeit miteinander und als Alice am nächsten Morgen neben ihm aufwachte und seinen ruhigen Atem hörte und sein friedliches Gesicht sah, war sie ganz sicher, dass Jason der Mann war, mit dem sie für immer zusammenbleiben wollte. Es war das wichtigste Gespräch, das beide jemals miteinander geführt hatten. Es hatte so vieles geklärt, so viele Hindernisse überwunden und sie wieder auf den Weg ihres gemeinsamen Glücks zurückgeführt. Voller Bewunderung und Anerkennung sprach er über ihren Entschluss, sich mit ihrer Stiftung den Bedürftigen dieser Gesellschaft zu widmen und versprach ihr, auch in Zukunft als helfende Hand an ihrer Seite zu sein.

Als die Zeit des Abschiednehmens gekommen war, fiel es beiden sehr schwer, sich schon wieder zu trennen, wo sie sich doch gerade erst wiedergefunden hatten. Zwei Wochen später flog Alice das erste Mal nach Houston, um ihn und seine Familie zu besuchen. Jasons Mutter war eine ausgesprochen feine und einfühlsame alte Dame, die sie sofort in ihr Herz schloss. Sie verbrachte viele Wochenenden bei ihnen, gemeinsam besuchten sie seine Cousine Laureen, die nach dem plötzlichen Tod seiner Schwester an deren Stelle trat und seit diesem Tag eine ausgesprochen innige Beziehung zu ihm hatte.

Sie wohnte mit ihrer Familie in einem wunderschönen Haus etwas außerhalb von Houston. Alice fühlte sich in der Gegenwart von Jasons Familie so unendlich wohl. Sie hatte zum ersten Mal, nach ihrer Zeit in London, wieder das Gefühl, daheim zu sein und die Nähe von Menschen zu spüren, die sie vorbehaltlos und nur um ihrer selbst willen liebten. Sie hatte endlich wieder eine Familie und das war mehr wert, als alle Reichtümer dieser Welt.

Sie wünschte sich recht bald, für immer mit ihm zusammen zu sein. Doch sie hatte eine Verantwortung übernommen, die für die nächste Zeit ihre ganze Kraft in Anspruch nehmen würde. Catherine war die Frau an ihrer Seite, die für sie unentbehrlich geworden war. Als Alice ihr einige Zeit später den Vorschlag machte, zu ihr zu ziehen und sich gemeinsam mit ihr um die Geschäfte der Stiftung zu kümmern, willigte sie freudestrahlend ein. Sie hatte eine neue Aufgabe und es war eine Herausforderung für sie, ihre ganze Kraft für das Ziel, anderen Menschen zu helfen, einzusetzen. Catherine war der Mensch, dem sie bedingungslos vertrauen konnte und der, da war sie sich ganz sicher, sie niemals enttäuschen würde.

Was würden Tante Olivia und Onkel Robert dazu sagen, wenn sie irgendwann Boston verlassen würde, um mit Jason in Houston zu leben? Sicherlich wären sie sehr betrübt. Aber sie konnte sich nicht vorstellen, dass sie ihr das Glück nicht gönnten. Noch war es nicht soweit, aber wenn der Zeitpunkt ihres Abschieds gekommen war, würde sie zu ihnen fahren und sie um ihren Segen bitten.

„Warum", so fragte sie sich in diesen Momenten stiller Einkehr, „tut es immer so weh, wenn man Menschen verlassen muss, die man von Herzen liebt, um selbst glücklich zu sein?" Sie erkannte für sich, dass letztendlich auch der Schmerz der Trennung etwas Gutes hatte. Sie machte Platz in ihrem Herzen für die Menschen, von denen sie sich trennen musste, damit sie dort ihren Platz hatten, solange sie lebte. Inniger und langlebiger kann Liebe nicht sein und das tröstete sie, wenn der Tag kommen und sie bittere Abschiedstränen weinen würde.

In diesen Augenblicken, in denen sie über ihr Leben nachdachte, musste sie an ihren Dad Lord Henry denken. Wie oft hatte er ihr gesagt, wie sehr er sie vermisste und wie schmerzlich der Abschied für ihn war, als sie in die Staaten zurückging.

„Mit jedem Tag", sagte er einmal zu ihr, „fällt es mir schwerer, ohne dich zu sein. Je länger du von mir fort bist, desto schneller läuft meine Lebensuhr. Aber trotz dieser bitteren Erkenntnis bin ich für jede Stunde dankbar, die du bei mir warst und mich zum Lachen gebracht hast und meinem Leben wieder einen Sinn gegeben hast."

Es waren die Worte eines weisen alten Mannes und immer, wenn sie an ihn dachte, hatte sie Sehnsucht nach London und diesem Mann, der ihr in der Zeit ihrer Verzweiflung so viel gegeben hatte. Dann saß sie da und ließ ihren Tränen freien Lauf und sehnte sich nach ihm und schwor sich, wann immer es ihre Zeit erlaubte, ihn zu besuchen, um wenigstens für einige Stunden bei ihm zu sein.

Sie verbrachte viele Wochenenden mit Jason und beide spürten, wie ihre Liebe wuchs und ihre Herzen erfüllte. Einmal kam er mit einem schelmischen Grinsen um die Mundwinkel in den Salon, stellte sich vor sie und schaute sie mit einem spitzbübischen Gesicht an.

„Ob du nun Alice Cunningham oder Alice Abbigal Lady of Blanchfort heißt, ist mir inzwischen völlig egal. Im Gegenteil, es ist immer sehr reizvoll, wenn ich mit zwei Ladys ins Bett gehen kann", sagte er lachend, war aber auf der

Hut. Schon zweimal hatte sie ihm ihre Schuhe hinterhergeworfen.

„Sei still, du verrückter Kerl, sonst ..."

Sie schaute ihn an und er wusste genau, was gleich folgen würde. Er drehte sich um und verschwand lachend aus dem Zimmer, um einer erneuten Schuhattacke zu entgehen. Der Frohsinn und das Glück hatten wieder in Jasons Haus Einzug gehalten und bald bedrängte er Alice, doch ganz bei ihm zu bleiben. Sie aber brauchte noch ein wenig Zeit, um die Dinge zu Ende zu bringen, die sie sich vorgenommen hatte und dazu gehörte vor allem ihre Stiftung, die auf ihre Anwesenheit noch nicht verzichten konnte.

„Aber ich werde kommen", versprach sie ihm, sah ihn liebevoll an und küsste ihn.

Alice und Catherine waren das ideale Team für diese gemeinsame Aufgabe. Sie erforderte zwar ihre ganze Kraft, aber sie waren mit so viel Leidenschaft bei der Sache und vom Gelingen ihrer Vision im Dienste der behinderten Menschen überzeugt, dass ihnen keine Anstrengung zu groß und kein Weg zu weit war, um dieses Ziel zu erreichen. Oft saßen sie zusammen, sprachen über das Erreichte und die Ziele, die sie noch vor sich hatten. Alice wünschte sich, dass Catherine recht bald die Geschäfte übernehmen und sie zu Jason gehen konnte, um das Glück nachzuholen, das ihr so lange Zeit nicht vergönnt war.

Catherine war beseelt von einem unbändigen Willen und immer wieder fand sie die Bestätigung bei den Menschen, die ihr nie erlahmendes Engagement bewunderten und ihr Mut zusprachen. Sie hatte Fantasie und einen ungeheuren Ehrgeiz, der sie schon in früheren Zeiten auszeichnete, als sie noch in Boston bei dem Immobilienkonzern gearbeitet hatte. So manches Mal saß sie bis tief in die Nacht im Büro, vergaß die Zeit und ging erst schlafen, wenn ihr vor Müdigkeit die Augen zufielen.

Wieder verging fast ein Jahr und Alice war immer noch in Boston. Doch eines Tages genügten ihr die Wochenendbesuche bei Jason nicht mehr. Ihr innigster Wunsch, für immer bei ihm zu sein, wurde immer größer und eines Tages entschloss sie sich, diesem Wandern zwischen zwei Welten ein Ende zu bereiten. Sie zog sich immer mehr aus der Öffentlichkeit zurück, überließ Catherine ihren Platz, den sie mit Charme und viel Geschick ausfüllte. Sie war in der Zwischenzeit über sich hinausgewachsen. Sie führte die Geschäfte mit einer bewundernswerten Gelassenheit, nahm an Talkshows teil, in denen sie mit viel Überzeugungskraft für die Stiftung warb. Ihr flogen die Herzen aller zu und die Menschen, die unter Behinderungen litten, vertrauten ihr, denn sie war eine von ihnen. Bald war die Alice Cunningham Stiftung in den Staaten zu einer Institution geworden. Sie bauten neue Residenzen, um noch mehr behinderten Menschen eine Heimat zu geben. All dies sah Alice mit großer Genugtuung und ihr Entschluss, Boston den Rücken zu kehren, wurde zur Gewissheit.

Catherine saß hinter ihrem Schreibtisch und überprüfte gerade die monatlichen Ausgaben der Residenz, als Alice von einem Besuch bei einem Sponsor zurückkehrte. Es war wieder ein erfolgreicher Tag und sie konnte ihr Glück kaum fassen, dass sie von so vielen einflussreichen Menschen unterstützt wurde. Ein Land, das nur auf Commerce ausgerichtet schien, hatte sein Herz entdeckt.

Hätte man ihr zu Beginn ihrer Stiftungsgründung gesagt, dass sie so erfolgreich sein würde, hätte sie es wohl mit einem ungläubigen Lächeln abgetan.

„Catherine", so begann sie das Gespräch und ihr war nicht besonders wohl dabei, „ich möchte für eine längere Zeit Boston verlassen und mit Jason zusammenleben. Traust du dir zu, die Geschäfte in dieser Zeit alleine zu führen?"

Sie schaute auf und in ihren Augen sah Alice das blanke Entsetzen.

„Du willst mich alleine lassen?" Alice trat hinter sie, legte die Arme um ihre Schultern, genauso, wie sie es bei der Eröffnungsfeier der Residenz getan hatte.

„Schau", fuhr sie fort, „ich weiß, dass du eine würdige Nachfolgerin bist und ich bin davon überzeugt, dass du nichts tun wirst, was unserer Stiftung schaden könnte. Ich habe unendliches Vertrauen zu dir und weiß, dass du deine Sache gut machen wirst."

Es waren liebe und aufmunternde Worte. Aber Catherine dachte an die Zeit, in der sie allein sein würde. Konnte sie so egoistisch sein und Alice um ihr Glück bringen? Nein, das konnte sie nicht und schweren Herzens stimmte sie zu und umarmte Alice, lächelte sie an, obwohl ihr eher zum Weinen zumute war.

„Ich wünsche dir alles Glück dieser Welt und ich danke dir für alles, was du für mich getan hast. Werde glücklich, aber vergiss mich nicht."

„Wie könnte ich dich je vergessen", erwiderte Alice mit stockender Stimme und erfasste ihre Hände. Sie schauten sich an wie zwei Menschen, die genau wussten, dass sie für immer miteinander verbunden waren.

Es war für beide ein trauriger Tag, als sie Abschied voneinander nahmen. Alice hatte am Vorabend ihre Sachen in zwei große Überseekoffer verpackt und von einem Transportdienst zum Flughafen bringen lassen. Wehmut überkam sie, als sie das Haus verließ und sie fühlte einen tiefen Abschiedsschmerz, der ihr fast das Herz brach. Das Haus ihrer Eltern, in dem sie aufgewachsen war, gab ihr in der Zeit, in der sie hier lebte, Schutz und Geborgenheit und nahm ihr endlich das Gefühl, das sie in der Vergangenheit so oft begleitet hatte, namenlos und ohne Heimat zu sein.

Catherine hatte sie bis zum Tor begleitet und schaute ihr lange nach. Auf dem Weg zum Flughafen fuhr sie noch einmal bei Tante Olivia und Onkel Robert vorbei, um sich von ihnen zu verabschieden. Es war auch für sie schmerzlich Alice für längere Zeit nicht zu sehen, denn sie hatten sie gerade wiedergefunden, und mussten sie schon wieder loslassen.

Dies war der Lauf der Welt und es war für beide tröstlich, zu wissen, dass sie sich sehen konnten, wann immer sie das Bedürfnis hatten. Ein schwacher Trost zwar, aber immerhin ein Trost. Als sie voller Ungeduld Houston erreichte und diese riesige Metropole von oben betrachtete, schlug ihr Herz voller Freude und sie wusste, dass es für sie der langersehnte Weg ins Glück war.

Es war ein wunderschöner, sonniger Tag, als Alice und Jason sich entschlossen, einen Einkaufsbummel durch Houston zu machen. Sie fuhren zur „The Galleria" in der Westheimer Road, einem riesigen Shoppingcenter in der City. Dort fand man alles, was ein anspruchsvolles Herz begehrte. Eng umschlungen schlenderten sie durch die in angenehmes Licht getauchten Arkaden. Ein Geschäft mit Nobelmarken reihte sich an das andere und plötzlich hatte Alice einen Juwelier entdeckt. Wie von magischen Kräften angezogen, ging sie direkt auf die funkelnden Auslagen dieses Shops zu, denn immer noch galt der Titel „Diamonds are a girl's best friends", den Marilyn Monroe einst in ihrem Film „Blondinen bevorzugt" sang, für alle Frauen auf dieser Welt.

Wie gebannt blieb Alice vor der Auslage mit diesen wunderschönen Kunstwerken stehen, die ein Feuer versprühten, von dem man nicht genug bekommen konnte. Nachdem der Verkäufer die Vitrine für sie geöffnet hatte, nahm sie einen wundervollen Einkaräter in die Hand, betrachtete ihn voller Neugier. Und da sah Jason wieder dieses verräterische Funkeln in ihren Augen. Er schaute zu ihr herüber.

„Du wirst doch wohl nicht ...", dachte er.

Doch da meldete sich schon ihr Gewissen: „Aaaaaaalice, lass das sein."

„Nur ein kleines Dingelchen", flüsterte ihr die verführerische innere Stimme zu, „nur noch einmal dieses unbeschreibliche Kribbeln spüren, nur noch einmal, bitte."

„Verflucht", und die ungeduldige Stimme ihres Gewissens meldete sich erneut: „Kannst du nicht hören, lass es sein."

„Ja, es ist ja schon gut", gab sie kleinlaut nach, „ich dachte nur es wäre ganz toll wenn ..."

„Alice, nein!" Als sie sich lächelnd bei Jason unterhakte, schaute sie ihn vielsagend an und er wusste, ohne dass sie auch nur ein Wort sagte: „Das zum Teufel war Alice", wild und unbezähmbar.

Epilog

Als durch eine Indiskretion die bevorstehende Hochzeit bekannt wurde, waren sie das Stadtgespräch in ganz Houston. Die Presse überschlug sich förmlich. Zeitungsberichte füllten tagelang die Titelseiten und die Fotografen, die um sie herumschwirrten, wollten Exklusivfotos machen, die sie dann meistbietend an die Zeitungen verkauften. Der Houston Cronicle titelte: „Ölmilliardär Jason Kennedy heiratet die Multimillionärin und Präsidentin der gleichnamigen Stiftung Alice Cunningham."

Die Menschen rissen den Verkäufern die Zeitungen förmlich aus den Händen, denn alle wollten diese Liebesromanze schwarz auf weiß nachlesen. Die örtlichen Fernsehsender brachten Berichte und Interviews mit den beiden Protagonisten und die ganze Stadt freute sich mit ihnen. Es war wie ein Märchen zwischen zwei Königskindern. Als sie dann einen Tag vor ihrer Hochzeit ihren Dad Lord Henry vom Airport abholte und in die Arme schließen konnte, war ihr Glück vollkommen. Es war ihr Wunsch, dass er sie zum Traualtar führte, in diesem wichtigen Moment wollte sie seine Nähe spüren und sich bei ihm geborgen fühlen.

Catherine erfuhr voller Freude von der bevorstehenden Hochzeit und sie war überglücklich, als Alice sie bat, ihre Trauzeugin zu sein. Selbstverständlich gehörten auch Tante Olivia und Onkel Robert zu ihren Gästen und auch Jennifer und ihr alter Freund Jonny aus der New Yorker Bronx hatte sie nicht vergessen.

Als der Tag der Hochzeit kam, war alles anwesend, was Rang und Namen hatte. Freunde von Jason, der Präsident des „Wilson Lions Club New York", hochrangige Politiker und Sponsoren aus Industrie und Wirtschaft, die sich bei der Unterstützung der Stiftung als ausgesprochen generös gezeigt hatten. Als Alice in einem weißen eleganten Hochzeitskleid am Arm ihres Dads die Kirche betrat, ging ein Raunen durch die Menge der anwesenden Hochzeitsgäste. Zu den Klängen des Hochzeitsmarsches von Mendelsson Bartholdy schritt sie anmutig wie eine Königin über den roten Teppich, der bis zum Altar reichte und auf dem Jason schon sehnsüchtig auf sie wartete. Lord Henry, in einen dunkelgrauen Cut gekleidet, ging an ihrer Seite, schaute sie immer wieder an und jeder der Anwesenden sah, wie stolz er war.

„Willst du, Alice Cunningham, den hier anwesenden Jason Kennedy ehelichen und ihm zur Seite stehen, in guten wie in schlechten Zeiten?"

Sie zögerte keinen Augenblick, warf ihm einen liebevollen Blick zu und sagte mit fester Stimme: „Ja, ich will, so wahr mir Gott helfe."

„Willst du Jason Kennedy, die hier anwesende Alice Cunningham ehelichen und ihr zur Seite stehen, in guten wie in schlechten Zeiten?"

Und er antwortete mit ebenso fester Stimme: „Ja, ich will, so wahr mir Gott helfe."

Danach gingen sie, unter dem Beifall der Hochzeitsgäste gemeinsam zum Eingangsportal der Kirche. Es war einfach unvorstellbar, was sie dort erwartete. Fotografen, wohin man schaute! Ein Blitzlichtgewitter brach über sie herein und sie hatten nur den einen Wunsch, sie mussten so schnell wie möglich diesem Getümmel entfliehen. Sie stiegen eilig in den bereits vor dem Portal wartenden Rolls Royce, der mit einem riesigen, weißen Blumenbukett geschmückt war, und fuhren davon.

Ein halbes Jahr war vergangen und als Alice spürte, dass sie sich immer öfter unwohl fühlte, deutete wohl alles darauf hin, dass sie schwanger war. Bevor sie Jason davon erzählte, besuchte sie vorsichtshalber ihre Frauenärztin. Als diese ihre Schwangerschaft bestätigte, waren sie und Jason außer Rand und Band.

Neun Monate später wurde ihr Töchterchen geboren, ein süßer Fratz, der Alice wie aus dem Gesicht geschnitten war. Schwarze Haare und ein Temperament, das „Böses" ahnen ließ. Sie bekam den Namen Sophie. Dies war eine Hommage an ihren Dad Lord Henry und dessen verstorbene Ehefrau Sophie. Sie wurde Alice immer ähnlicher, ihre Gesten, ihr Durchsetzungswillen, ihre kesse und trotzdem liebenswerte Art. Sie war wild wie Alice, die schon als kleines Mädchen oft Ärger mit gleichaltrigen Boys hatte und sie mehr als einmal verprügelte. Sophie war auf dem Weg, eine zweite Alice zu werden, und trat immer mehr in ihre Fußstapfen und eins stand fest, Alice würde es noch lange geben. Alice aber hielt das Versprechen, das sie sich selbst gegeben hatte. Sie besuchte mehrmals im Jahr ihren Dad in Rochester und jedes Mal, wenn sie mit Töchterchen Sophie bei ihm war, war sie völlig abgemeldet.

Dann blühte er auf und rutschte mit der Kleinen stundenlang auf dem Boden herum und seine Schmerzen waren wie weggeblasen. Er war unternehmungslustig und humorvoll, lud Freunde zu sich ein, damit sie seine kleine Enkeltochter bestaunen konnten. Während dieser Zeit ging auch mit Alice eine Wandlung vor. Sie war für die Zeit, in der sie in London weilte, mit Leib und Seele die Tochter des Lords und sie genoss es und fühlte sich unglaublich wohl dabei.

Alice Cunningham und Alice Abbigal Lady of Blanchfort, zwei Seelen wohnten fortan in ihrer Brust. Sie füllte beide Rollen voller Hingabe aus und niemand zweifelte daran, dass es aus dem Innersten ihres Herzens kam. Als sie in Stunden der Muße darüber nachdachte, dass sie vor einer geraumen Zeit nur wusste, dass sie Alice hieß, hatte sie jetzt, wie durch eine Fügung zwei Identitäten. Sie war Alice Cunningham, die Frau des Milliardärs Jason Kennedy und gleichzeitig Alice Abbigal Lady of Blanchfort, Tochter des Henry Ashton Lord of Blanchfort und keiner konnte ihr diese Namen streitig machen, welch eine Ironie des Schicksals.

Diese Geschichte ist frei erfunden. Ähnlichkeiten mit lebenden Personen wären rein zufällig und nicht beabsichtigt.

Leseprobe aus „Die Gier der Wölfe"

„Christine?", leise rief sie den Namen in die Dunkelheit hinein, aber niemand antwortete. Sie rief ihn wohl mehr um ihre eigene Stimme zu hören und auf diese Weise dieser bedrückenden Stille, die sie umfing, zu entfliehen.

Wieder blitzte das Szenario in den Staaten in ihrem Gedächtnis auf, das sie an den Rand des Todes gebracht hatte. Geradezu körperlich spürte sie die Gefahr, die wie ein gefährlicher Schatten über ihr lag. Angst stieg in ihr auf, drohte ihren Körper zu lähmen. Sie nahm alle Kraft zusammen, dachte nur noch daran Christines Leben zu retten und der Wille und die Gedanken daran beruhigten ihre Nerven.

Vorsichtig ging sie die Treppe hinunter, die in einen engen dunklen Gang mündete. Die Glock im Anschlag ließ sie den Lichtkegel ihrer Lampe über die engen, kahlen Wände gleiten. Dann stand sie in einem Raum, der mit glänzenden Metallrohren durchzogen war und so gar nicht zu den modrigen verwitterten Wänden, dieses schon ziemlich heruntergekommenen Raumes, passen wollte. Augenscheinlich führten sie zu einer Klimaanlage in einem anderen Raum, die diese mit Frischluft versorgte. Ihre Annahme bestätigte sich, als sie in einiger Entfernung ein leichtes monotones Summen der Ventilatoren vernahm. Auf der rechten Seite befand sich eine Anzahl von Eisentüren, die sie vorsichtig in Augenschein nahm. Es waren schwere Metalltüren, die die dahinter liegende Räume verbargen und ihr den Zutritt versperrten. Sie ging vorsichtig zu der ersten Tür, drückte die Klinke herunter und zu ihrer Überraschung ließ sich die Tür öffnen. Sie schob ihre

Glock durch den Spalt der Tür und leuchtete in das Innere des Raumes. Wieder schlug ihr dieser modrige Gestank entgegen, der bei Susan fast einen Brechreiz auslöste.

„Christine, bist du hier?", rief sie atemlos und sie spürte wie jede Faser in ihr vor Anspannung vibrierte, aber ihre Stimme verhallte in der Stille des Raumes, ohne dass sie eine Antwort erhielt. Sie schloss leise die Tür und wandte sich dann denen zu die danebenlagen, schaute in jeden Raum, immer dasselbe Ergebnis, sie waren alle leer. Mit schleichenden Schritten steuerte sie auf die letzte verbliebene Tür zu, versuchte sie zu öffnen, rüttelte daran, drückte die Klinke herunter. Sie blieb verschlossen. Dann entdeckte sie, dass ein Schlüssel von außen im Schloss der Tür steckte. Vorsichtig drehte sie ihn herum und die Tür öffnete sich mit einem leisen Knarren der Scharniere und gab den Blick ins Innere des Raumes frei.

In diesem Moment blieb ihr fast das Herz stehen, ihr Puls raste, Gänsehaut jagte ihr über den ganzen Körper als sie in der dunklen Tiefe des hinter ihr liegenden Ganges ein Geräusch vernahm. Ein gefährliches Knurren kam auf sie zu und schwoll zu einem Geräusch an, das wie das Brüllen eines riesenhaften Monsters klang und an den Wänden des kahlen Raumes widerhallte. Blitzschnell drehte sich Susan um, richtete den grellen Strahl ihrer Taschenlampe in die Dunkelheit und dann flog ein dunkler Schatten direkt auf sie zu. Sie sah die gefährlichen Augen und die gefletschten Zähne dieser Bestie, dann spürte sie einen stechenden Schmerz in ihrem Oberschenkel.

Sie schrie auf, taumelte und fiel zu Boden, nur das Adrenalin in ihren Adern schützte sie in diesem Augenblick vor einer Ohnmacht. Geistesgegenwärtig riss sie ihre Waffe empor und drückte ab.

Ein ohrenbetäubender Knall hallte in den Gängen dieses Labyrinths wieder und vermischte sich mit dem Aufheulen dieser blutrünstigen Bestie. Sie spürte wie sich der Biss in ihrem Oberschenkel lockerte und der Körper zu Boden fiel und röchelnd und kläglich wimmernd vor ihr liegen blieb. Mühsam richtete Susan sich auf. Erschreckt spürte sie wie etwas Warmes zwischen ihren Fingern hervorquoll, sie hatte in die Blutlache des Tieres gefasst, die sich unter ihrem Körper ausgebreitet hatte. Der Schein ihrer Taschenlampe glitt über den Körper eines riesigen Dobermanns, der zuckend im Todeskampf neben ihren Füßen lag. Immer wieder nahm sie das Sprechfunkgerät in die Hand, drückte in panischer Angst die Tasten, aber sie hörte nur ein dumpfes Rauschen, das aus dem Lautsprecher drang. Sie war von jeglichem Funkverkehr abgeschnitten, hatte keinen Kontakt mehr zu Bernd Schmelzer, der sicherlich schon nach ihr suchte. Das Funkgerät steckte wie ein nutzloses Utensil moderner Technik in der Brusttasche ihrer kugelsicheren Schutzweste und sie hoffte inständig, dass das Einsatzkommando sie so schnell wie möglich hier unten finden würde. Schmelzer hatte sie zum letzten Mal gesehen als sie in dem Gang, der in das Untergeschoss dieses unübersichtlichen Gewirrs von sich verzweigenden Gängen führte, verschwand und hatte eine ungefähre Ahnung, in welchem Teil des Gebäudes sie sich aufhielt. Er würde sie finden, davon war sie felsenfest überzeugt.

Vorsichtig erhob sie sich, ging humpelnd zurück zu der Tür, die sie öffnen wollte als dieses Ungeheuer auf sie zukam. Sie spürte wie der stechende Schmerz ihrer Verletzung noch immer in ihrem Körper pochte. Dank ihrer schnellen Reaktion war sie noch einmal ohne schwere

Verletzungen davon gekommen. Der feste Stoff ihrer Uniformhose hatte sein Übriges getan und verhindert, dass die scharfen Zähne des Tieres größeren Schaden angerichtet hatten. Jetzt war sie dankbar dafür, dass Bernd Schmelzer darauf bestanden hatte, dass sie sich eine Polizeiuniform und eine kugelsichere Weste angezogen hatte.

Sie öffnete ganz vorsichtig die schwere Eisentür und lauschte angespannt in die Stille des Raumes. Sie glaubte, sich verhört zu haben, als aus der Dunkelheit ein verzweifeltes Keuchen vernahm. Susan zögerte, rief Christines Namen.

„Hier bin ich", flüsterte sie unter Aufbietung ihrer letzten Kräfte. Der Schein der Taschenlampe wanderte in die Richtung, aus der sie die Stimme zu hören glaubte, vorbei an altem Gerümpel und leeren Kisten, die lieblos in einer Ecke aufgestapelt waren. Susan lief durch mehrere Wasserpfützen, die als Kondenswasser aus den Rohren der Klimaanlage tropften und sich auf dem Steinboden ausbreiteten. Plötzlich sah sie ein Feldbett, das in der äußersten Ecke des Raumes stand. Und was sie dann erblickte, weckte in ihr Mitleid und eine unbändige Wut auf diese Verbrecher.

„Wie kann man einem Menschen nur so etwas antun?", dachte sie, als sie Christine im Lichtkegel ihrer Taschenlampe erblickte. Sie lag auf dem Rücken, Beine und Hände waren mit Handschellen an die Holme des Feldbettes gefesselt. Die Knöpfe ihrer Bluse waren abgerissen, der weiße Stoff war mit einer dunklen undefinierbaren Flüssigkeit durchtränkt und es umgab sie ein widerlicher Gestank, der nach Schmieröl und stinkenden Fäkalien roch. Christines Gesicht war blutverschmiert, ihr Haar hing, von Schweiß getränkt, in klebrigen Strähnen über ihrem Gesicht, an ihren Fesseln und Handgelenke befanden sich blutende Schürfwunden, die sie sich, bei ihren verzweifelten Versuchen sich zu befreien, zugezogen hatte.

Ihre Augen waren nur noch zwei schwarze Höhlen. Die Schminke hatte sich mit ihren Tränen vermischt und ein Gemisch aus Schweiß und Make-up auf ihren Wangen hinterlassen. Ein bedauernswürdiges Geschöpf lag hilflos vor ihr, unfähig auch nur einen Satz zusammenhängend zu sprechen. Susan öffnete die Handschellen, erfasste Christines geschwächten Körper und hob ihn behutsam hoch. Wie ein ängstliches Kind schaute Christine sie an, das Entsetzen hatte tiefe Spuren in ihrem Gesicht hinterlassen. Sie zitterte am ganzen Körper, suchte Schutz und Halt an Susans Schulter und begann, geschüttelt von der Erinnerung an die martialischen Ereignisse des vergangenen Tages, hemmungslos zu schluchzen.

„Es ist alles gut, hab keine Angst", waren Susans tröstende Worte. Behutsam streichelte sie ihr Haar, das so erbärmlich stank, dass sie sich am liebsten übergeben hätte, aber sie wollte Christine damit Mut machen, sie beruhigen und trösten und ihr die Angst nehmen, alles andere hatte in diesem Moment keinerlei Bedeutung.

Geisterhaft tanzten Lichtkegel auf den kahlen Wänden, sprangen umher wie fliegende weiße Schatten, die mühsam versuchten, die Dunkelheit zu erhellen. Sie hörte Stimmengewirr, Kampfstiefel, die eilig die Treppe hinabstiegen. Am Eingang zu dem unterirdischen Labyrinth hatten sich Susan und Bernd Schmelzer getrennt und jetzt waren er und einige Beamte auf dem Weg zu ihr. Ein Gefühl unendlicher Befreiung durchströmte ihren Körper, es war eine schwere Last, die in dem Moment von ihren

Schultern fiel, als sie Schmelzers Stimme hörte. Sie hatte fest daran geglaubt, dass alles ein gutes Ende finden würde und nun war die Rettung so nah.

„Susan wo bist du?", hörte sie ihn aus der Ferne rufen. Das Echo seiner Rufe hallte wider, brach sich an den kahlen weiß gekälkten Wänden des Labyrinths und schallte zu ihr herüber.

„Berny ich bin hier, hier bin ich. Ich hab sie gefunden."

„Bleib wo du bist, wir holen euch da raus", rief er und seine aufgeregte Stimme schallte zu ihr herüber. Ein Aufatmen ging wie ein kühler erfrischender Wind der Befreiung durch seinen Körper, durchströmte seine Lungen, befreite seine Gedanken von all diesen bösen Vorahnungen, die eine solche Aktion nun mal mit sich bringt und über sein Gesicht huschte ein Lächeln, froh und befreiend zugleich. Sie lebten und ein Gefühl tiefster Befriedigung beflügelte ihn.

In diesem Moment des Wartens war Susan von Stolz erfüllt, hatte ihren eigenen Schmerz vergessen und ihren Körper durchströmte ein Gefühl der Genugtuung und der Freude, ein Menschenleben gerettet zu haben. Sie war wieder sie selbst, nichts war übrig geblieben von den Selbstzweifeln, sie hatte im richtigen Moment das Richtige getan und das gab ihr ein Gefühl der Stärke zurück. Sie glaubte wieder an sich.

Schmelzer stürmte die Treppe hinunter, strauchelte fast, als er im Dunkeln die Höhe der Stufen unterschätzte, seine Taschenlampe flog in hohem Bogen durch die Luft und fiel mit einem lauten Scheppern zu Boden, drehte sich ein paarmal um die eigene Achse und blieb dann auf dem Beton des Ganges liegen. Der Lichtkegel zeichnete gespenstische Reflexe, leuchtete in die Tiefe des Ganges und heftete sich dann an etwas dunkles Unförmiges, das unbeweglich vor ihm lag.

Langsam ging er auf den Gegenstand zu, der regungslos vor ihm lag. Erst als er den Schein der Taschenlampe darauf richtete, sah er dass es ein Tier war das in seinem eigenen Blut lag. Es war dieser blutrünstige Dobermann, den Susan erschossen hatte, um ihr eigenes Leben zu retten. Aber wo war sie?

Er rief ihren Namen, als er ein leises Weinen hörte. Vorsichtig schlich er bis zu dem Raum, dessen Tür offen stand, zögerte einen Augenblick, seine Pistole im Anschlag. Vorsichtig schaute er hinein, sah aber nichts, ließ den kalten Strahl seiner Taschenlampe über den Boden gleiten, leuchtete über die Wände, unter deren Schmutz die weiße Farbe hervor schimmerte. Das Weinen verstummte und dann hörte er Susans Stimme aus einer dunklen Ecke des Raumes.

„Berny endlich bist du da, bitte komm und hilf mir."
Im Kegel der Lampe erschien ihre Gestalt. Sie saß auf einer verdreckten Pritsche und ein blonder Haarschopf lag schluchzend an ihrer Schulter. Es war Christine, die hemmungslos weinte und am ganzen Körper zitterte. Er ging auf sie zu, nahm Susan in die Arme und küsste sie. Es war wie eine Befreiung, als er ihre weichen warmen Lippen spürte. Dann nahm er Christines Körper auf und trug sie durch das Labyrinth der Gänge, bis sie vor dem Eingang zur Lagerhalle standen. Das Einsatzkommando hatte sich inzwischen wieder versammelt.

Wie Blitze zuckten die Warnlichter der Polizeifahrzeuge in den heraufziehenden Morgen. Sanitäter kamen mit zwei Bahren auf sie zu. Schmelzer legte Christine Conradi, die immer noch völlig entkräftet in seinen Armen lag, auf die Bahre, um sie auf direktem Weg ins Krankenhaus zu bringen. Erst hier bemerkte Schmelzer, dass Susan mit schweren Schritten hinter ihm her ging und das rechte Bein mit schmerzhaft verzogenen Mundwinkeln hinter sich her zog. Dann entdeckte er den Riss in ihrer Hose und sah die klaffende Wunde, die sich darunter befand.

Erschreckt und wütend zugleich schaute er sie an: „Du bist ja verletzt, warum hast du nichts gesagt. Du musst sofort ins Krankenhaus. Wie konntest du mir das nur verschweigen."

„Halb so schlimm", erwiderte Susan kleinlaut, aber so richtig überzeugend klang das nicht, denn sie hatte, nachdem die Wirkung des Adrenalins in ihrem Körper nachließ, höllische Schmerzen und es war unbedingt erforderlich, dass ihr der Doc eine Tetanusspritze gab und die Wunde versorgte.

„Also ab ins Krankenhaus, das ist ein Befehl", zischte Schmelzer ungehalten. Susan schaute ihn an und ein dankbares Lächeln huschte über ihr Gesicht. In der Zwischenzeit war Christine bereits auf dem Weg in die Notaufnahme des St.-Georg-Krankenhauses. Sie hatte sich, bis auf ihre Unterwäsche, der übel riechenden Kleidungsstücke entledigt und saß nun in Decken gehüllt im Fond des Krankenwagens.

Ein gespenstisches Bild herrschte als sie die Lagerhalle verließen, die Warnleuchten der Einsatzwagen blitzten wie Laserstrahlen in den Morgenhimmel, vermischten sich mit dem Blitzlichtgewitter der Kameras der wartenden Reporter.

Ein ganzer Pulk von ihnen hielt sich schon die ganze Zeit in der Nähe der Polizeifahrzeuge auf. Sie drängten nach vorne, als sie sahen, wie zwei Bahren zu den Rettungsfahrzeugen geschoben wurden. Die Stimmen überschlugen sich, jeder rief, auf der Suche nach den neuesten Informationen, seine Frage in die Menge, die aber in dem undurchdringlichen Stimmengewirr untergingen.

Alle drängten nach vorne, denn jeder von ihnen wollte das beste Foto für seine Zeitung im Kasten haben. Plötzlich ertönte ein lauter schriller Pfiff und es war augenblicklich Stille. Eine junge Reporterin zog die Blicke der Anwesenden auf sich. Schmelzer kannte sie nur zu gut, diese junge ehrgeizige Reporterin, die zugegebenermaßen auch noch sehr hübsch war.

„Können Sie mir sagen, was geschehen ist, handelt es sich bei der entführten Person um Christine Conradi?", rief sie Schmelzer zu.

Er hielt inne, lächelte und wandte sich der wartenden Menge der Reporter zu. Für einen Moment flog ein Lächeln über sein Gesicht, dann runzelte er die Stirn. „Als ob Sie das nicht schon längst wusste", dachte er amüsiert.

„Bitte haben Sie Verständnis dafür, dass ich den laufenden Ermittlungen nicht vorgreifen kann", erwiderte er mit einer abwehrenden Handbewegung, schaute zu ihr herüber und wandte sich wieder seinen Kollegen zu, die immer noch damit beschäftigt waren nach Spuren zu suchen, die ihnen Aufschluss über den Täter geben konnten.

„Wie kommen diese Schreiberlinge eigentlich wieder hierher?", schoss es ihm durch den Kopf.

„Da hat bestimmt wieder so ein kleines Vögelchen gegen ein angemessenes Honorar gezwitschert."

Schmelzer klopfte eine Zigarette aus einer schon reichlich zerknüllten Packung, die er aus der Brusttasche seiner Jacke herauszog, zündete sie an und zog daran, wie ein Todgeweihter der seine letzte Zigarette rauchen durfte, inhalierte den Qualm und stieß ihn mit einem genüsslichen Grunzen durch seine Nasenlöcher.

Eine geraume Zeit hatte er schon die Grabenkämpfe in der Parteienlandschaft Hamburgs beobachtet und war ganz sicher, dass hier mit harten Bandagen um die Macht gekämpft wurde, zumal sich die Stadt mitten im Wahlkampf befand und da gab es ganz offensichtlich Gruppierungen, die in der Wahl ihrer Mittel nicht gerade zimperlich waren. Aber so etwas war ihm während seiner vielen Dienstjahre noch nicht vorgekommen. Es musste also noch mehr dahinter stecken. Er stieg in seinen Wagen, nahm noch einen letzten kräftigen Zug aus seiner Zigarette, drehte das Fenster herunter und schnipste sie mit Daumen und Zeigefinger im hohen Bogen aus dem Wagen.

Er atmete tief ein und als er endlich zur Ruhe kam, wich auch die Anspannung aus seinem Körper. Zum Glück war noch einmal alles glimpflich verlaufen. Susan war im Krankenhaus gut aufgehoben und Christine Conradi hatte außer einigen schmerzhaften Blessuren keinen weiteren körperlichen Schaden genommen. Nur eins war ihm klar, sie würde noch lange mit diesem Trauma leben müssen und nichts würde jemals wieder so werden wie es einmal war. Unruhig lief Jens Jacobs in seiner Wohnung umher, starrte immer wieder auf das Telefon, dessen Schellen er so sehnsüchtig erwartete. Diese nervenaufreibende Stille, die ihn umgab, war kaum noch zu ertragen. Es war vier Uhr morgens und er hatte noch kein Auge zugetan. Wie konnte er auch nur eine Sekunde an Schlaf denken, seine Nerven waren zum Zerreißen gespannt, sein Kaffeekonsum hatte in der Zwischenzeit außerirdische Dimensionen angenommen.

Jens hatte sich gerade für einige Minuten auf seiner Terrasse aufgehalten, um wenigstens ein wenig seinen Kopf freizubekommen, als ihn das melodische Rufzeichen seines Telefons aus seinen Gedanken riss. Er hatte das Gefühl, dass es diesmal ein anderes Geräusch war, das er aus seinem Wohnzimmer vernahm. Es klang so endgültig, denn wenn er den Hörer abnahm, würde er augenblicklich mit der Wahrheit konfrontiert werden, ob sie nun gut oder vernichtend war.

Er stürmte zu der Anrichte, auf der das Telefon stand und unablässig schellte, zögerte einen kurzen Augenblick und nahm dann mit zitternden Händen den Hörer auf. Er spürte wie sein Herz zu hämmern begann und sein Blut in Erwartung der Nachricht, wie ein Hurrikan durch sein Adern rauschte. Sein Mund war trocken und die Aufregung, die seinen Körper bis in die letzte Faser beherrschte, hatte zur Folge, dass ihm die Stimme versagte und er nur ein unverständliches Krächzen hervorbrachte.

„Herr Jacobs?", fragte die Stimme am anderen Ende der Leitung, aber es war nur eine rhetorische Frage, denn wer sollte sonst am Telefon sein. Es war Hauptkommissar Schmelzer, der sich mit einem Hüsteln zu Wort meldete.

Ende der Leseprobe

Kriminalroman

AlexanderLeonhard

Die *Gier* der Wölfe